KB271100

김열방 지음

성령님과 실제적인 교제법

성령님의 얼굴을 보라
성령님과 대화를 나누라
성령님을 모시고 다니라
성령님께 도움을 구하라
책 전도와 책 선교를 하라

날개미디어

[목차]

개정판을 내면서 : 하나님의 임재에 대한 최고의 책 / 7
머리말 : 성령님과 동업해야 크게 성공한다 / 13
열면서 : 성령님은 나의 전부이십니다 / 17

제 1 부. 성령님의 얼굴을 보라

지금 여기 나와 함께 계신 이분 / 27
성령님을 대면한 모세 / 35
성령님을 대면하는 것이 예배입니다 / 38
눈을 뜨고 성령님의 얼굴을 바라보라 / 47
성령님의 얼굴을 보는 비결 / 52
보지 않고 믿는 복된 우리 시대 / 60
내가 갔다가 너희에게로 온다 / 62
성령님의 얼굴을 보게 하는 예수의 피 / 69
성령님과의 교제를 회복하라 / 71
여기 계신 나의 친구 예수님 / 73
왜 항상 기뻐해야 합니까? / 78
성령님은 내 마음의 기쁨 / 81
주의 앞에는 기쁨이 충만하고 / 83
성령님과 함께 춤을 추어요 / 89

제 2 부. 성령님과 대화를 나누라

일상적인 대화를 통한 우정 관계 / 94
독생자처럼 나를 사랑하시는 성령님 / 99
성령님의 음성을 들어야 삽니다 / 103
우리와 대담을 나누시는 하나님 / 105
그리스도와의 개인적인 접촉 / 110
성령님과 함께 산책을 하다 / 112

성령님의 음성과 영적 성장 / 114
성령님, 제 귀를 열어 주세요 / 117
내 인생을 변화시키는 성령님의 음성 / 120
최고의 선생님이신 성령님 / 124
성령님, 사랑합니다 / 128

제 3 부. 성령님을 모시고 다니라

임마누엘 성령님 / 136
내 안에 실제로 살아 계신 그리스도 / 140
성령님과 함께 숨쉬다(Spiritual Breathing) / 145
성령님과의 강력한 연합 / 149
최고로 가치 있는 삶 / 152
주님이 나와 함께 걸으시네 / 156
성령님을 항상 내 앞에 모심이여 / 159
성령님, 함께 가실까요 / 165
범사에 성령님을 인정하라 / 169
만왕의 왕이신 성령님을 모실 때 / 178
왕족의 언어와 천사들의 활동 / 181
왕족의 주위를 진치고 있는 천사들 / 183
왕의 자녀여, 권세를 행사하라 / 184
영적 침체의 터널을 지날 때 / 191

제 4 부. 성령님께 도움을 구하라

약속하신 능력은 어디에 / 195
나도 방언만 받았으면 / 197
우주적인 대혁명이 일어나다 / 200
생수의 강이 흘러 나리라 / 203
왕의 자녀로 다시 태어나다 / 204
내게 다가온 거대한 변화 / 208

성령님을 힘입어 귀신을 쫓아내다 / 210
교회는 모일 때 합심 기도에 힘써야 한다 / 213
성령님과만 있는 시간을 가지라 / 214
성령님의 인도를 받는 삶이 참된 성공 / 219
오직 인격이신 성령님이 임하시면 / 222
성령님, 저를 도와주세요 / 229
크고 위대하신 성령님이시여 / 234
학문의 주인이신 성령님과 함께 공부하라 / 238
두 가지 사명과 성령님의 도우심 / 243
성령님이 교회에 운행하시도록 하라 / 245
설교자를 도우시는 성령님 / 248
늦은 비를 주시리라 / 251
우리들의 의장님은 억만장자입니다 / 256
성령님은 우리의 동역자 / 258
저기 예수님이 계셔요 / 261
부활의 권능이신 성령님 / 264
여호와의 신이신 성령님 / 268
하나님의 이름과 성령님 / 270
성령님과 함께 일하려면 / 280
기름 부음이 나타나는 비결 / 281
마귀를 꾸짖고 대적하라 / 288
예수 이름으로 명령하라 / 290
어떻게 명령할 것인가 / 298
주인 되신 성령님께 순종하라 / 302
결과는 성령님께 맡기라 / 305
성령님과 함께 열방을 꿈꾸라 / 307

제 5 부. 책 전도와 책 선교를 하라

책에 써서 후세에 영원히 있게 하라 / 311
당신도 나처럼 저술과 강연의 길을 가라 / 313
펜은 칼보다 날카롭고 강하고 오래 간다 / 314
문필전쟁과 강연전쟁에 동참해야 한다 / 316

신문은 하루지만 책은 천 년 동안 남는다 / 318
책 한 권이 황소 한 마리 값이었다 / 320
책은 당신의 분신이다. 분신이 일하게 하라 / 321
책은 한 나라의 왕까지 변화시킨다 / 323
제자들은 문필가와 강연가 집단이었다 / 324
나는 세상 대통령이 하나도 부럽지 않다 / 326
나는 대통령을 축복하는 하나님의 종 / 327
내가 기도하면 천군 천사가 움직인다 / 329
공간에 영역을 정하고 거리를 두라 / 331
인간의 피와 땀과 눈물 냄새는 역겹다 / 331
아무나 범접하기 힘든 기운을 풍겨라 / 333
방언만 하지 말고 책쓰기와 강연도 하라 / 334
책을 써내는 것이 최대의 기적이다 / 335
성령님과 동업하며 천재사업가의 길을 가라 / 338
좋은 사람 콤플렉스를 졸업해야 성공한다 / 339
내 삶과 깨달음을 담은 책을 써내라 / 341
천재적인 의사 전달의 막강한 힘 / 343
껍데기로 책과 사람에 대해 말하지 마라 / 344
다이아몬드보다 더 위대한 것이 책이다 / 347
책을 써내려면 믿음이 있어야 한다 / 348
인간은 영원히 존재하는 탁월한 피조물이다 / 350
크게 성장하기 위한 몇 가지 중대한 과정 / 352
만사를 제쳐 두고 책부터 먼저 써내라 / 354
천재멘토 김열방의 대표 저서 30권 읽으라 / 356
천재멘토 김열방을 만나 코치를 받으라 / 359
당신의 깨달음이 돈뭉치라면 어떻게 하겠는가 / 363
김열방의 억대수입을 올리는 비결 / 365
힘든 사람에게 돈 대신 깨달음을 주라 / 367
목사가 아닌 목수여도 괜찮다. 책을 써내라 / 369
자신만의 카리스마적인 실화를 담아라 / 370
억만장자가 되려면 가치를 부가하라 / 372
당신 안에 천재적인 기름 부음이 가득하다 / 375
천재적인 의사 전달의 비결을 배우라 / 377

"하나님 임재에 대한 최고의 책이다."

"하나님의 임재와 친교를 매일 경험하게 하는 최고의 책이다."

이 책을 읽은 수많은 분들의 동일한 고백이었습니다.

이 책은 모든 평범한 그리스도인들이 성령님과 인격적인 교제를 나누므로 그분의 인도와 도움을 받으며 살도록 돕기 위해 써졌습니다.

하나님이 인간을 창조하신 근본 목적은 그분과 인격적인 사랑과 우정의 교제를 나누는 것에 있고 이를 위해 성령님이 오셨습니다.

그런데 많은 사람들이 어떻게 해야 성령님과 교제하는지 구체적인 방법을 모르고 있습니다. 그래서 자아가 주인 행세하며 떠들고 자신과 다른 사람을 판단하고 정죄하고 책망하고 비판하도록 놔두고 있습니다. 자아가 왕 노릇하기를 멈추고 성령님을 주인으로 모셔야 합니다.

자아가 하는 일은 무엇일까요? 자신이 하늘로 올라가고 음부에 내려가겠다며 계속 떠드는 것입니다. 그런 마음에는 쉼이 없습니다.

믿음으로 말미암는 의는 그런 교만하게 떠드는 자아를 꾸짖습니다.

"믿음으로 말미암는 의는 이같이 말한다."

"네 마음에 누가 하늘에 올라가겠느냐 하지 말라 하니 올라가겠느냐 함은 그리스도를 모셔 내리려는 것이요 혹은 누가 무저갱에 내려가겠느냐 하지 말라 하니 내려가겠느냐 함은 그리스도를 죽은 자 가운데서 모셔 올리려는 것이라."(롬 10:6, 7)

어떻게 해야 할까요? 예수님이 십자가에서 피와 땀과 눈물을 흘리며 값을 다 지불하고 "다 이루었다"(요 19:30)는 사실을 마음으로 믿고 입으로 시인해야 합니다. 그러면 구원과 의롭다 함을 얻고 마음에 쉼을 얻게 됩니다. 인간의 마음이 해야 할 일은 '하늘로 올라가겠다, 음부로 내려가겠다'고 설치며 떠드는 것이 아닙니다. 인간의 마음이 해야 할 일은 오직 한 가지 '믿는 일'입니다. 무엇을 믿어야 할까요?

예수님이 당신 대신 죽으시고 부활하신 것을 믿어야 합니다.

예수님이 당신의 구원자이자 인생의 주인이심을 시인하고 인격적으로 존중히 모시며 모든 일을 여쭙고 그분의 음성을 들어야 합니다.

"그러면 무엇을 말하느냐 말씀이 네게 가까워 네 입에 있으며 네 마음에 있다 하였으니 곧 우리가 전파하는 믿음의 말씀이라. 네가 만일 네 입으로 예수를 주로 시인하며 또 하나님께서 그를 죽은 자 가운데서 살리신 것을 네 마음에 믿으면 구원을 받으리라. 사

람이 마음으로 믿어 의에 이르고 입으로 시인하여 구원에 이르느
니라."(롬 10:8~10)

이것을 간단하게 정리하면 다음과 같습니다.

첫째, 당신의 마음은 하나님이 천지 만물을 창조하셨다는 사실을
믿어야 합니다. 둘째, 당신의 마음은 예수님이 당신 대신 십자가에서
피와 땀과 눈물을 흘리며 값을 다 지불하고 "다 이루었다"(요 19:30)는
사실을 믿어야 합니다. 셋째, 당신의 마음은 성령님이 한강처럼 철철
넘치는 기름 부음으로 당신 안에 가득히 들어와 계신다는 사실을 믿어
야 합니다. 그분은 생수의 강이십니다. 넷째, 당신의 마음은 성령님과
함께 숨 쉬고 대화하며 친교를 나누어야 합니다. 모든 일을 주인님이
신 성령님께 묻고 그분의 세미한 음성을 듣고 순종해야 합니다.

마음이 해야 하는 일은 오직 '믿는 것'입니다. 지성과 감정과 의지
를 다해 '하나님의 존재와 일하심'을 믿어야 합니다. 그리고 자기 안에
강물처럼 가득히 들어와 계신 성령님과 친밀한 교제를 나눠야 합니다.
세상 사람들은 자아가 주인 행세하며 계속 시끄럽게 떠들기 때문에
그 마음에 쉼이 없습니다. 그래서 많은 이들이 가만히 앉아 눈을 감고
명상을 하며 '무(無)'라는 말을 마음속으로 수만 번 외치며 잠시라도
자아를 가라앉히려고 애씁니다. 그런 인생은 결국 빈손이 됩니다.
고행과 도를 닦음, 명상에 답이 있지 않습니다. 인생의 답은 믿음에
있습니다. 창조주이신 하나님을 믿고 바라고 사랑해야 합니다.

"믿음이 없이는 하나님을 기쁘시게 하지 못하나니 하나님께 나아가는 자는 반드시 *그가 계신 것과* 또한 *그가 자기를 찾는* 자들에게 상 주시는 이심을 믿어야 할지니라."(히 11:6)

하나님이 당신 안에 실제로 살아 계신 것과 그분을 찾을 때 상 주신다는 것을 믿어야 합니다. 제 마음은 하나님을 믿는 믿음으로 가득하고 하루 종일 그분을 인격적으로 찾고 사귑니다. 저는 성령님과 함께 숨 쉬며 '성령님, 사랑하는 성령님' 하고 마음으로 성령님을 부릅니다.

제 마음은 마구 지껄이거나 '무(無)'라고 외치는 대신 '성령님, 사랑합니다'라고 말합니다. 지껄이는 자아나 가라앉혀야 할 자아가 아닙니다. 성령님을 의식하는 자아, 성령님께 사랑을 고백하는 자아입니다. 성령님으로 충만한 자아, 성령님의 음성을 듣는 자아, 성령님을 주인님으로 모신 자아입니다. 그래서 제 마음은 쉼이 있고 행복합니다.

당신도 저처럼 행복과 평화와 성공을 누릴 수 있습니다. 저는 그 비결을 '얼대모도책' 다섯 가지로 정리해 이 책에 담았습니다.

첫째, 성령님의 얼굴을 보라
둘째, 성령님과 대화를 나누라
셋째, 성령님을 모시고 다니라
넷째, 성령님께 도움을 구하라
다섯째, 책 전도와 책 선교를 하라

지금까지 여러 모양으로 성령 운동이 진행되어 왔습니다.
그러나 21세기 들어 가장 중대하고 핵심적인 성령 운동은 바로 개인이 성령님을 인격적으로 만나고 그분과 사랑의 친교를 나누므로 삶이 그리스도의 인격으로 변화되는 것이라 할 수 있습니다. 많은 분들이 갈급한 마음을 가지고 하나님을 만나기 위해 세계를 돌아다니지만 실제적이면서 구체적인 방법을 가르쳐 주므로 하나님을 만나게 해주는 곳은 그리 많지 않습니다. 도대체 어디서 답을 찾아야 할까요?

이 책에 그 답이 있습니다. 이 책은 세상의 모든 그리스도인이 개인적으로 성령님을 친구와 애인처럼 사귀고 자신의 일상적인 삶의 현장 속에 그분을 존중히 모시도록 돕기 위해 씌어졌습니다. 이 책을 읽은 성도들과 목회자들로부터 전국에서 전화가 빗발쳐 왔습니다.

그들의 호소는 한결같았습니다.

"우리는 해볼 것을 다해 보았습니다. 미국과 캐나다 등 수백만 원을 들여 각종 기름 부음의 집회에도 참석해 보았지만 이젠 한계에 부딪혔습니다. 우리에게 마지막으로 필요한 것은 지속적인 성령님과 친교와 인도하심, 그리고 넘치는 분량의 기름 부음입니다. 그렇게 되도록 강사로 오셔서 구체적인 방법을 설명해 주세요."

더욱 감사한 것은 많은 목회자들이 이 책을 교회 성도들에게 권하고 있다는 사실입니다. 크고 작은 교회 목사님들이 예배 시간에 이 책을 소개하며 모든 직분자들과 성도들이 읽도록 권면하고 있다는데 대해 저는 놀라지 않을 수 없었습니다.

성도들 중에 어떤 분은 "새벽기도회를 마친 후에 기도하고 있는데 목사님이 저에게 다가와 이 책을 선물로 주셨어요"라고 했고 또 다른 분은 "신앙의 풀리지 않는 많은 고민과 갈등으로 힘들어하고 있을 때 목사님이 이 책을 읽어보라고 주셨어요"라고 고백했습니다.

한 목사님은 100권을 구입해서 동료 목사님들과 성도들에게 나눠주고도 모자라 수십 권을 더 구입해서 전도용으로 사용하기도 하셨습니다. 특히 하나님께 감사드리고 싶은 것은 이 책이 전국의 여러 교회와 선교회, 기도원 등에서 단체로 구입해 성경 공부 교재로 사용하고 있다는 것입니다. 그분들의 겸손한 자세와 성령님에 대한 갈급한 마음, 성도들을 향한 순수한 열정에 대해 감사의 마음을 전합니다.

이 책을 어떻게 구했는지는 모르지만 세계 여러 나라에서 책을 읽고 감사의 전화가 오고 많은 분들이 직접 저를 찾아오셨습니다. 저는 이 책이 전 세계 언어로 번역되어 모든 사람이 필히 읽어야 한다고 확신합니다. 이유는 그 누구보다도 성령 하나님께서 모든 사람들과 각각 인격적으로 만나 사랑의 친교를 나누고 싶어 하기 때문입니다.

이처럼 이 책이 1997년 10월에 출판된 이후 수많은 독자들로부터 사랑을 받아왔지만 세월이 지나는 동안 제 신앙에도 많은 성숙과 변화가 있었으므로 처음 나왔을 때의 미흡했던 내용을 개정하고 증보하여 다시 출판해야 할 필요를 느꼈습니다.

그러나 이 책만이 갖는 독특한 편집은 그대로 살렸습니다. 이 책이 여느 책과 다른 점은 실제 적용 부분에서 입을 열어 한 마디씩 따라 하게끔 저술했다는 것입니다. 한 문장씩 소리 내어 따라 함으로 이 책을 읽는 독자가 자연스럽게 성령님과의 인격적인 교제가 될 수 있도록 했습니다. 모쪼록 이 책을 통해 성령님과의 친교와 도움, 인도하심과 기름 부음을 마음껏 누리며 살게 되기를 간절히 바랍니다.

2017년 9월 20일

김열방 목사

"성령님과 동업해야 크게 성공한다."

우리가 사는 지금은 어떤 시대일까요?

2천 년 전이 '예수님의 시대'였다면 지금은 '성령님의 시대'입니다.

예수님은 대속 사역을 마치시고 하늘로 올라가셨습니다. 그것은 끝이 아닌 시작이었습니다. 이제 오순절 이후로 성령님이 이 땅에 다른 보혜사로 오셨고 그분은 우리를 통해 예수님이 하셨던 일을 계속 행하고 계십니다. 당신은 그런 성령님과 동업하고 있습니까?

성령님과 인격적으로 사귀며 동업해야 모든 일에 성공합니다.

저는 성령님과 동업하여 20세 때부터 전국과 세계를 다니며 강연을 했고 29세 때부터 지금까지 많은 책을 저술했습니다. 성령님과 동업하여 서울 잠실에 교회를 개척하여 목회를 잘하고 있고 또 출판사를 비롯한 몇 가지 사업을 경영하여 크게 성공했습니다.

이 모두가 성령님의 음성을 듣고 순종하며 동업한 결과입니다.

당신은 성령님과 인격적인 교제를 나누며 그분과 동업하고 있습니까? 많은 사람들이 성령님에 대해 이론적으로만 알고 있습니다.

"성령님은 여호와의 신 곧 지혜와 총명의 신이요 모략과 재능의 신이요 지식과 여호와를 경외하는 신이다. 창조의 영이자 영광의 왕이며 만왕의 왕이다. 그분은 인격자다. 신학적으로 어쩌고……."

이와 같이 수많은 사람들이 성령님이 누구인지에 대해 체계적으로 공부하지만 어떻게 그분을 인격적으로 존중히 모시고 살아가야 하는지에 대해 무지하므로 최고의 자존심을 갖고 계신 성령님께서 그리스도인의 삶과 사역에서 아주 심하게 무시당하고 있습니다. 참으로 슬프고 비극적인 일입니다. 당신은 어떻습니까?

아무리 다이내믹한 능력으로 오셨다 할지라도 그것을 누리려면 그분을 개인적으로 알뿐만 아니라 그분과 함께 살아가는 기술을 배워야 합니다. 성령님은 권능을 가지고 우리에게 오셨지만 우리가 그분을 모시는 비결을 몰라 본의 아니게 고아와 같이 홀로 연약한 삶을 살아가고 있습니다. 불확실하고 급변하는 시대를 사는 우리는 삶의 중심에 영원히 흔들리지 않는 반석과 같은 무엇이 필요합니다.

그것이 무엇일까요? 저는 이것을 "내가 항상 내 앞에 계신 주를 뵈었음이여. 나로 요동치 않게 하기 위하여 그가 내 우편에 계시도다"(행 2:25)라고 고백한 다윗에게서 발견하고 배웠습니다.

제가 말하는 성령님과 교제법은 아주 단순하고 쉽습니다. 모든 것이 너무 단순하기 때문에 이 책을 읽는 많은 사람들이 망설이게 될 것입니다. 이것은 이론이 아니라 실제입니다. 저는 이 매우 중요하고 핵심적인 영적 원리를 다섯 가지로 정리했습니다.

　제 1원리 : 성령님의 얼굴을 보라

　제 2원리 : 성령님과 대화를 나누라

　제 3원리 : 성령님을 모시고 다니라

　제 4원리 : 성령님께 도움을 구하라

　제 5원리 : 책 전도와 책 선교를 하라

　다윗은 자기 앞에 계신 그리스도의 영이신 성령님의 얼굴을 보았고 그분과 사랑의 대화를 나누었으며 그분을 생활 전반에 걸쳐 존중히 모시고 다니며 전적으로 의지했습니다. 그는 여러 가지 말할 수 없는 어려움 속에서도 "이러므로 내 마음이 기뻐하였고 내 입술도 즐거워하였으며 육체는 희망에 거하리니"(행 2:26)라고 말할 수 있었습니다. 우리도 성령님을 바라보면서 그분을 생활 속에 모실 수만 있다면 사망의 음침한 골짜기를 거닐지라도 기쁨으로 충만할 수 있습니다.

　다윗은 철저하게 그리스도 예수를 주로 받아 그 안에서 행하되 그 안에 뿌리를 박으며 세움을 입어 믿음 위에 굳게 서서 감사를 넘치게 한 사람이었습니다. 우리도 믿음으로 말미암아 그리스도께서 우리 마음에 계시게 하고 그분과의 사랑 가운데 뿌리가 박히고 터가 굳어져서 하나님의 모든 충만하심이 있도록 해야 하겠습니다.(엡 3:17~19)

　부디 당신도 성령님과 교제법을 습관적으로 몸에 완전히 익혀 당신과 함께 계신 그리스도의 영이신 성령님께 당신의 신앙 뿌리를 깊이 내리기 바랍니다. 성령님은 내 인생의 전부입니다.

"성령님은 나의 전부이십니다."

"김열방 목사님, 제발 성령님만 좀 빼고 이야기하세요."

한 성도님이 설교가 끝난 후에 제게 와서 따지듯이 한 말입니다.
저는 그분에게 절대로 그렇게 할 수 없다고 딱 잘라 말했습니다.

"성령님은 저의 전부이십니다. 제 모든 것은 성령님께로부터 온 것
입니다. 그러므로 성령님을 빼놓고는 제 인생을 한 마디도 설명할 수
없습니다. 성령님 없이 저는 설교할 수 없습니다."

그분의 인생은 거기서 끝이었지만 제 인생은 지금도 성령의 비행기
를 타고 멋있게 창공을 날고 있습니다. 때론 성령의 타임머신을 타고
시공간을 초월한 기도 응답과 커다란 성공을 받아 누리고 있습니다.

성령님은 인격자이십니다. 저는 성령님을 '멀리 계신 그분'으로 표현하지 않고 '여기 계신 이분'으로 표현하기를 좋아합니다. 이분은 지금 당신 안에 당신 곁에 생생하게 살아 계시며 실제로 당신과 늘 함께 계십니다. 당신은 믿음의 눈으로 성령님의 얼굴을 볼 수 있어야 하며 항상 이분을 의식하는 가운데 거룩한 삶을 살아야 합니다.

만왕의 왕이신 성령님, 만군의 주이신 이분을 모시는 비결을 당신은 배워야 합니다. 많은 책들이 성령님이 누구시며 어떤 일을 하러 오셨는지에 대해서는 잘 말하고 있습니다. 또한 이분이 인격적인 분이라는 것도 최근에 들어와 그 중요성이 많이 알려졌습니다.

그러나 성령님과의 인격적인 교제를 '어떻게' 해야 되는지에 대해 그 방법을 구체적이고 실제적으로 쉽게 가르치는 것을 들어보기란 쉽지 않습니다. 관념적이고 피상적인 이론을 논하므로 사고를 하게 하는 책들도 어느 정도 있지만 우리가 살고 있는 바쁘고 살벌한 세상은 한가하게 진리를 철학적으로 사색하게 내버려두지 않습니다.

진리는 '논리'가 아니라 '인격'입니다. 당신은 진리와 함께 사는 방법을 배우고 당신과 함께 계신 성령님과 달리면서 복음으로 세상을 정복하고 자기만의 특정 분야에서 세계 모든 민족 위에 뛰어나므로 예수님의 이름을 빛내야 합니다. 진리이신 성령님과 동업하십시오.

안타까운 것은 진리의 영이신 성령님과 인격적인 교제를 실천하는 사람이 극소수라는 것입니다. 어떤 경우는 이 큰 축복의 비밀을 알고 일생을 은밀하게 혼자서만 누린 사람도 있습니다. 그들은 미련하게 혼자만 알고 다른 사람들과 터놓고 나누지 않았습니다.

1611년에 프랑스령 로렌(Lorraine)에서 태어난 브라더 로렌스는 1651년경 그리스도를 체험하는 일에 있어 어떤 큰 전환점이 있었는데 이때부터 그는 성령님의 임재 가운데 살게 되었습니다. 그는 40년 동안 '하나님의 임재'를 누려 왔습니다. 그는 80세가 되기까지 25년 간 카르멜 수도회(the Carmelites)에서 25년간을 보내며 네 권의 회고록과 짧은 편지 몇 통을 남겼는데 이것이 후에 알려져 책으로 출판되고 수천, 수백만 통의 편지 복사본이 인쇄되었습니다. 그의 책은 영어판만으로도 2200만 부나 보급되었습니다.

이를 통해 수많은 그리스도인들이 '하나님의 임재 체험하기'를 갈망하게 되었습니다. 그러나 몇몇을 제외한 대부분의 많은 사람들이 그의 비밀스러운 삶에 대해 실제적으로 접근해 나가지 못하고 그저 감명 깊은 남의 이야기로만 생각하게 되었습니다.

저는 이것을 다윗의 생애에서 배웠습니다. 그는 말했습니다. "내가 여호와를 항상 내 앞에 모심이여, 그가 내 우편에 계시므로 내가 요동치 아니하리로다."(시 16:8) 그는 어린 시절 목동으로 양을 치면서도 "여호와는 나의 목자"시며 "내가 사망의 음침한 골짜기로 다닐지라도 주께서 항상 나와 함께 한다"고 믿음의 고백을 했습니다.

다윗은 여호와의 신을 존중히 모시고 인격적으로 사귀며 모든 일에 이분과 함께 살았습니다. 그는 24시간 하나님께 열려 있었습니다. 이분과 함께 생활했고 이분과 동행하는 방법을 잘 알고 있었습니다.

제가 말하는 성령님과 교제법은 아주 단순하고 쉽습니다.

너무 단순하고 쉬워 보이므로 많은 사람들이 무시하거나 놓칩니다.

예수님은 모든 것을 단순하게 만드셨습니다. 그러나 종교 지도자들이 어렵고 복잡하게 가르쳤습니다. 예수님은 그의 백성들에게 아주 쉽고 단순하면서도 명확한 문장으로 모든 것을 가르치셨습니다. 수많은 사람들이 깜짝 놀랐습니다. 왜냐하면 자기들이 심오하다고 여긴 진리가 극히 단순하고 명쾌했기 때문입니다.

이제 제가 확신하기로는 만약 당신이 이 단순하지만 매우 중대한 영적 원리를 어린아이와 같은 순수한 마음으로 받아들이고 성실한 태도로 실천하여 생활 습관으로 만들기만 하면 힘없고 나약한 당신의 삶 속에 반드시 하늘나라가 권능으로 힘 있게 역사할 것입니다. 저는 이것을 깨닫고 몸에 익히기까지 오랜 세월 고민했습니다. 저의 자상하신 성령님께서는 한 걸음씩 저를 진리 가운데로 인도하셨습니다.

제가 만난 사람들 중에 종종 성령님의 은사를 접촉했지만 인격적인 성령님은 모르고 있으며, 인격적으로 만난 사람들 중에서도 어느 단계에서 특별한 진전 없이 포기하거나 소홀해진 경우를 많이 볼 수 있었습니다. 사탄은 미혹의 영을 통해 현대를 살아가는 그리스도인들이 오직 눈에 보이는 현상만으로 살도록 철저하게 세뇌시켜 놓았습니다.

예수 그리스도를 믿지 않는 불신자는 그 모든 사상에 하나님이 없다고 말합니다. 성도들까지도 교회에서는 신앙생활을 잘 하지만 그들의 삶 속에서는 하나님이 계신지 안 계신지 알 수 없을 정도로 살고 있습니다. 불신자는 그 모든 사상에 하나님이 없다고 외치며 신자들은 그 모든 생활에 하나님이 없다고 외치고 있습니다.

많은 사람들이 사탄과 미혹의 영들의 세뇌로 '현상'만이 전부인 것처럼 속고 삽니다. 그러나 이제는 하나님께 지혜와 계시의 정신을 주사 우리의 마음눈을 밝혀 달라고 기도하므로 영적인 눈을 뜨고 우리와 함께 계시는 성령님이 어떤 분인지를 깨닫고 이분과의 인격적인 교제를 나누며 믿음으로 크게 성공하며 살아야 하겠습니다.

사탄은 그리스도인이 성령님의 사실성과 현재성, 그리고 개성을 가진 인격이심을 발견하는 순간 그들의 삶에 엄청난 변화를 가져온다는 것을 알기 때문에 이것을 알지 못하도록 거짓말의 연막을 뿌렸습니다. 그러나 시대마다 하나님을 사모하고 성령님을 갈구하는 사람들은 이것을 깨닫고 실천하여 큰 성공을 거두었습니다.

군복무 중 휴가를 나왔을 때 저는 한 간호사 자매를 소개받아 이야기를 나누게 되었습니다. 그녀는 주위의 사람들로부터 매우 영적이고 여러 가지 은사를 받았으며 신령한 생활을 하고 있는 것으로 인정받고 있었습니다. 저는 그녀와 대화하는 중에 그녀가 성령님을 인격적으로 알지 못한다는 사실을 보았고 그것을 조심스레 지적해 주었습니다. 그녀는 놀라는 표정으로 내 말을 인정하고 받아들였습니다.

저는 그녀에게 온갖 상식적이고 쉬운 예화를 구체적으로 들어가며 성령님을 인격적으로 만나야 할 필요성과 그 방법을 자세히 설명해 주었습니다. 곧 열릴 듯하면서도 "도대체 그게 무슨 말인지 이해가 안돼요"라고 말하므로 그녀는 제 마음을 답답하게 만들었습니다.

그러나 이러한 대화 가운데 결국 놀라우신 성령님의 도움으로 그녀의 영혼을 가린 짙은 안개가 걷히게 되었고 이내 환한 얼굴로 맑은 두 눈을 반짝이면서 말했습니다.

"이제야 알겠어요. 하나님께서 제 눈을 열어 주셨어요. 저와 함께 계신 성령님의 얼굴을 보았고 그분이 저에게 말씀하셨어요."

그녀는 기쁨이 충만했습니다. 휴가를 마치고 부대로 복귀한 후 며칠이 지난 어느 날 그 자매는 저에게 편지를 보내 왔습니다.

"그분을 알고 그분과 생활한다는 것이 이렇게 기쁠 수가 없어요. 그분의 음성에 귀 기울이며 그분의 뜻에 순종하며 살아갈 것입니다. 무엇이 진정한 삶과 참된 만족을 안겨 줄 수 있을까요? 그분을 아는 것입니다. 그분의 강함을, 위대함을 찬양합니다. 이 기쁨과 감격을 조금이라도 나누고 싶어요."(1992.5.12)

당신은 성령님의 기쁨이 되도록 작정되어졌으며 이분의 사랑의 대상으로 부르심을 받았습니다. 당신의 유일한 관심은 성령님의 신성한 사랑에 응답하는 것이고 이분의 뜻을 따라 행하며 이분을 위해 사는 것이 되어야 합니다. 그렇지 않습니까?

영적 건강과 자유는 당신과 함께 계신 성령님을 바로 이해하고 이분과 올바른 관계를 갖는데 있습니다. 이것은 하루아침에 다 이루어지는 것이 아닙니다. 말씀과 기도를 통해 성령님의 도움을 받아 "오직 마음을 새롭게 함으로 변화를 받아"(롬 12:2)야 가능합니다.

"그러나 언제든지 주께로 돌아가면 그 수건이 벗어지리라.
주는 영이시니 주의 영이 계신 곳에는 자유함이 있느니라.
우리가 다 수건을 벗은 얼굴로 거울을 보는 것같이
주의 영광을 보매 저와 같은 형상으로 화하여 영광으로
영광에 이르니 곧 주의 영으로 말미암음이니라."(고후 3:16~18)

무엇이든 처음에는 생소합니다. 당신도 이 책을 읽으면서 어떤 부분에 대해서는 제가 무슨 말을 하는지 잘 파악하지 못할 수도 있습니다. 그러나 낙심하거나 포기하지 말고 이 책을 다시 읽으면서 천천히 소화해 나가기 바랍니다. 그리고 지금 당신 곁에 실제로 함께 계신 성령님께 도움을 구하기 바랍니다.

이것은 실제이므로 이론에 그치면 안 됩니다. 성실함으로 몸에 완전히 배일 때까지 연습해야 합니다. 성실함을 가지고 매순간 의도적이고 의지적인 행동으로 실천해야 합니다. 이는 분명히 당신이 직접 해야 할 일입니다. 성령님이 어디에 계십니까? 아주 가까이 계십니다.

예수님은 "진리의 성령이 오시면 너희 속에 거하실 것이요 너희와 함께 계시겠음이라"(요 14:17)고 하셨습니다. 그렇습니다. 성령님은 실제로 당신 안에, 당신과 함께 계십니다. 이분은 당신 안에 한강처럼 넘치는 기름 부음으로 가득히 들어와 계시고 또한 우주보다 더 큰 영광의 구름으로 당신을 덮고 계십니다.

"이는 사람으로 하나님을 혹 더듬어 찾아
발견케 하려 하심이로되 그는 우리 각 사람에게서
멀리 떠나 계시지 아니하도다."(행 17:27)

우리는 복음으로 세상을 정복하기 위해 마음의 변화를 받아야 합니다. 새로운 삶의 방식을 받아들이고 적용해야 합니다. 처음에는 낯설더라도 몇 번만 연습하면 금방 익숙해질 것입니다.

한 세계적인 인물은 반복의 중요성에 대해 이런 말을 했습니다.

"처음 한 번 말하면 다들 비웃는다. 두 번째 말하면 미친놈이라고 말한다. 세 번째 말하면 왜 저렇게 말하나 하고 듣는다. 네 번째 말하면 설득을 당한다. 다섯 번째 말하면 그때야 따라온다. 여섯 번째 말하면 열광한다. 일곱 번째 말하면 목숨을 내놓는다."

저는 지금부터 당신이 마음을 새롭게 함으로 변화를 받아 성령님과
의 인격적인 교제를 자유롭게 나눌 수 있을 때까지 계속 반복해서 설
명할 것입니다. 부디 이분과의 친교가 회복되어 당신의 가치관과 삶의
방식이 완전히 바뀌므로 저와 같이 행복하고 부요한 삶, 능력 있는 삶
을 살게 되기를 간절히 소원합니다. 날마다 이렇게 고백하며…….

"성령님, 사랑합니다."
"성령님, 감사합니다."
"성령님, 행복합니다."

제1부

성령님의 얼굴을 보라

당신은 성령님의 얼굴을 보고 있습니까?

성령님의 얼굴을 봄으로써 제 인생은 완전히 달라졌습니다.

저는 예전에 성령으로 거듭난 후에도 매일 골방에 들어가 무릎을 꿇고 고뇌 가운데 몸부림치며 몇 시간씩 기도하곤 했습니다. 그런데도 날이 갈수록 커져 가는 것은 하나님께 대한 갈망이었습니다.

"내가 어찌하면 하나님 발견할 곳을 알꼬?"(욥 23:3)

그러던 어느 날 저는 산책하면서 마음 속 깊은 곳에서 하나님께 항의하듯 이렇게 말씀드렸습니다.

"하나님은 귀머거리이십니까? 도대체 제 기도를 듣기나 하십니까? 하나님은 벙어리이십니까? 제게 말씀 좀 해보십시오. 하나님은 소경이십니까? 절뚝발이십니까? 팔에 깁스를 했습니까? 왜 저는 하나님을 일방적으로 막연하게 만나야만 합니까? 하나님, 제발 저에게 자신을 드러내 보여 주십시오. 저는 친구와 만나듯이 그렇게 하나님과 교제하고 싶습니다. 하나님의 얼굴을 좀 보여 주십시오."

위를 보면서 저의 불만의 소리가 터져 나온 후 침묵 가운데 계속 길을 거닐고 있을 때 갑자기 하나님은 저에게 계시하셨습니다. '인격적인 성령님의 얼굴'이 제 앞에 나타난 것입니다.

"너희가 전심으로 나를 찾고 찾으면
나를 만나리라."(렘 29:13)

성령님은 저에게 말씀하셨습니다.

"사랑하는 아들아, 나는 네가 원하는 것보다도 훨씬 더 너와 이렇게 인격적으로 만나서 교제하고 싶었단다. 나는 모든 사람과 얼굴을 맞대고 사랑을 나누기를 원한단다. 그러나 수많은 나의 자녀들이 나를 인격적으로 무시하는구나."

회오리바람이나 신비한 환상이 제게 보인 것은 아니었습니다. 조용하지만 선명히 '성령님의 인격'이 드러나기 시작했으며 제 인격에 부딪혀 왔던 것입니다. 그때 성령님의 실제적인 임재하심이 제 눈앞에 드러났습니다.

순간 저는 성령님도 저와 마찬가지로 눈, 코, 입, 귀, 얼굴 표정, 손, 발 등이 있다는 것을 알게 되었습니다. 그러나 성령님의 그것은 보이지 않는 것이었습니다. 이때부터 제게 성령님에 대한 새로운 깨달음이 다가왔습니다. 성령님은 세상에서 가장 실제적인 분이셨습니다.

지금 여기 나와 함께 계신 이분

성령님은 영이시지만 인격을 가지고 계신 분이셨습니다. 제가 말씀 드리면 들으시며, 불꽃같은 눈동자로 저를 지켜보고 계시며, 향기를 맡으시며, 미소를 지으시며, 강한 손과 능한 팔을 가지고 계신 너무나도 실제적인 분이셨습니다.

지성과 감성과 의지를 가진 인격자이신 성령님을 대하고 보니 성경에 나오는 그 하나님이 '지금 여기 나와 함께 계신 이분'이시라는 것을 새삼 깨닫게 되면서 큰 충격을 받게 되었습니다. 그리고 이분이 구약에 나오는 알파와 오메가가 되시는 영원하시며 전능하신 스스로 계신 분이시라는 것을 알게 되었으며 창세기부터 성경을 보는 눈이 완전히 달라지고 말았습니다.

창세기 1장에 태초에 하나님이 천지를 창조하실 때 땅이 혼돈하고 공허하며 흑암이 깊음 위에 있고 하나님의 신은 수면에 운행하셨는데 그 하나님의 신이 바로 저와 함께 계신 이분이셨습니다.

날이 서늘할 때 아담과 함께 에덴동산을 거니셨던 하나님, 에녹과 300년을 동행하시고 노아와 함께 하셨던 여호와 하나님, 그리고 아브라함이 친구처럼 사귀었던 하나님, 요셉과 함께 계셨던 하나님, 모세와 함께 출애굽의 여정 가운데 홍해를 가르시고 온갖 기적을 베푸신 스스로 계신 여호와 하나님이 바로 저와 함께 계신 이분과 동일하신 분이라는 것을 깨닫게 되었습니다.

예수님과 함께 계셨고 바울 곁에 서서 바울과 교제를 나누신 분이 바로 지금 저와 함께 계신 이분이셨습니다. 삼위일체 하나님의 영이 곧 성령님이시라는 것을 저는 알게 되었고 이분과 함께 교제를 나누기 시작했습니다. 제 믿음의 눈이 활짝 열려 버렸습니다.

저는 성령님에 대한 새로운 이해와 놀라운 깨달음으로 이분에 대한 지식이 날로 풍성해졌습니다. 이내 저의 믿음은 제트기를 타고 공중을 날 듯 치솟기 시작했습니다. 매일 아침에 눈을 뜨면 이분은 제 눈앞에 너무나 실제적으로 충만히 임재해 계셨습니다.

다윗의 고백은 곧 저의 것이 되었습니다.

"나는 의로운 중에 '주의 얼굴'을 보리니
깰 때에 '주의 형상'으로 만족하리이다."(시 17:15)

"내가 누워 자고 깨었으니
여호와께서 나를 붙드심이로다.
천만인이 나를 둘러치려 하여도
나는 두려워 아니하리이다.
여호와여, 일어나소서."(시 3:5~7)

다윗은 '하나님의 얼굴'을 찾고 구하는 자였습니다.

다윗의 기도 소리가 들리지 않습니까?

"여호와여,
내가 소리로 부르짖을 때에 들으시고
또한 나를 긍휼히 여기사 응답하소서.
너희는 내 얼굴을 찾으라 하실 때에
내 마음이 주께 말하되
여호와여 내가 '주의 얼굴'을 찾으리이다 하였나이다.
'주의 얼굴'을 내게서 숨기지 마옵소서."(시 27:7~9)

제가 공원을 산책하며 간절히 구한 것도 하나님의 얼굴이었습니다. 그때 하나님의 임재하심이 제 눈앞에 드러났고 그것은 곧 '인격이신 성령님의 얼굴'이었습니다. 모든 그리스도인은 성령님을 인격적으로 만나야 합니다.

지금 당신의 가장 큰 소원이 무엇이 되어야 하겠습니까? 성령님의 얼굴을 보는 것보다 시급한 것이 무엇입니까? 시편 기자의 기도 소리가 들리지 않습니까?

"주의 얼굴로 주의 종에게 비취시고……."(시 119:135)

만약 당신이 아직도 성령님과 인격적으로 대면하지 못했다면 지금 당장 이렇게 기도해야 하지 않겠습니까?

"사랑하는 하나님, 저도 성령님을 인격적으로 만나고 싶습니다. 성령님의 얼굴을 보며 인격적인 교제를 나누기를 원합니다. 성령님을 개인적으로 친밀하게 사귀기를 원합니다. 저에게 지혜와 계시의 정신을 주사 인격적으로 하나님을 알게 해 주십시오. 제가 지금 간절히 주의 얼굴을 찾고 있습니다. 주의 얼굴을 제게서 숨기지 마옵시고 주의 얼굴빛을 저에게 비춰 주십시오. 예수님의 이름으로 기도합니다."

다윗은 성령님께 항상 그의 눈이 열려 있었습니다. 그에게는 눈을 어디로 돌려도 자기 앞에 성령님의 임재하심이 가득했습니다.
다윗은 말했습니다.

"내가 주의 신을 떠나 어디로 가며
주의 앞에서 어디로 피하리이까?
내가 주와 함께 있나이다."(시 139:7, 18)

스웨덴의 유명한 식물학자이며 웁살라 대학의 교수였던 린네(Linnaeus, Carolus, 1707~1778)는 학생들과 함께 들에 나가 꽃이 피는 것을 보고 이렇게 말했습니다.

"나는 그 순간 하나님께서 영광중에 내 곁을 지나가시는 것을 보았다. 그리고 나는 하나님을 경배하기 위해 머리를 숙였다."

성부 하나님의 얼굴은 그 누구도 볼 수 없습니다. 성부 하나님의 영광은 천국에 가면 접하게 될 것입니다. 이 땅에서 살고 있는 우리는 오직 성령 하나님만을 대면할 수 있습니다. 이는 곧 어떠한 물리적인 현상이나 표면적인 형태가 아니라 영의 눈을 떠서 믿음 안에서 성령님을 인격적으로 대면해야 함을 의미합니다.

지금 제가 이야기하는 '성령님을 대면한다'는 말이 이해되십니까? 이것은 '우리에게 계신 하나님을 인격적으로 만난다'는 말입니다.

당신은 신앙생활에서 놓쳐 버리기 쉬우면서도 매우 중요한 이 사실을 꼭 깨달아야 합니다. 저는 여기에서 하나님의 얼굴을 보는 것의 중요성에 대해 특별히 강조하고자 합니다. 눈을 크게 뜨기 바랍니다.

히브리인들은 '임재'라는 말을 잘 쓰지 않았습니다. 히브리어 성경에도 '임재'라는 말은 나오지 않습니다. 그들은 하나님의 임재에 대해 막연하고 추상적인 표현을 쓰기보다는 구체적이고 실제적인, 곧 눈에 보일 정도의 생생한 표현을 썼는데 그것은 곧 '얼굴'이라는 단어였습니다. 우리가 읽는 성경에도 대부분 '임재'라는 말보다 '얼굴'이라는 말로 나와 있습니다. 그러므로 당신도 '성령님의 얼굴'이란 말을 생소하게 여기지 말고 빨리 친숙하고 익숙해지기 바랍니다.

다윗은 항상 자기 앞에 계신 주님의 얼굴을 보았습니다. 그리고 이렇게 말했습니다. "내가 항상 내 앞에 계신 주를 뵈었음이여. 나로 요동치 않게 하기 위하여 그가 내 우편에 계시도다."(행 2:25)

삶의 목적이 무엇입니까?

"나와 함께 계신 나의 하나님의 얼굴을 바라보며 함께 걸으며 이분을 사랑하고 섬기는 것인데 한마디로 말하면 '하나님을 보는 것'입니다. 곧 성령님을 인격적으로 대면하고 계속해서 믿음의 눈으로 바라보는 것이 가장 기초이자 핵심입니다."

당신의 진정한 목표는 '하나님 자신'이어야 합니다. 이것이 하나님께서 당신에게 요구하시는 간절한 소원입니다.

"네 하나님 여호와께서 네게 요구하시는 것이 무엇이냐?
곧 네 하나님 여호와를 경외하며
그 모든 도를 행하고 그를 사랑하며
마음을 다하고 성품을 다하여
네 하나님 여호와를 섬기고……."(신 10:12)

다른 사람의 하나님이 아닙니다. 다윗이 "나의 왕 나의 하나님 만군의 여호와여"(시 84:3)라고 말한 것처럼 막연한 하나님이나 멀리 계시는 하나님이 아니라 현재 나와 함께 계신 나의 하나님 곧 성령님을 가리키는 것입니다.

"여호와여, 주께서 가까이 계시오니……."(시 119:151)

세상에서 가장 가까이 계신 나의 하나님과 함께 거하며 생활하는 것, 성령님을 보며 이분과 함께 살아 있는 관계를 가지는 것, 이것이 삶의 최고 목표입니다.

성 어거스틴(St. Augustin of Hippo, 354~430)이 30년 방황의 생활을 청산하고 새사람이 되기를 결심하던 날, 밤새도록 기도한 내용의 전부가 "나는 누구입니까?"라는 말 한마디였습니다.

정말 당신 자신이 누구이며 무엇을 해야 하며 지금 당신의 위치가 어디인지 알기를 원한다면 당신은 반드시 성령님을 대면해야만 합니다. 당신이 성령님을 대면하게 되면 당신 자신이 누구라는 것을 알게 될 뿐만 아니라 얼마나 무력하고 아무것도 아닌지를 깨닫게 될 것입니다. 그리고 당신 앞에 계신 성령님을 절대 의존하게 될 것입니다.

욥은 엄청난 고통 가운데 풀리지 않던 모든 문제를 종결짓게 되는 그의 신앙의 결론을 다음과 같이 말했습니다.

"내가 주께 대하여 귀로 듣기만 하였삽더니

이제는 눈으로 주를 뵈옵나이다."(욥 42:5)

성령님을 대면한다는 것은 곧 나를 창조하신 하나님을 만난다는 말과 같습니다. 우리는 창조주 하나님께로 돌아가야 합니다. 예수님의 보혈을 통해 그분이 우리의 아버지가 되셨습니다. 우리는 하나님을 향해서 '아빠 아버지'라 부를 수 있게 되었습니다. 우리가 창조주 하나님을 뵙게 될 때 진정으로 일생을 바쳐 올바르게 살고자 하는 '헌신'의 갈망이 솟아오르게 됩니다. 하나님은 우리가 모든 것을 바쳐 섬겨도 전혀 아깝지 않은 '최상의 존재'이십니다.

존 화이트는 "헌신이란 가장 가치 있는 것을 위해 나머지 것들을 기꺼이 버릴 수 있는 적극적인 태도다"라고 말했습니다. 우리가 성령님의 얼굴을 보게 될 때 가장 존귀하신 이분을 위해 모든 것을 다 바쳐 진정으로 '헌신된 삶'을 살아갈 수 있게 됩니다. 저는 실제로 모든 것을 버려두고 성령님을 완전히 좇고 있습니다.

궁극적인 행복이란 하나님을 보는 것입니다. 이보다 더 큰 것은 있을 수 없습니다. 다윗은 말했습니다. "내가 항상 내 앞에 계신 주를 뵈었음이여."(행 2:25) 그렇습니다. 당신이 자신을 바라보거나 환경을 주목하는 순간 낙심과 좌절 속에 용기를 상실하게 됩니다. 그런 것을 무시해서도 안 되겠지만 거기에 마음을 빼앗겨서도 안 됩니다. 암담한 현실에 대해서는 단지 당신의 이성으로만 인식하고 있으면 됩니다. 그리고 계속해서 당신 앞에 계신 주님만 바라보아야 합니다.

다윗은 자신이 처한 환경과 상황보다 하나님께 더 관심이 있었습니다. 적군에 에워싸이고 힘 있는 장수들이 압살롬과 손을 잡고 다윗을 몰아내기 위해 목숨을 노리고 있음에도 불구하고 그는 오직 하나님의 얼굴을 구했습니다.

"하나님이여, 주는 나의 하나님이시라.
내가 간절히 주를 찾되
물이 없어 마르고 곤핍한 땅에서
내 영혼이 주를 갈망하며 내 육체가 주를 앙모하나이다.
내가 주의 권능과 영광을 보려 하여
이와 같이 성소에서 주를 바라보았나이다."(시 63:1, 2)

하나님의 손위에 얹혀서 날마다 이분과 얼굴을 가까이 대하며 사는 것, 이것이 바로 우리가 이 땅에서 누려야 할 영원한 생명인 것입니다. 다윗은 "나의 영혼이 주를 가까이 따르니 주의 오른손이 나를 붙드신다"고 고백했습니다.(시 63:8)

우리는 마음먹은 대로 일이 잘 진행되고 소원이 척척 성취될 때 기뻐하고 즐거워할 수 있습니다. 그러나 일생토록 눈물의 빵을 먹으며 쌓아 온 성공의 거대한 탑이 한순간에 무너져 내리는 순간에도 과연 그렇게 기뻐할 수 있겠습니까? 그것은 비참한 현실에서 눈을 돌려 우리 앞에 계신 성령님의 얼굴을 바라볼 때만 가능합니다.

다윗은 목동으로 있을 때나 왕으로 있을 때나 변함없이 그 무엇보다 가장 중요시 여긴 것이 있었는데 그것은 곧 하나님의 얼굴이었습니다. 그는 전적으로 자기 앞에 계신 하나님의 얼굴만 바라보았기 때문에 항상 즐거워할 수 있었습니다.

"왕은 하나님을 즐거워하리니……."(시 63:11)

당신은 집에서나 교회에서나 직장에서나 어디에 있든지, 어떤 곤경에 처했든지, 당신과 함께 계시는 성령님의 얼굴을 찾아야 합니다.

"마음이 청결한 자는 복이 있나니
저희가 하나님을 볼 것임이요."(마 5:8)

성령님과 대면한 모세

모세는 호렙산 가시 떨기의 불꽃 가운데 임하신 하나님을 대면하고 나이 80세에 하나님의 꿈을 품고 40년 동안 닦은 자기 삶의 터전을 정리하고 인생을 재출발하였습니다. 하나님과 함께 새 인생을 만들어 나가는 '믿음의 모험'을 하게 된 것입니다.

굳은 의지의 사람이 하나님을 만나면 그분을 위해 모든 것을 버리고 헌신하는 것을 우리는 성경을 통해 볼 수 있습니다. 제가 성령님을 인격적으로 대면한 순간부터 저는 진정으로 하나님을 사랑하는 것을 배우기 시작했고, 모든 것을 배설물로 여기고 이분과의 친밀한 교제를 나누는 가운데 말할 수 없이 행복한 삶을 살게 되었습니다. 모세도 하나님의 영광을 갈구했습니다.

"원컨대 주의 영광을 내게 보이소서."(출 33:18)

그때 하나님께서는 은혜를 줄 자에게 은혜를 주고 긍휼히 여길 자에게 긍휼을 베풀기를 원하셨으므로 자신의 모든 선한 형상을 모세에게 보여주셨습니다. 그러나 하나님의 얼굴을 보고 살 자가 없으므로 예수 그리스도를 상징하는 한 반석 위에 모세를 서게 하시고 그 반석 틈에서 하나님의 영광을 보게 하셨습니다.

모세는 하나님의 등을 보았으나 얼굴은 보지 못했으며, 단지 하나님께서 자기 앞으로 지나시는 것만 보았습니다. 모세가 하나님의 모습을 본 것은 그때 한번뿐인 것 같습니다. 그러나 모세는 항상 하나님의 임재하심 가운데 거하며 그분의 영광을 체험하며 살았던 사람이었습니다. "내가 정녕 너와 함께 있으리라"(출 3:12)고 약속하신 하나님께서는 구름 기둥, 불기둥 가운데 임하셨고 모세에게 직접 말씀하셨습니다. 모세가 어느 정도로 하나님과 친밀했습니까?

민수기 12장 8절에는 이렇게 기록하고 있습니다.

"그와는 내가 대면하여 명백히 말하고
은밀한 말로 아니하며
그는 또 여호와의 형상을 보겠거늘……"

그렇습니다. 모세는 하나님과 대면하여 알던 자였습니다. 그렇지만 그가 직접 하나님의 본체(本體)를 본 것은 단 한번뿐이었으며 그것도 등을 보았다는 사실을 우리는 기억해야 합니다. 그러면 그 외에 40년 세월 동안 그는 어떻게 하나님의 얼굴을 보았으며 그분과 얼굴을 맞대고 명백히 대화를 나누었을까요? 그것은 바로 구름 기둥, 불 기둥 가운데 계신 여호와의 신이신 성령님과의 인격적인 교제를 가지므로 가능할 수 있었던 것입니다. 성령님은 실제로 우리와 함께 계십니다.

오늘날은 눈에 보이는 구름 기둥, 불 기둥은 없어졌습니다. 그러나 여전히 그보다 더 확실하고 생생한 성령님의 임재하심이 우리와 함께 하고 있습니다.

모세는 눈에 보이는 구름 기둥, 불 기둥과 대화를 나눈 것이 아니었습니다. 그것은 상징적인 현현(顯現)이었습니다. 모세는 그 가운데 임재하여 말씀하시는 눈에 보이지 아니하는 성령님을 볼 수 있는 믿음의 눈이 열려 있었으며 거기에 계신 그분과 교제를 나누었던 것입니다. 모세는 "믿음으로 보이지 아니하는 자(성령님)를 보는 것 같이 하여"(히 11:27) 모든 것을 참을 수 있었으며 믿음으로 피 뿌리는 예식을 통해 유월절 어린 양 예수 그리스도를 바라볼 수 있었습니다.

모세는 믿음의 눈을 가진 평범한 사람이었습니다. 그는 기도의 사람이었고 영적인 안목을 가지고 있었습니다. 그는 믿음의 눈으로 성령님의 얼굴을 보면서 사랑과 우정의 친교를 나누었고 그분의 직접적인 인도를 받으며 맡겨진 사명을 감당했는데 이것이 최고의 삶입니다.

모세는 '여호와와 대면하여 알던 자'라고 했습니다. 오늘날 우리는 '성령님과 대면'하여 사귀어야 합니다. 모세는 보이지 아니하는 하나님을 항상 보는 것처럼 하여 그분과 대화하며 이야기를 나누었습니다.

여호와께 복을 받고 구원의 하나님께 의를 얻은 우리도 생활 속에서 여호와 하나님의 얼굴을 찾아야 하겠습니다.

"이는 여호와를 찾는 족속이요
야곱의 하나님의 '얼굴'을 구하는 자로다."(시 24:6)

성령님을 대면하는 것이 예배입니다

2천 년 전에 "예수를 뵈옵고자"(요 12:21) 모래알 같이 많은 군중이 모여든 것처럼 이 시대를 사는 우리는 내 앞에 서 계신 영으로 오신 예수님의 얼굴을 바라보아야 합니다. 부활하신 예수님은 하늘 보좌에 앉아 계시므로 우리는 볼 수 없습니다. 그러나 동시에 그 예수님은 지금 영으로 믿는 우리에게 임재해 계십니다. 그러므로 모든 사물에서 눈을 돌려 예수 그리스도의 영이신 성령님의 얼굴을 바라보아야 합니다. 이에 대해 사도 바울도 옛 생각을 완전히 바꾸었다고 다음과 같이 고린도 교인들에게 고백하고 가르쳤습니다.

"비록 우리가 그리스도도 육체대로 알았으나
이제부터는 이같이 알지 아니하노라.
주는 영이시니……."(고후 5:16, 3:17)

이 시대를 살고 있는 우리 현대인들의 신앙생활에서 다시금 그 의미를 찾고 가장 긴급히 회복해야 하는 것이 있다면 그것은 곧 예배라 할 수 있습니다. 그러면 과연 예배란 무엇일까요? 성령님과 인격적으로 대면하여 친밀한 교제를 나누면서 살아가는 것이 바로 '생활로 드리는 영적 예배'인 것입니다. 이러한 예배가 하나님께서 기뻐하시는 신령과 진정으로 예배하는 '영적 예배'입니다. 로마서 12장에는 여기에 대해 명확히 말씀하고 있습니다.

"그러므로 형제들아,
내가 하나님의 모든 자비하심으로 너희를 권하노니
너희 몸을 하나님이 기뻐하시는 거룩한 산 제사로 드리라.
이는 너희의 드릴 '영적 예배'니라."(롬 12:1)

진정한 예배에 대한 연구의 시금석이라 할 수 있는 요한복음 4장 20절~24절을 자세히 살펴봅시다. 이 본문은 사마리아 여인과 예수님과의 대화인데 그녀는 다음과 같이 말했습니다.

"예수님, 우리 조상들은 이 산에서 예배하였는데 당신들의 말은 예배할 곳이 예루살렘에 있다 하더이다."

예수님께서 말씀하셨습니다.

"여자여, 내 말을 믿으라. 이 산에서도 말고 예루살렘에서도 말고 너희가 아버지께 예배할 때가 이르리라. 너희는 알지 못하는 것을 예배하고 우리는 아는 것을 예배하노니 이는 구원이 유대인에게서 남이니라."

여기서 예수님은 어떤 장소에서 예배드린다는 것보다 더 중요한 어떤 핵심 원리를 말씀하셨습니다. 예수님은 과거 조상들이 하나님을 만나기 위해 피 흘림의 제사를 지낸 어떤 산이나 아니면 아주 거룩하고 경건한 분위기를 자아내는 예루살렘 성전에서 예배드리는 것보다 더욱 중요한 예배의 열쇠를 말씀하셨던 것입니다. 그것이 과연 무엇일까요? 계속해서 예수님의 말씀을 잘 들어보십시오.

"아버지께 참으로 예배하는 자들은 신령과 진정으로 예배할 때가 오나니 곧 이 때라."

예, 그렇습니다. 예수님이 진정 말씀하시고자 하신 것은 '어떤 장소'가 아니라 '어떤 때'입니다. 도대체 어떤 때입니까? "곧 이 때라."

이 때란 바로 '사마리아 여인과 예수님이 대면해서 이야기를 나누고 있는 그때'를 말씀하고 있는 것입니다. 이해되십니까?

이때가 곧 신령과 진정으로 예배하는 때요 하나님을 만나는 때입니다. 예수님께서 충격적인 선포를 하셨습니다.

"아버지께서는 이렇게 자기에게 예배하는 자들을 찾으시느니라."

예배당에서 순서를 따라 예배하며 아름다운 찬양을 드리고 훌륭한 설교를 듣는 것은 참으로 중요합니다. 그러나 당신이 예배하러 교회에 가서 하나님을 인격적으로 만나지 못하고 주위만 두리번거리며 아는 사람들만 만나고 온다면 그것은 예배에 완전히 실패한 것입니다. 비록 모든 것이 부족하고 서툴어도 당신이 예배 중에 하나님을 뵈었다면 그 예배는 성공한 것입니다.

음악과 설교는 그 자체가 예배의 목적이 아니라 예배를 위한 하나의 수단입니다. 하나님과 만나도록 도와주는 매개체인 것입니다. 이것 자체가 예배의 전부가 될 수 없습니다.

어떤 사람들은 무언가 바치는데 만족을 누리고 어떤 사람은 무언가 얻으려고 교회에 갑니다. 무엇을 바치고 무엇을 얻어야 합니까? 하나님을 사랑하는 당신의 마음을 바치고 하나님의 한없는 사랑을 얻어야 합니다. 예배의 궁극적인 목적은 하나님을 만나고 그분과 사랑의 교제를 나누는데 있기 때문입니다.

목회자들이 교회에서 하나님의 말씀을 가지고 설교할 때도 마틴 루터(Martin Luther, 1483~1546)가 "설교자는 하나님의 면전(面前)에서 순수한 복음만을 전해야 한다"라고 말한 것을 기억해야 합니다.

저는 예배 시간에 단상에 올라서면 의자에 앉아 있는 성도들을 보는 것보다 성도들과 저 사이 곧 '내 앞에 계신 성령님'의 얼굴을 보고자 주의를 기울입니다. 그리고 성령님께 이것저것 말씀드리고 성령님의 감동하심에 제 마음을 집중합니다.

"사랑하는 성령님, 저를 감동시켜 주시고 지금 이 시간에 기름 부음이 나타나게 해주세요."

또한 다른 분이 설교할 때도 저는 설교자만 보지 않습니다. 설교자와 저 사이에 계신 성령님의 얼굴을 바라보면서 예배 장소의 영적 분위기를 살피며 이분과 은밀히 교통합니다. 그리고 목사님의 설교를 통해 제게 말씀하시는 하나님의 음성에 귀를 기울입니다. 예배가 끝나면 성령님과 함께 조용히 교회당을 빠져 나옵니다.

"성령님, 함께 나가시지요."

그리고 일상생활로 돌아와서도 똑같이 성령님의 얼굴을 바라보면서 미소를 짓고 이분을 예배하는 삶을 이어갑니다. 다윗이 그랬습니다.

"내가 항상 내 앞에 계신 주를 뵈었음이여."(행 2:25)

예전에 저는 가까운 교회의 예배에 저의 사랑하는 친구이신 성령님과 함께 참석한 적이 있습니다. 제 인생에 있어 하나님의 지시에 따라 250만 원을 투자해서 새로운 주님의 사업을 시작했는데 그 일이 빨리 추진되지 않아 뼈아픈 고통을 감내(堪耐)하고 있을 때였습니다.

근근이 푼돈이나마 굴리던 우리 가정의 생활비는 드디어 완전히 바닥을 보인 지 10일이 넘었고, 주일에 헌금은 물론 귀여운 아기의 백 원짜리 사탕을 사기 위해 집안 구석구석을 뒤져야 하는 처량한 형편에 처하게 되었습니다. 냉장고는 서서히 뼈대를 드러냈고 세금 고지서와 할부금 청구서는 우리의 어깨를 짓눌렀습니다. 때로는 쌀도 없어 하루 종일 다른 것을 먹기도 했습니다. 저는 하나님께 "가난이 싫어요. 이런 거지같은 생활은 지긋지긋해요" 하며 하소연했습니다.

그동안 제 인생의 크고 중요한 일이 있을 때마다 눈에 보일 정도로 저를 도우셨던 좋으신 하나님의 손길은 온데간데없고 그분은 침묵으로 일관하셨습니다. 누군가가 "우는 법과 밤을 지새우는 법과 새벽을 기다리는 법을 배우는 것, 그것이 바로 인간이 된다는 뜻이다"라고 말했는데 우리는 정말 그 말처럼 길고 긴 고통의 터널을 지나고 있었습니다. 어떻게 해야 할까요?

자비로우신 하나님께서는 조금씩 우리의 마음을 변화시키셨고 우리는 서서히 힘을 얻게 되었습니다. 그러다가 결정적으로 우리의 영혼이 새 힘을 얻게 된 것은 예배 시간 중이었습니다.

"성령님 함께 가시지요."
"함께 올라가실까요."
"성령님, 오늘 예배 가운데 우리에게 역사해 주세요."

이렇게 말씀드리면서 성령님과 교제를 나누면서 예배당 2층 맨 뒷자리에 앉아 하나님께 찬양을 드리고 있었습니다. 그때 저는 예배당 안에 곧 제 앞에 실제로 계신 성령님을 의식하게 되었고 손으로 그분을 가리키면서 아내에게 말했습니다.

"지금 이곳에 성령님이 실제로 계세요. 당신 앞에 계신 성령님을 바라보세요."

하나님에 대한 기대감을 가지고 참석한 우리는 그날 모인 사람이 아닌 오직 우리 앞에 계신 성령님께만 마음을 모으고 예배하기 시작했습니다. 계속해서 감격의 찬양을 드리는 중에 성령님의 임재하심은 더욱 실제적으로 강하게 느껴졌습니다. 주님의 영광이 제게 나타나셨습니다. 즉시 제 영혼이 벌떡 일어나 하나님께 경배하고 있는 것을 발견하였습니다.

주님의 영광 나타나셨네
권능으로 임하셨네
죽음에서 날 살리신 주 성령
놀라우신 주 하나님

성령님께서 위로의 손길로 우리를 만지셨고 우리는 말할 수 없는 큰 감격 속에 예배하며 영광의 하나님을 만날 수 있었습니다. 그날 말씀을 통해 우리를 향한 하나님의 뜻을 확실히 발견할 수 있었으며 저는 집으로 돌아오면서 희색이 만연한 아내에게 이렇게 말했습니다.

"하나님은 우리를 통해 그분의 사업을 세우시기 전에 먼저 우리 자신을 믿음의 사람으로 세우기를 원하시며 또한 우리 속에 하나님이 영광스럽게 서시기를 원하신다!"

우리는 이전과는 다르게 변화되었습니다. 이제는 불평과 원망을 쓰레기통에 미련 없이 던져 버리고 무조건 모든 일에 억만 번이나 감사하기로 결심했습니다. 오직 믿음의 주요 온전케 하시는 이인 예수님만을 바라보고 성령님을 의지하면서 모든 것을 이겨 나갈 것을 다짐했습니다. 마음의 평화를 얻은 우리는 기쁨이 충만한 활기찬 생활을 하게 되었고 그 결과 점차로 억만장자의 부가 나타나게 되었습니다.

이와 같이 성령 안에서 하나님을 만나는 참된 예배는 지친 영혼을 일으켜 세우며 약한 사람을 강하게 변화시킵니다. 그러나 안타깝게 어떤 사람들은 올바른 동기를 가지고 하나님께 나아가지 않고 있습니다.

당신은 외적으로 잘 꾸며진 값진 예배당이나 멋진 설교자를 찾을 것이 아니라 진정으로 하나님의 임재하심이 물결치는 성령이 충만한 교회를 사모해야 합니다. 성령님의 임재 속에 이분과 교통하므로 더 깊고 풍성한 삶을 추구해야 합니다. 그리고 일주일에 정해진 예배 시간에 충실할 뿐 아니라 24시간 전부 살아 있는 예배가 되도록 해야 합니다. 이것은 당신 자신에게서부터 시작됩니다. 어떻게 해야 할까요? 언제나 성령님의 얼굴을 보면서 살아가면 되는 것입니다.

다윗은 자기 앞에 계신 성령님의 얼굴을 보면서 살았습니다.

"내가 항상 내 앞에 계신 주를 뵈었음이여."(행 2:15)

그는 주의 신을 떠나서는 살 수 없다고 정직하게 고백했습니다.
'영으로 오신 예수님의 얼굴을 뵙는 것' 이것이 곧 하나님이 원하시는 '산 예배'라 할 수 있습니다. 성령님의 얼굴을 뵙게 되면 당신은 이분에게 완전히 매료됩니다. 이분과 교제를 나눌수록 깊은 사랑의 샘 속으로 푹 빠져들게 됩니다. 성령님은 우주에서 가장 아름다우신 최상의 존재이십니다. 당신은 성령님의 손에 키스를 하며 애정을 나누고 이분 앞에 엎드려 절하게 되고 기쁨으로 사랑의 노래를 부르며 영광을 돌리게 될 것입니다.

살아 있는 예배를 드리므로 당신의 영혼이 생기를 얻기 원하십니까? 그렇다면 예배 시간에 사람에게 집중하지 마십시오. 주위 사람과 많은 대화를 나누거나 다른 것들에 신경을 빼앗기지 않도록 하고 온 마음을 교회 안에 계신 예수님께 집중하십시오. 그리고 예배 순서가 하나씩 흐르고 있는 중에 수시로 예배당 안에 계신 예수님을 작은 목소리로 부르십시오.

"예수님, 사랑하는 예수님!"

한 번이나 두 번이 아니라 계속해서 부르십시오. 찬양할 때나 설교를 들으면서도 예수님을 바라보며 이렇게 마음으로 속삭이십시오. 그리고 계속 집중해서 주님을 바라보십시오.

"존귀하신 예수님, 예수님을 사랑합니다."
"예수님, 감사합니다."

성령님은 '그리스도의 영'(The Spirit of Christ)이십니다. 많은 성도들의 영적인 빈곤은 바로 그리스도의 영이신 '성령님과의 은밀한 교제'를 소홀히 하는데 그 원인이 있습니다. 종종 사람들이 자기와 함께 계신 예수님에게 입 맞추고 마음을 주어야 하는데 그렇지 않고 '다른 것'에 키스하고 있습니다. 화려한 프로그램이나 행사나 종교의식 또는 유명한 주의 종에게 입 맞추고 있습니다. 주님께서는 이러한 자들을 비웃으시며 분노하고 계십니다. 당신은 오직 예수님께만 입 맞추어야 합니다. 그러면 낙심한 마음이 회복되고 지친 영혼이 살아납니다.

"그 아들에게 입 맞추라.
그렇지 아니하면 진노하심으로 너희가 길에서 망하리니
그 진노가 급하심이라."(시 2:12)

하늘 보좌에 계신 예수님께 피상적으로 입을 맞추려고 꿈꾸기보다는 오히려 지금 '내 앞에 계신 그리스도의 영이신 성령님'께 입 맞추기 위해 애써야 합니다. 예배 시간에 당신과 가장 가까이 계신 성령님의 입에 숨이 막힐 정도로 입맞춤하므로 황홀한 예배가 되게 하십시오. 예배를 통해 주 예수 그리스도의 은혜와 하나님 아버지의 사랑과 성령님의 교통하심을 마음껏 누리십시오. (고후 13:13)

눈을 뜨고 성령님의 얼굴을 바라보라

많은 그리스인들이 눈을 감고 기도를 드립니다. 눈을 감으면 잡생각은 사라질지 모르지만 그렇다고 하나님이 보입니까? 아니면 천국이 보입니까? 온통 캄캄하기만 할 뿐입니다.

우리는 보통 대표기도와 개인기도 시간에 눈을 감고 기도합니다. 그러나 24시간 중 잠자는 시간을 제외하고는 하루 생활의 대부분을 눈뜨고 생활합니다. 눈뜨고 생활할 때 하나님은 온데간데없고 세상과 나만 의식을 하면서 바쁘게 살아가는 이들이 많습니다. 그들은 눈에 보이는 물질적인 세계가 전부인 것처럼 분주하게 뛰어다닙니다. 그리고는 하루 일과를 마무리하고 잠자리에 들 때야 비로소 실패로 얼룩진 하루를 돌아보며 무릎을 꿇고 하나님께 회개합니다.

그러나 만약 당신이 눈을 뜨고 생활할 때 성령님의 얼굴을 보고, 성령님과 대화를 나누고, 성령님을 모시고 다니며, 성령님께 도움을 구한다면 당신은 잠자리에 들 때 승리한 하루를 찬양하며 감사의 기도를 드리게 될 것입니다.

그렇다고 일평생 전혀 죄를 짓지 않는 완벽한 삶을 산다는 것은 아닙니다. 그런 것은 천국에서나 기대하십시오. 하지만 성령님과 함께 행한다면 당신은 대부분의 습관적이고 고질적인 죄에서 해방을 누리게 되고, 육체의 정욕과 안목의 정욕과 이 세상의 자랑을 다스리고 혈통과 육정과 사람의 뜻을 초월하는 능력을 발휘하게 될 것입니다.

당신이 만약 성령님과의 인격적인 교제를 실제적으로 나누기 시작한다면 당신은 두려워하거나 외로워하거나 절망하거나 슬퍼하거나 무기력하게 되지 않을 것입니다. 성령님께서 말할 수 없는 탄식과 그의 강한 능력으로 당신의 마음을 지켜 주시기 때문입니다.

저도 교회에서 공중기도 시간이나 개인기도 시간에는 눈을 감고 기도합니다. 그러나 무시 기도는 눈을 뜨고 합니다. 당신은 눈을 감고 기도할 때는 진지하고 열정적으로 당신의 간구와 소원을 하나님께 아뢰어야 합니다. 그러나 그 외에 눈을 뜨고 생활할 때는 항상 하나님의 임재하심이 당신의 눈앞에 생생히 드러나게 해야 합니다. 다윗이 그랬습니다.

"내가 항상 내 앞에 계신 주를 뵈었음이여."(행 2:25)

저는 개인기도 시간에도 눈을 뜨고 기도하는 경우가 많습니다. 오랫동안 시간을 기도하면서 계속 눈을 감고 있을 수도 없을 뿐더러 하나님의 임재하심을 더욱 생생하게 알게 되는 때는 눈을 감았을 때보다는 오히려 눈을 뜨고 제 눈앞에 계신 성령님의 얼굴을 바라볼 때이기 때문입니다. 예수님께서도 눈을 뜨고 기도하신 적이 있습니다.

"예수께서 이 말씀을 하시고
눈을 들어 하늘을 우러러 가라사대……."(요 17:1)

저는 군대 생활을 하던 중 점심시간에 혼자 행정반에 있을 때 이렇게 눈을 뜨고 기도하며 시간을 보낸 적이 많이 있었습니다. 그때 성령님의 임재하심은 금방 제 눈앞에 드러났으며 이분의 얼굴을 바라봄으로 물댄 동산과 같은 행복에 겨워 기뻐한 적이 하루 이틀이 아니었습니다. 날이 갈수록 저는 성령님과 더욱 친밀해졌습니다.

제가 눈을 감고 있으면 성령님의 감동하심을 가끔씩 느낍니다. 그러나 제가 눈을 뜨고 입을 열어 기도하면 성령님의 실제적인 임재하심이 제 눈앞에 드러나게 되고 그로 인해 저는 큰 감격과 기쁨, 담대한 마음으로 이분과 친밀히 대화하며 사귀게 됩니다.

당신도 교회에서나 집에서 혼자 기도할 때 눈을 뜨고 앞이나 약간 위를 바라보면서 기도해 보십시오. 방언을 겸해 기도하는 가운데 당신 앞에 계신 성령님의 임재하심을 의식하면서 기도하십시오. 천정 위를 보며 하늘나라를 상상하라는 말이 아닙니다. 지금 골방이나 예배당에 계신, 바로 당신 앞에 계신 성령님을 의식하며 바라보라는 말입니다.

저는 이때 종종 굉장히 강한 성령님의 임재를 의식하게 되고 그러면 갑자기 일어나 두 손을 들고 크게 외치게 됩니다.

"거룩하다. 거룩하다. 주 만군의 여호와여,
여호와의 신이 이곳에 임하셨도다.
존귀하신 성령님을 찬양합니다."

그리고는 계속 눈을 뜨고 방언으로 기도하며 이리저리 걸어 다니면서 다음과 같이 말씀드리며 성령님과 교통을 합니다.

"놀라우신 성령님, 성령님께서 이곳에 저와 함께 계시니 얼마나 기쁜지 모르겠습니다. 저는 영원토록 성령님을 사랑합니다."

당신도 과감히 눈을 뜨고 기도해 보십시오. 지금 당신은 이 책을 보느라 눈을 뜨고 있겠지요. 그러면 잠시 책에서 눈을 떼고 고개를 들어 앞을 바라보면서 이렇게 불러 보십시오.

"성령님, 사랑하는 성령님!"

저는 거듭난 후 캄캄한 것을 싫어하게 되었습니다. 그래서 기도할 때 불을 다 켜고 밝은 데서 기도합니다. 눈을 감거나 불을 다 끄면 무엇이 보입니까? 오히려 답답함과 두려움만 밀려옵니다.

물론 분위기는 중요합니다. 그러나 저는 이제 빛의 자녀가 되었기 때문에 밝은 것이 더 좋습니다. 설마 불을 밝히고 눈 뜨고 기도하는 것이 너무 혁신적이라고 생각하지는 않겠지요?

많은 경우, 저는 "예수님의 이름으로 기도합니다"라고 말하면서 기도를 끝내지 않습니다. 이미 기도 중간 중간에 "예수님의 이름으로 구하오니 주시옵소서"라고 여러 번 반복해서 말했기 때문이지요.

예수님의 이름은 기도를 마치는 종지부가 아닙니다. 오히려 하나님의 보좌에 나아갈 때 가장 먼저 앞장세우고 내밀어야 하는 존귀한 이름입니다. 그래서 저는 기도를 시작하면서 또는 중간에 수시로 "예수님의 보혈을 의지해서 기도하오니" "예수님의 이름으로 기도하오니"라고 전제하면서 기도합니다. 그리고 기도가 끝나면 이렇게 말씀드립니다. 기억해 두었다가 당신도 한 번 해 보십시오.

“성령님, 저의 기도를 도와 주셔서 감사합니다. 수고하셨습니다. 자, 이제 일어나시지요. 저와 함께 나가실까요.”

일상생활 속에서도 저는 눈을 감지 않습니다. 이것은 당신도 마찬가지겠지요? 이렇게 눈을 뜨고 생활할 때 대부분의 사람들은 수만 가지 사물을 보게 됩니다. 그러나 우리는 보이는 것에만 정신 팔려 살면 안 됩니다. 저는 사물들만 보는 것이 아니라 공간 속에 실제로 임재하신 성령님의 얼굴을 보면서 대화를 통해 이분과 은밀한 교제를 나눕니다. 다윗은 이 놀랍고 비밀스런 교제를 실제로 풍성히 누렸습니다.

“내가 항상 내 앞에 계신 주를 뵈었음이여.”(행 2:25)

대부분의 그리스도인들도 하나님께 기도를 드립니다. 하지만 그들의 기도를 살펴보면 일반적으로 단순히 도움과 필요를 구하는 내용임을 알 수 있습니다. 예를 들면 ‘하나님 아버지, 차를 타고 가는 동안에 사고가 나지 않게 해 주세요’ 등의 기도를 마음속으로 드립니다.

이것은 참으로 중요하지만 대체로 여기에서 특별한 진전이 없는 경우가 많습니다. 그러나 우리가 그리스도의 진정한 친구요 애인이라면 그분과의 인격적인 교제에 있어 담대한 진보가 있어야 합니다. 곧 일상적인 모든 것을 친밀한 대화로 나눌 수 있어야 합니다.

당신과 함께 인생길을 걸으시는 귀하신 성령님께로 당신의 시선을 돌리십시오. 그리고 믿음의 눈으로 실제로 당신 앞에 계신 성령님의 얼굴을 바라보도록 하십시오. 그러면 얼마 가지 않아 당신은 성령님의 얼굴 표정을 알게 될 것입니다. 당신과 함께 계신 성령님이 슬퍼하시는지 기뻐하시는지 아니면 근심하고 계신지 아닌지를 금방 알아차리게 될 것입니다. 신나지 않습니까?

성령님의 얼굴을 보는 비결

이와 같이 성령님과 친밀해지기 위해서는 반드시 성령님의 얼굴을 볼 수 있는 믿음의 눈이 열려야 합니다. 어떻게 해야 우리의 친구이자 애인이신 성령님의 얼굴을 볼 수 있을까요? 저는 사물에서 눈을 돌리면 언제나 성령님께서 저와 함께 계신 것을 의식하게 됩니다. 그리고 믿음의 눈으로 제 앞에 계신 이분을 의식하며 말을 겁니다.

"성령님."

당신도 이것을 시도해 보십시오. 이것은 매우 중요합니다. 이것이 곧 '성령님의 얼굴을 보는 비결'이라 하겠습니다. 지금 당장 시도해 보십시오. 구체적으로 어떻게 실천하면 될까요?

지금 당장 당신은 몇 미터 앞에 있는 사물을 바라보십시오. 그 다음은 고개를 숙이고 당신 앞에 있는 손을 보십시오. 그리고 마지막으로 앞에 있는 사물과 당신의 손 사이에 있는 한 공간을 바라보십시오. 사물이 아닌 어떤 한 공간을 말하고 있는 것입니다. 그곳에 인격이신 성령님이 실제로 임재해 계신 것을 믿음의 눈으로 바라보십시오.

육신의 눈에 무엇이 보입니까? 아무것도 보이지 않을 것입니다. 그러나 믿음의 눈으로 바로 그 공간에 영이신 성령님이 계신 것을 바라보십시오. 곧, 성령님의 얼굴을 상상하면서 바라보라는 것입니다. 그리고 이렇게 불러 보십시오.

"성령님, 사랑하는 성령님!"

오해하지 마십시오. 계시지도 않은 성령님을 상상 속에서 만들어 내라는 말이 아닙니다. 오히려 그 반대입니다. 다윗의 말처럼 "항상 내 앞에 계신 주"(행 2:25)를 바라보라는 것입니다. 한마디로 말하면, 당신 눈앞에 항상 성령님의 인격적인 얼굴이 실제로 있다는 사실을 믿으라는 말입니다.

성령님의 얼굴은 우리가 '믿음의 눈'으로 볼 수 있습니다.

"믿음이 없이는 기쁘시게 못하나니 하나님께 나아가는 자는 반드시 그가 계신 것과 또한 그가 자기를 찾는 자들에게 상 주시는 이심을 믿어야 할지니라"(히 11:6)고 했습니다. 이분은 영이시므로 어떤 형체(形體)가 보이지는 않습니다. 그러므로 당신은 오직 믿음의 눈으로만 인격을 갖고 계신 성령님의 임재하심을 인식할 수 있습니다.

우리에게는 매일의 일상생활 속에 하나님의 임재를 인식하며 살아가는 것이 절대적으로 필요합니다. 특별한 기도 시간만 아닌 24시간 항상 성령님의 얼굴을 대면하면서 그 앞에서 생활해야 합니다. 이는 범사에 하나님이 우리와 함께 계심을 인정하며 믿음으로 그분을 대면하여 친밀히 사귀어야 함을 말합니다.

"그 얼굴을 항상 구할찌어다."(시 105:4)

하나님의 얼굴이 항상 내 눈앞에 존재해 계시다는 사실, 이것이 바로 요한 칼뱅(John Calvin. 1509~1564)이 일생토록 붙든 '코람데오'(Coram Deo, 하나님 앞에서)의 삶에 대한 실제적인 의미입니다. 이러한 하나님 면전의식(面前意識) 곧 신전의식(神前意識)이 우리에게 진정한 담력과 성결을 가져다주며 가장 정확한 자기 발견의 길로 인도해 줍니다.

다윗은 "내가 '주의 앞에서' 어디로 피하리이까?"라고 외쳤습니다. 베드로도 "내가 '하나님 앞에서' 너희 말 듣는 것이 하나님 말씀 듣는 것보다 옳은가 판단하라"(행 4:19)라고 담대하게 외쳤습니다.

아론과 그의 아들들이 이스라엘 백성들에게 한 축복의 기도가 무엇이었습니까? 하나님의 얼굴을 드러내는 기도였습니다.

"여호와는 그 얼굴로 네게 비취사
은혜 베푸시기를 원하며
여호와는 그 얼굴을 네게로 향하여 드사
평강 주시기를 원하노라."(민 6:25, 26)

이 모든 사람들이 구한 것은 하나님의 얼굴이었습니다.

성령님은 천지 만물을 창조하신 하나님의 신이십니다. 단지 이분이 영이시므로 인간의 눈에 보이지 않을 뿐이지 이 세상 모든 사물들보다 더 실제로 당신 앞에 임재해 계십니다. 그러므로 당신은 실제로 계시는 성령님을 의식하며 믿음의 눈으로 이분을 바라보아야 합니다.

눈에 보이는 만물을 창조하신 창조의 신이신 성령님은 모든 만물보다 더욱 실제적인 분이십니다. 그러므로 당신이 믿음의 눈만 뜨게 되면 그때부터 24시간 성령님의 임재하심을 의식하면서 이분과 동고동락하며 살게 됩니다. 그러나 물질만능주의에 빠져 살면서 물질만 본다면 당신은 성령님을 볼 수 없습니다. 당신은 이렇게 기도해야 합니다.

"주의 얼굴로 주의 종에게 비춰시고……."(시 119:135)

모세의 경우를 다시 한 번 말씀드립니다.

"믿음으로…… 보이지 아니하는 자(성령님)를
보는 것 같이 하여……."(히 11:27)

모세에게 있어 육신의 눈에 하나님이 보였습니까? 그에게도 보이지 않았습니다. 그러나 그는 믿음의 시야를 가지고 하나님의 신이신 성령님을 대면했습니다. 당신도 마찬가지입니다. 보이지 않는 하나님을 보는 것처럼 하여 믿음으로 이분과 교제하며 살아가야 합니다.

성경은 "나의 의인은 보이는 것이나 느낌으로 살아갈 것이다"라고 말씀하지 않았습니다. 그 반대로 "오직 나의 의인은 믿음으로 말미암아 살리라"(히 10:38)고 했습니다. 믿음은 바라는 것들의 실상이요 보지 못하는 것들의 증거입니다. 믿음이 없이는 결코 하나님을 기쁘시게 해 드릴 수 없습니다.(히 11:1, 6)

모세는 오실 그리스도를 바라보며 하나님과 교제를 나누었지만 우리는 이미 오신 그리스도를 통해 하나님과 교제를 나누고 있습니다. 그 흘리신 예수의 피를 힘입어 담대하게 성령님과 교제를 나누게 된 것입니다. 오늘날은 예수를 구주로 믿는 모든 사람들에게 '예수 그리스도의 영'(The Spirit of Jesus Christ)이신 성령님이 임하셨습니다.

> "예수께서 우리를 위하여 죽으사
> 우리로 하여금 깨든지 자든지
> 자기와 함께 살게 하려 하셨느니라."(살전 5:10)

당신에게 임재해 계신 성령님은 그리스도의 영으로 당신의 믿음의 중심이 되십니다. 당신 앞에 영으로 와계신 예수님께 눈을 고정시키십시오. 하늘과 땅의 모든 권세를 가지신 이분의 권능은 당신이 당하는 어떤 환난보다 크시며 당신이 싸우는 어떤 원수보다도 강하십니다.

저는 사람들이 가끔씩 힘겨워 어깨가 처지고 얼굴이 무표정하게 굳어진 것을 봅니다. 그때 이렇게 말해 줍니다.

"당신 앞에 계신 성령님을 바라보세요! 믿음의 주요 온전케 하시는 이인 그리스도께서 영으로 당신 눈앞에 계시지 않소!"

> "나의 괴로운 날에 '주의 얼굴'을
> 내게 숨기지 마소서."(시 102:2)

혹시 당신도 지금 살아가는 것이 너무 힘들게 느껴져 모든 것을 훌훌 벗어버리고 멀리 여행이라도 가고 싶지 않습니까? 배낭을 메고 지구 끝까지 돌아다닌다 해도 약간의 기분 전환만 될 뿐 마음의 고통은 떠나가지 않습니다. 그러므로 이렇게 기도해야 합니다.

"만군의 하나님 여호와여, 우리를 돌이키시고
'주의 얼굴 빛'을 비취소서.

우리가 구원을 얻으리이다."(시 80:19)

오직 당신 앞에 계신 그리스도의 영이신 성령님을 바라보십시오. 그리고 입을 열어 성령님께 모든 문제를 말씀드리고 모든 수고와 무거운 짐을 완전히 맡겨 버리십시오. 그러면 그분이 해결하십니다. 당신 앞에 계신 성령님을 바라보며 이렇게 말씀드리면 됩니다.

"사랑하는 성령님, 제 마음의 모든 짐을 성령님께 드립니다. 성령님께서 해결해 주십시오. 저는 오직 성령님의 얼굴만 바라봅니다."

당신은 믿음의 주요 온전케 하시는 이인 예수 그리스도를 바라보아야 합니다. 당신이 실패하는 가장 확실한 방법은 예수님께로부터 눈을 떼고 문제와 당신 자신과 세상을 바라보는 것입니다. 그때 당신은 베드로가 그러했던 것처럼 두려움에 먹혀 순식간에 물속으로 빠져들어 갈 것입니다. 온 세상이 뒤집히고 흉용한 물결이 덮쳐 와도 당신이 모든 것을 다스리시는 예수님만 바라본다면 모든 지각에 뛰어난 하나님의 평강이 당신의 마음과 생각을 굳게 지킬 것입니다.

"내가 항상 내 앞에 계신 주를 뵈었음이여,
나로 요동치 않게 하기 위하여
그가 내 우편에 계시도다."(행 2:25)

어느 날 권사님 한 분이 집에 찾아 왔습니다. 여러 가지 가정에 엉켜 있는 문제와 불치의 병으로 많은 괴로움을 당했고 모든 일은 갈수록 힘들어졌습니다. 식구들은 각자 나름대로 말할 수 없는 큰 고통을 당하고 있었고 어디를 둘러봐도 희망이 보이지 않았습니다. 그러한 분에게 전들 무슨 속 시원한 해결책을 줄 수 있겠습니까? 저는 전적으로 저와 함께 계신 성령님께 도움을 구하면서 간신히 입을 열었습니다.

"권사님, 이제 제가 마지막으로 드릴 수 있는 말은 모든 문제에서 눈을 돌려 예수 그리스도를 바라보라는 것입니다. 문제만 붙들고 있어서는 빠져나올 길이 없습니다. 권사님과 가정이 이렇게 된 것을 누구의 잘못이라고 말하지 마십시오. 하나님께서는 권사님의 모든 저주를 십자가에서 청산하셨습니다. 지금 이 시간에 눈을 돌려 권사님 대신 모든 저주를 담당하시기 위해 골고다 언덕의 십자가에 달리신 예수님을 바라보십시오! 거기에서 모든 죄와 저주를 말끔히 씻는 예수의 피가 흘러내려 지금 권사님과 온 식구를 적시고 있는 모습을 생생하게 상상하십시오! 지금 이곳에 성령을 통해 예수님의 보혈이 흘러내리고 있습니다. 더 이상 수고하거나 무거운 짐에 눌려 고생할 필요가 없습니다. 마귀에게 속지 마십시오."

저는 그때 성령께서 감동하신 갈라디아서 3장 13절, 14절의 말씀을 펴놓고 또박또박 소리 내어 함께 읽었습니다.

"그리스도께서 우리를 위하여 저주를 받은바 되사 율법의 저주에서 우리를 속량하셨으니 기록된바 나무에 달린 자마다 저주 아래 있는 자라 하였음이라. 이는 그리스도 예수 안에서 아브라함의 복이 이방인에게 미치게 하고 또 우리로 하여금 믿음으로 말미암아 성령의 약속을 받게 하려 함이니라."

　그때 갑자기 성령님의 임재가 분명해지더니 그 권사님이 성령에 크게 감동되었습니다. 눈물을 펑펑 쏟으면서 기도하는데 오랫동안 사모했던 성령을 체험하게 되었고 순식간에 입에서 생전 처음으로 알지 못하는 방언이 강물처럼 흘러나왔습니다. 그 이후로부터 권사님의 가정에 예수 그리스도의 풍성한 생명과 형통함이 넘쳐 나기 시작했습니다.

　당신이 눈을 돌려 단지 성령님의 얼굴을 바라봄으로써 여러 가지 문제들은 간단히 해결될 것입니다. 당신의 마음을 누르고 있는 염려와 불안과 두려움은 사라지고 죄로부터 돌아서게 되며 내면에 자리 잡고 있던 교만이 깨어지게 됩니다. 나아가 당신의 더러운 마음은 정결해지고 복잡한 생각은 단순히 하나님을 바라보며 기뻐하게 됩니다. 또한 성령의 기름 부음이 나타나게 되고 무거운 멍에에서 놓여남을 받으며, 즉시 뜨거운 부흥의 불길 속에 사로잡히게 됩니다.

　당신은 모든 문제와 환경과 연약함 속에서 예수님을 바라보아야 합니다. 예수님은 당신의 믿음이요 인류를 향한 하나님의 해답입니다. 당신은 지극히 작은 존재입니다. 그러나 당신 안에 계신 그리스도는 위대하십니다! 당신을 둘러싼 모든 환경과 각종 형편과 사정에서 눈을 돌려 지금 당장 당신 앞에 영으로 와 계신 그리스도를 바라보십시오. 모든 불행과 고통에서 눈을 돌려 성령님을 바라보며 이렇게 말씀드리십시오. 그러면 즉시 새 힘과 용기를 얻게 됩니다.

　"성령님, 제 온 마음을 다해 사랑합니다. 이 모든 것을 합력하여 선을 이루시는 전능하신 성령님, 억만 번이나 감사합니다."

하나님께서는 위대한 사람을 찾지 않습니다. 오직 위대하신 성령님의 얼굴을 대면하며 그분을 전적으로 의지하는 보통 사람을 찾고 계십니다. 성경의 인물들은 다들 평범했습니다.

성령님은 당신이 당하는 환경보다도 더 크시며 당신의 생명에 관한 문제보다 더 크신 분이십니다. 전능하신 하나님의 신 곧 성령님이 당신 앞에 실제로 임재해 계십니다. 영적인 눈을 떠서 믿음으로 성령님을 바라보십시오.

크신 성령님의 얼굴을 바라보고 계속해서 보는 행위로 문제의 태산 앞에서 담대하게 승리를 선포하게 됩니다.

"이는 힘으로 되지 아니하며 능으로 되지 아니하고
오직 나의 신으로 되느니라.
큰 산아, 네가 무엇이냐?
네가 스룹바벨 앞에서 평지가 되리라."(슥 4:6, 7)

힘없고 연약한 사람이 크신 성령님을 바라보고 기뻐할 때 새로운 희망과 독수리가 날개 치며 올라가는 강한 힘을 소유하게 됩니다. 당신 앞에 계신 성령님의 능력에는 한계가 없습니다.

보지 않고 믿는 복된 우리 시대

우리가 살고 있는 이 시대는 참으로 복된 시대입니다.
보지 않고 믿는 시대이기 때문입니다. 왜 보지 않고 믿는 우리가 복된 사람들입니까?

여러 가지 기적을 보고 믿던 구약의 시대는 모든 사람들에게 하나님의 신이 임하지 않고 특정인에게만 나타났습니다. 모세나 이사야 혹은 엘리야 같은 하나님의 사람들에게 말입니다.

또 다른, 보고 믿던 예수님의 시대에는 모든 사람들이 예수님과 함께 살 수 없었습니다. 오직 열두 제자들과 소수의 무리만 예수님을 가까이 하고 그분과 동행할 수 있었습니다. 그래서 예수님께서는 도마를 비롯한 그 이후 시대의 모든 사람들에게 이렇게 말씀하신 것입니다.

"앞으로 보지 않고 믿는 시대가 올 터인데 보지 않고 믿는 그 사람들이 진정으로 복된 사람들이다. 왜냐하면 그들은 모두가 하나님의 나라가 권능으로 자기들에게 임하는 것을 보게 될 것이기 때문이다. 그때는 모든 육체에게 내가 성령으로 임할 것이다. 하나님이 성령을 모든 육체에게 부어 주실 것이다. 그리고 구원받은 성도들은 누구든지 하나님과 함께 행하는 삶을 누리게 될 것이며 그들은 나보다 더 큰 일을 하게 될 것이다."

"내가 진실로 너희에게 이르노니
여기 섰는 사람 중에 죽기 전에
하나님의 나라가 권능으로 임하는 것을
볼 자들도 있느니라."(막 9:1)
"내가 진실로 진실로 너희에게 이르노니
나를 믿는 자는 나의 하는 일을 저도 할 것이요
또한 이보다 큰 것도 하리니

이는 내가 아버지께로 감이니라."(요 14:12)

오순절이 이르러 눈에 보이지 않는 영이신 성령님께서 큰 권능으로 임하셨습니다. 이때 제자들은 하늘나라가 권능으로 임한 것을 보게 된 것입니다. 그들에게 하늘과 땅을 다스리는 예수님의 이름으로 성령님이 오셨습니다. 드디어 보지 않고 믿는 시대가 온 것입니다. 보고 믿는 때는 육체로 오신 '예수님의 시대'라 하겠으며 보지 않고 믿는 때는 영으로 오신 '성령님의 시대'라 할 수 있습니다.

보고 믿는 시대의 하나님과의 만남은 시간과 공간의 제한이 있어 모든 사람이 다 하나님을 만나기가 불가능했습니다. 예수님께서 베드로와 이야기하시면 요한은 뒤에 서서 기다려야 했습니다. 빌립과 말씀하시면 안드레는 다음 순서를 기다렸다가 예수님께 나아 와야 했습니다. 이처럼 육체로 오신 예수님은 제한되게 사람들을 만날 수밖에 없었습니다. 그러나 영으로 오신 예수 그리스도는 모든 사람들과 개인적으로 대화하며 친밀한 교제를 나눌 수 있습니다. 이제 그러한 황금 축복이 보지 않고 믿는 우리 시대에 펼쳐진 것입니다.

내가 갔다가 너희에게로 온다

우리의 죄와 허물을 담당하시고 처절하게 십자가에서 대속의 죽음을 당하신 예수님께서는 사흘 만에 사망 권세를 철폐하시고 부활하셨습니다. 그분은 무덤에서 빛을 발하며 저벅저벅 걸어 나오셨습니다. 그리고 40일 동안 여러 제자들에게 나타나 하늘나라의 비밀을 말씀하신 후 성령의 능력으로 승천하셨습니다.

구름과 함께 사라져 버린 예수님을 멍하니 바라보던 제자들에게 있어 모든 것은 끝난 것처럼 보였습니다. 다시금 큰 좌절과 낙심 속에 빠진 380명의 제자들이 모든 것을 포기하고 자신의 옛 생활로 돌아가 버렸고 연약한 여자를 비롯한 120명의 문도들만 남았습니다. 참으로 절망적이었습니다. 이제 그들은 무엇을 어떻게 해야 할까요?

그러나 예수님께서는 이전에 이미 그들에게 인간의 상식으로는 도저히 이해할 수 없는 크고 놀라운 약속을 해 놓으셨습니다. 그들은 그 약속을 붙들고 예루살렘을 떠나지 않고 마가의 다락방에 모여 기도하기 시작했습니다. 그 약속이 무엇입니까? 예수님이 영으로 다시 오신다는 것이었습니다.

"내가 갔다가 너희에게로 온다."(요 14:28)

아니 누가 갔다가 누가 온다는 말입니까? 바로 두려움에 휩싸여 염려하는 제자들에게 그들을 고아와 같이 버려두지 아니하고 예수님 자신이 가셨다가 예수님 자신이 영으로 오시겠다는 말이었습니다. 예수님은 반복해서 약속하셨습니다.

"내가 너희를 고아와 같이 버려두지 아니하고
너희에게로 오리라."(요 14:18)

예수님께서 부활 승천하시므로 세상은 다시 예수님을 보지 못하게 되었지만 진실로 그분을 따르던 제자들은 다시 예수님을 보게 된다는 중요한 비밀을 말씀하셨습니다. 예수님은 "조금 있으면 너희가 나를 볼 것이다"라고 말씀하셨습니다. 부활이요 생명 되신 예수님은 지금도 살아 계시며 그분을 믿는 자는 죽어도 살겠고 무릇 살아서 그를 믿는 자는 영원히 죽지 않게 하십니다.(요 11:25, 26) 예수님이 영으로 오시면 우리를 살리십니다. 주님의 말씀을 자세히 들어보십시오.

> "조금 있으면 세상은 다시 나를 보지 못할 터이로되
> 너희는 나를 보리니
> 이는 내가 살았고 너희도 살겠음이라."(요 14:19)

그러면 예수님은 우리를 어떻게 살리십니까?

아담을 비롯한 우리는 사는 영이요 마지막 아담의 표상이신 예수님은 살리는 영으로 오셨습니다. 그분은 살리는 영으로 우리에게 오셔서 우리 속에 우리와 함께 계시면서 우리를 도우시고 다스리심으로 우리를 살리십니다. 그분은 큰 생명자이십니다.

예수님은 자신을 죽음 가운데서 일으키신 부활의 권능이신 성령님의 큰 권능으로 이 일을 능히 하십니다. 그러므로 당신이 '보혜사'(The Comforter)이신 성령님과 동행하며 그분의 절대적인 도우심 속에 살아갈 때 날마다 신적인 생기가 흐르고 큰 활력이 넘치게 될 것입니다. (롬 8:11)

예수님은 이 땅에 계실 때 죄 많고 연약한 자들을 도우신 가장 위대한 보혜사이셨습니다. 그분은 자기에게 나아오는 연약하고 죽어 가는 수많은 사람들을 영적인 면이나 육체적인 부분에 있어 또한 생활 전반에 걸쳐 부활의 권능으로 다시 살려 놓으셨습니다. 그러나 그분은 육

체를 가지고 계셨으므로 모든 사람들과 함께 있으면서 그들을 다 도울 수 없었습니다. 그래서 예수님은 온 인류의 죄를 사하고 구원하는 아버지의 뜻을 이루기 위해 피와 물을 흘리며 죽으시고 부활 승천하셔야만 했던 것입니다.

예수님은 막연한 몽상 속에 일하신 분이 아니라 철저하게 '실상'을 위해 일하셨습니다. 인류에게 '실제로 유익한 실상'을 위해서 자신의 목숨을 버리신 것입니다. 이 유익한 실상은 무엇을 의미할까요?

다음과 같습니다.

"예수님이 세상 죄를 지고 가는 어린양으로 죽어 떠나가시므로 인류의 죄는 그분의 보혈로 씻기고 역사상 처음으로 성령님이 모든 사람에게 완전하게 임하시게 된다. 또한 그들은 예수님의 보혈로 말미암아 그들에게 임하신 거룩하신 성령님과 막힌 담이 없이 마음껏 교제하며 살아갈 수 있게 된다."

그렇습니다. 이제 유익한 실상이 무엇인지 아시겠지요?

예수님은 자신이 대속의 죽음으로 하나님과 원수가 된 인류의 죄와 저주의 문제를 십자가에서 완전히 해결하시므로 모든 사람들이 다시금 에덴동산에 있었던 하나님과의 기쁨과 즐거움의 친교를 회복할 수 있다는 것을 잘 아셨기 때문에 자신이 떠나가는 것이 훨씬 유익하다고 실상을 말씀하신 것입니다.

"내가 너희에게 실상을 말하노니
내가 떠나가는 것이 너희에게 유익이라.

내가 떠나가지 아니하면

보혜사가 너희에게로 오시지 아니할 것이요

가면 내가 그를 너희에게로 보내리니……."(요 16:7)

"조금 있으면 너희가 나를 보지 못하겠고

또 조금 있으면 나를 보리라."(요 16:16)

"조금 있으면 나를 보지 못하겠고……"(요 16:17)라는 예수님의 말씀으로 인해 제자들은 근심하고 염려하였습니다. 하지만 예수님은 분명히 유익한 실상을 그들에게 알려주셨습니다. 그 실상은 곧 예수님 자신이 대속의 죽음과 부활 승천으로 그들 곁을 떠나시지만 곧 성령으로 다시 오신다는 약속이었습니다. 바로 "조금 있으면 나를 보리라"는 것이었습니다. 이러한 실상은 오순절 날이 이르매 눈앞에 생생하게 드러났습니다.

"오순절 날이 이미 이르매 저희가 다 같이 한 곳에 모였더니 홀연히 하늘로부터 급하고 강한 바람 같은 소리가 있어 저희 앉은 온 집에 가득하며 불의 혀같이 갈라지는 것이 저희에게 보여 각 사람 위에 임하여 있더니 저희가 다 성령의 충만함을 받고 성령이 말하게 하심을 따라 다른 방언으로 말하기를 시작하니라."(행 2:1~4)

하나님 아버지께서는 우리에게 보혜사 성령님을 보내 주셨습니다. 이 사실을 두고 예수님께서는 "조금 있으면 나를 보리라"고 말씀하신 것이었습니다. 이제 2천 년 전에 떠나가셨던 예수님은 다른 보혜사이신 성령으로 우리와 함께 거하십니다. 성령님은 예수님과 똑같은 자리에서 똑같은 능력과 지혜를 가지고 지금 우리를 도우시는 가장 위대한 보혜사이십니다.

"내가 아버지께 구하겠으니
그가 또 다른 보혜사를 너희에게 주사……."

보혜사 성령님은 우리에게 한 번 임하시면 절대로 떠나가시지 않습니다. 우리는 성령님을 근심시켜 드릴 수는 있지만 영원히 밀어낼 수는 없습니다.

"영원토록 너희와 함께 있게 하시리니……."(요 14:16)

또한 성령님은 '진리의 영'(The Spirit of Truth)이십니다.

"저는 진리의 영이라."(요 14:17)

많은 지성인들이 진리를 찾아 헤매고 있습니다만 진리는 먼 곳에 있거나 우리 주위에서 은밀히 숨바꼭질을 하지 않습니다. 진리는 예수 그리스도를 통해 세상에 밝히 드러났습니다.

"내가 곧 진리다."(요 14:6)
예수님은 진리 그 자체이십니다. 이 진리를 모르는 사람은 아무리 그가 잡다한 지식을 자랑하고 세상에서 유명한 인물이 되어도 영적으로는 엄청난 갈등과 혼란 속에서 고통을 겪으며 살아가게 됩니다.

거짓의 영이 판을 치고 있는 이 혼탁하고 방황하는 세상에서 여전히 성령님은 진리의 영으로 존재하십니다. 우리는 그리스도의 영이신 진리의 성령님을 통해서만 진리 그 자체이신 예수 그리스도를 명확히 알게 됩니다.

성령님의 인도를 받지 않는 사람은 진리 변두리를 배회하며 영적으로 굶어 죽게 되어 있습니다. 진리 변두리에는 매혹적인 것이 많습니다. 아브라함, 모세, 바울, 세례요한, 안식일, 성전, 성막, 금식, 성결 등에서 머물면 안 됩니다. 이 모든 것이 미혹하여 사람의 마음을 강하게 끌어당기지만 결코 진리가 아니라 진리로 인도하는 매개체요 중매쟁이에 불과하다는 것을 잊지 말아야 합니다. 수많은 사람들이 진리 변두리에서 이런 것을 붙들며 방황하고 있습니다. 오직 성령님의 인도를 받으므로 진리 되신 예수님 안에 거하며 그분께 입 맞추어야 합니다. 예수님만이 참된 길이요 진리요 생명이십니다.

세상은 성령님을 알지 못합니다. 하지만 우리는 이분을 압니다. 왜냐하면 진리의 영이신 성령님은 실제로 우리와 함께 거하시며 또한 실제로 우리 속에 가득히 계시기 때문입니다.

"세상은 능히 저를 받지 못하나니
이는 저를 보지도 못하고 알지도 못함이라.
그러나 너희는 저를 아나니
저는 너희와 함께 거하심이요
또 너희 속에 계시겠음이라."(요 14:17)

그러므로 당신은 영으로 오신 예수님의 얼굴을 인격적으로 대면해야 합니다. 당신과 함께 거하시는 예수님의 얼굴을 끊임없이 바라보아야 합니다. 이것이 곧 성령님과의 인격적인 교제가 시작되는 점이라 하겠습니다. 믿음의 눈으로 계속해서 당신에게 영으로 임하신 그리스도의 얼굴을 바라보십시오. 그리고 이렇게 말씀드리십시오.

"사랑하는 성령님, 감사합니다. 성령님과 함께 생활하게 되어서 얼마나 기쁜지 모르겠습니다. 성령님, 사랑합니다."

성령님의 얼굴을 보게 하는 예수의 피

성령님은 거룩하신 하나님의 영이십니다. 우리가 어떻게 감히 성령님을 인격적으로 담대히 대면할 수 있겠습니까? 어떻게 연약한 인간이 성령님과 얼굴을 맞대고 이분과 함께 살아갈 수 있겠습니까? 이것은 오직 '예수의 피'의 은혜로만 되는 것입니다. 예수님은 속량물로 오셨고 영원하신 성령으로 말미암아 흠 없는 자기를 하나님께 완전히 드리셨습니다.

예수의 피, 깨끗한 예수의 피가 성령님의 얼굴을 보게 하며 우리에게 큰 담력을 줍니다.

"하물며 영원하신 성령으로 말미암아
흠 없는 자기를 하나님께 드린
그리스도의 피가 어찌 너희 양심으로

죽은 행실에서 깨끗하게 하고
살아 계신 하나님을 섬기게 못하겠느뇨."(히 9:14)

성령님은 거룩하신 분이시므로 더러운 곳에는 임하지 않습니다. 처음 사람 아담이 타락한 이후 온 세상이 죄의 그늘에 덮이게 되었고 하나님과 우리 사이에 커다란 담이 생겼지만 마지막 살리는 아담이신 예수님이 골고다에서 온 인류의 죄를 속하는 피를 흘리시므로 막힌 담을 제거하신 것입니다. 그 이후로 성령님이 오셨는데 그 성령님은 온 천지에 충만한 '하나님의 신'(The Spirit of God)이신 것입니다.

하나님 아버지의 계획은 모든 사람이 그분을 만나고 그분과 동행하며 부드러운 사랑과 우정의 친교를 나누는 것이었습니다. 예수님이 오신 궁극적인 목적은 인간의 죄와 저주의 문제를 해결하시고 모든 사람을 하나님과 화목케 함으로 원수 된 관계를 청산하고 하나님과 다시 친교를 나눌 수 있도록 '새롭고 산 길'을 열어 놓으시는 것이었습니다. 이 새롭고 산 길은 성령님의 얼굴을 보며 이분과 함께 걷는 행복한 길입니다. 죄 없는 하나님의 아들 예수의 피는 이것을 가능케 했습니다.

"그러므로 형제들아,
우리가 예수의 피를 힘입어
성소에 들어갈 담력을 얻었나니
그 길은 우리를 위하여
휘장 가운데로 열어 놓으신 새롭고 산 길이요
휘장은 곧 저의 육체니라……
참 마음과 온전한 믿음으로 하나님께 나아가자."(히 10:19~22)

육체의 생명은 피에 있습니다. 당신의 영원한 생명은 언약의 피인 예수의 피에 있으며 이 피는 당신의 죄를 사하는 대속의 피요 성소에 들어갈 담력을 얻게 하는 능력의 피 입니다. 당신은 이제 예수님의 보혈을 힘입어 담대히 성령님을 대면하며 이분과 사랑을 나누는 가운데 손을 꼭 잡고 함께 인생길을 걷게 되었습니다. 이것이 바로 하나님께서 당신에게 열어 주신 새롭고 산 길인 것입니다. 당신은 이제 예수의 보혈로 말미암아 참 마음과 온전한 믿음으로 하나님과 사귈 수 있게 되었습니다.

예수님의 대속의 피를 믿지 않는 사람은 자기 죄로 말미암은 죄 값을 자신이 직접 치러야 합니다. 이는 곧 사망입니다. 하지만 예수의 보혈은 죄 사함 받은 당신이 거룩한 영이신 성령님과 얼굴을 맞대고 살아갈 수 있도록 '완전한 의로움'을 가져다주었습니다. 예수의 피를 힘입어 담대함과 당당한 마음으로 성령님과 친교를 나누며 행복하게 살아가십시오.

성령님과의 교제를 회복하라

오순절 이전에 성령님은 특정한 하나님의 사람들에게 임하였습니다. 그러나 오순절 이후로는 모든 육체에게 성령님이 임하시므로 그들이 영으로 오신 예수님과 동행하며 그분을 친히 알게 될 것이라고 주님은 근심하는 제자들에게 말씀하셨습니다.

"우리가 저에게 와서 거처를 저와 함께 하리라"(요 14:23)고 하신 주님의 약속이 이루어져 벌써 삼위일체 하나님의 영이신 성령님께서 우리와 함께 계심에도 불구하고 이 세상 신에게 속아 임마누엘하신 주님을 인격적으로 알지 못하고 어떻게 사귀는 지도 배우지 못한 그리스도인들이 많습니다.

어떤 신실한 그리스도인은 예수를 처음 믿을 때부터 하나님과 인격적으로 친밀하게 사귀며 뜨거운 사랑을 나누는 행복을 마음껏 누렸습니다. 그러나 안타깝게도 예수의 피로 말미암아 성령님과 동행하는 특권을 가진 수많은 신자들이 언제부터인가 자신도 모르게 이분과의 친밀한 교제를 잃어버렸습니다. 물론 나름대로의 이유가 있었겠지요.

예수님께서는 빌립에게 말씀하셨습니다. (요 14:9)

"빌립아, 내가 이렇게 오래 너희와 함께 있으되 네가 나를 알지 못하느냐?"

이 말씀이 혹시 당신에게 하시는 음성으로 들리지는 않습니까? 주님은 수많은 성도들에게 호소하십니다.

"사랑하는 아들아 나는 네가 구원받은 그날부터 줄 곧 너와 함께 있었다. 너는 나를 진정으로 얼마나 알고 있느냐?"

우리의 무지함과 불신앙으로 인해 주님은 우리의 생활 현장에서 본의 아니게 뒤로 밀려나고 말았습니다. 우리는 영으로 오신 그리스도와의 인격적인 교제를 긴급히 회복해야 합니다.

"나를 떠나서는 너희가 아무것도 할 수 없음이라."(요 15:5)

주님 안에 거하지 않는 사람은 아무것도 할 수 없습니다. 이런 사람이 무엇인가 하려고 노력할 때 골칫덩이 문제만 발생하게 됩니다. 예수님을 구주로 영접하고 하나님의 자녀가 되어서 주님과 아주 가까이 있지만, 인격적으로 관계가 엉망이어서 서먹서먹한 사이를 겨우 유지하고 있는 사람들은 빨리 해답을 찾아야 합니다. 성령님을 인격적으로 섬기지 아니하면 이 험난한 세상을 홀로 힘들게 개척해 나가야 하며 죽도록 고생만 하게 됩니다.

당신이 어떤 일을 하는 것보다도 더 중요한 것은 관계입니다. 당신은 왕이신 예수님과의 관계를 잘 이뤄 나가야 합니다. 부부나 친구, 애인은 관계가 가장 중요합니다. 마찬가지로 당신은 성령님과의 신뢰 관계, 우정 관계, 그리고 애정 관계를 잘 유지하도록 힘써야 합니다.

여기 계신 나의 친구 성령님

예수님은 당신을 친구로 세우셨습니다.

"이제부터는, 너희를 친구라 하였노니……."(요 15:15)

당신은 하늘과 땅의 모든 권세를 가지신 만왕의 왕 예수님의 친구입니다. 당신이 예수님을 택한 것이 아니라 주권자이신 그분이 당신을 택하시고 친구로 세우셨습니다. 이 세상 친구를 참된 친구라 하지 마십시오. 예수님만이 가장 멋지고 매력적인 친구입니다. 그러므로 예수님과의 우정 관계를 잘 관리하십시오.

이분은 멀리 떨어져 계시면서 관념적인 이해관계를 힘들게 유지해 나가시는 그런 막연한 분이 아닙니다. 이분은 천국 보좌에 앉아 계시면서 동시에 영으로 우리에게 오셨습니다.

당신의 가장 좋은 친구이신 예수님은 기쁠 때나 슬플 때나 당신과 함께 하시며 아주 밀접한 우정 관계를 가지기를 원하십니다. 그래서 이분은 성령으로 당신에게 오셔서 지금 거처를 당신과 함께 하시는 것입니다. 삼위일체 하나님의 위대한 결심의 목소리를 다시 한 번 들어 보십시오.

"우리가 저에게 와서

거처를 저와 함께 하리라."(요 14:23)

저는 즐겨 부르는 '위에 계신 나의 친구'의 가사를 '여기 계신 나의 친구'라고 바꿔 부르는 것을 좋아합니다.

여기 계신 나의 친구 그의 사랑 지극하다
이는 예수 그리스도 나의 구주 나의 친구
나를 위해 죽으시고 나를 구원하셨으니
기쁨으로 경배하며 찬양하리 나의 친구
내 맘 속에 늘 계시고 영원토록 함께 하네
가지된 자 하나 되리 포도나무 나의 친구
사랑하는 나의 친구 늘 가까이 계시도다
그의 사랑 놀랍도다 변함없는 나의 친구

예수님은 '지금 여기 계신 이분'이십니다. 예수님의 이름은 "임마누

엘"입니다. 그 의미는 '영원토록 우리와 함께 계신다'는 말입니다. 마
태복음 1장 23절을 보십시오.

　　"보라, 처녀가 잉태하여 아들을 낳을 것이요
　　그 이름은 '임마누엘'이라 하리라 하셨으니
　　이를 번역한 즉 '하나님이 우리와 함께 계시다' 함이라."

　예수님은 지금 당신과 함께 계십니다.
　당신과 함께 계신 친구 되신 예수님의 얼굴을 보게 될 때 당신의 마
음은 기쁨이 넘치게 됩니다. 이 기쁨은 빼앗을 자가 없습니다. 주님이
영원토록 당신을 떠나지 않으시기 때문입니다.

　　"지금은 너희가 근심하나
　　내가 다시 너희를 보리니
　　너희 마음이 기쁠 것이요
　　너희 기쁨을 빼앗을 자가 없느니라."(요 16:22)

　점치는 귀신들린 여종을 자유롭게 한 죄로 끌려가 옷이 찢기고 많
은 매를 맞은 바울과 실라는 빌립보 감옥에 갇히게 되었습니다. 그러
나 그들은 그 곳에서 자기들을 구원해 달라고 하나님께 도움을 구하지
않았습니다. 그들은 다윗이 그러했듯이 하나님의 손을 구하는 대신 그
들과 함께 계신 하나님의 얼굴을 바라보며 기쁨의 찬송을 불렀습니다.
　이에 그들의 영원한 동반자이신 하나님께서 강한 손과 능한 팔을
펼치시니 갑자기 원인 모를 큰 지진이 나서 옥 터가 움직이고 문이 다

열리게 되었습니다. 그들과 함께 계신 하나님의 능력이 얼마나 강했던 지 모든 사람이 사시나무 떨듯이 흔들렸습니다. 즉각 바울과 실라 뿐 아니라 모든 사람의 매인 것이 다 벗겨졌습니다.(행 16:23~26)

당신이 아무리 암울한 첩첩 깊은 옥과 같은 절망적인 위치에서 손 목과 발목과 목이 고랑에 채워진 것처럼 비참한 상황에 처해 있다 할 지라도 당신의 눈은 당신 앞에 계신 주를 뵐 수 있으며 당신의 입술은 사랑의 노래를 부를 수 있어야 합니다. 그리고 하나님의 손만 구할 것 이 아니라 하나님의 얼굴을 바라보아야 합니다. 그러면 기쁨이 충만해 지고 당신의 입술은 행복에 겨워 흥얼거리며 노래를 부르게 됩니다.

당신의 애인 되시는 성령님께서 사랑의 노래에 반응하실 때 당신을 묶고 있는 모든 쇠고랑이 풀어지는 것은 자연스런 결과로 다가오는 것 입니다. 당신 앞에 계신 성령님의 얼굴을 보면 감옥에서도 큰 기쁨이 있고 밤중에도 기쁨의 광채로 당신의 얼굴이 환하게 빛나게 됩니다.

왕이자 선지자인 다윗은 오실 그리스도의 형상을 보면서 이러한 기 쁨을 누렸습니다. 그리스도의 영이 그와 함께 계셨고 그는 항상 그분 의 얼굴을 대면했습니다. 다윗은 성령님과 동행한 사람이었습니다. 저 는 그에게서 제 생활의 든든한 기초가 되는 너무나도 중요하고 값진 교훈을 많이 배웠습니다.

"내가 항상 내 앞에 계신 주를 뵈었음이여,
나로 요동치 않게 하기 위하여 그가 내 우편에 계시도다.
이러므로 내 마음이 기뻐하였고
내 입술도 즐거워하였으며
육체는 희망에 거하리니

이는 내 영혼을 음부에 버리지 아니하시며
주의 거룩한 자로 썩음을 당치 않게 하실 것임이로다.
주께서 생명의 길로 내게 보이셨으니
주의 앞에서 나로 기쁨이 충만하게 하시리로다.”(행 2:25~28)

저는 성령님과 인격적으로 교제를 나누는 제 신앙 습관의 주춧돌 다섯 개를 다윗의 생애에서 가져와 제 것으로 만들었습니다.

첫째, 다윗은 자기 앞에 실제로 계신 그리스도의 영이신 성령님의 얼굴을 보며 인격적으로 대면했습니다.

둘째, 다윗은 성령님을 친구 삼고 그분과 함께 인생길을 걸었습니다. 그러므로 그의 신앙은 흔들릴 수 없었습니다.

셋째, 다윗은 성령님과 대화하며 교제하므로 기쁨이 충만했습니다.

넷째, 다윗은 자기와 함께 계신 성령님이 부활의 권능임을 알았습니다. 그러므로 자신의 영혼이 음부에 버림을 받는다거나 썩음을 당한다는 것을 상상조차 할 수 없었습니다.

다섯째, 다윗은 성령님과 동업하는 자였습니다. 그는 모든 일에 성령님과 함께 움직였습니다.

세상 모든 친구는 그들이 불리하게 될 때 혹 우리를 떠날지도 모릅니다. 그러나 주님은 절대로 떠나지 않으십니다.

주님은 굳게 약속하셨습니다.

“내가 과연 너희를 버리지 아니하고

과연 너희를 떠나지 아니하리라.”(히 13:5)

세상에서 가장 의리 있는 친구는 예수님이십니다. 그분은 당신이 아직 죄인 되었을 때 당신을 위해 목숨까지 버리신 절정의 사랑을 보여 주셨습니다.

왜 항상 기뻐해야 할까요?

당신이 항상 기뻐해야 하는 이유는 두 가지입니다.

첫째는, 예수님께서 당신의 슬픔을 담당하셨기 때문에 항상 기뻐해야 합니다. 이것은 의도적으로 누려야 하는 기쁨입니다.

둘째는, 당신 앞에 계신 성령님의 얼굴을 바라볼 때 항상 기뻐집니다. 이것은 저절로 이루어지는 기쁨입니다.

성경은 “항상 기뻐하라”(살전 5:16)고 명령조로 말씀하고 있습니다. 이것은 그의 백성들에게 주어진 하나님 아버지의 단호한 명령이요 그리스도 예수 안에서 우리를 향하신 그분의 뜻임을 우리는 잘 알고 있습니다.

그럼에도 불구하고 사실 우리는 항상 기뻐하지 못합니다. 항상 기뻐하는 것은 천국에서나 가능한 일이라고 생각하면서 포기해 버립니다. 그러나 친절하신 저의 성령님께서는 얼마 전에 아주 중요한 진리 하나를 제게 보여주셨습니다. 그것은 저를 비롯한 모든 성도들이 ‘왜 항상 기뻐해야 하는지'에 대한 이유였습니다.

도대체 우리는 왜 기뻐해야 합니까?

1997년 4월 어느 날, 주차하기 위해서 차를 세우는데 성령님께서 이사야 53장 4절을 저에게 말씀하셨습니다.

"아들아, 예수님께서 너의 모든 슬픔을 당하셨으므로 너는 항상 기뻐해야 한다. 잠시도 슬퍼하지 말고 기쁨이 가득한 표정을 지어라."

저는 예수 그리스도의 대속에 대해 깊은 연구를 하여 많은 것들을 이미 누리고 있었습니다. 그런데 성령님께서 그날은 저에게 제가 항상 기뻐해야 할 이유에 대해 단순히 "예수님께서 내 대신 실제로 슬픔을 다 담당하셨기 때문에"라고 가르쳐 주셨습니다. 그러한 이유로 앞으로 제가 다시는 슬퍼하거나 우울해져서는 안 되며 신경질을 내거나 화를 내서도 안 된다는 것이었습니다. 아니, 그냥 무표정으로 굳은 얼굴을 하고 있는 것도 올바르지 못하다는 것이었습니다.

사실 저는 슬퍼하거나 우울한 적은 거의 없었지만 성령님을 바라보지 않을 때는 무표정한 얼굴을 할 때가 자주 있었습니다. 이러한 모습을 보면 아내는 제가 화가 났거나 무슨 안 좋은 일이 있었는지 궁금해하며 묻곤 했습니다.

그러나 하나님께서 저에게 깨달음의 말씀을 주신 후로 기쁨의 이유를 정확히 알게 되었고 이제는 모든 어려운 환경과 현실의 암담한 상황과는 상관없이 예수 그리스도의 대속을 누리는 것만으로도 저는 기뻐하고 크게 기뻐합니다.

성령님의 얼굴을 바라보면 더더욱 기쁩니다. 아내나 아이들의 얼굴을 보아도 기쁩니다. 좋은 일이 있으면 더 기쁩니다. 그러나 이제 저는 무조건 기뻐합니다. 아니 무조건이 아니라 오직 한 가지의 조건만이 있을 뿐입니다. 그것은 바로 예수님께서 제 대신 실제로 슬픔을 담당하셨다는 이유 때문입니다.

천지창조 후 에덴동산에는 슬픔이 없었습니다.

'에덴'(Eden)이란 모든 것이 풍부한 하나님의 낙원으로 '기쁨의 동산'이란 뜻이 있습니다. 사탄의 거짓에 속아 아담과 하와가 죄를 지음으로 기쁨의 감정이 달아나 버린 것입니다. 기쁨이 사라진 인류에게 분노와 미움의 감정이 밀려들어와 불행의 나날들을 살아가고 있는 것이 창세 이후로 오늘까지 남게 된 이 세상의 현실인 것입니다.

그러나 예수님께서 오셔서 실제로 우리의 죄와 질고와 슬픔을 짊어지고 십자가에서 피와 물을 흘리며 죽으심으로 죄를 사하시고 성령을 주시고 기쁨을 회복시키셨습니다.

"그는 실로 우리의 질고를 지고
우리의 슬픔을 당하였거늘……."(사 53:4)

그러므로 우리는 더 이상 슬픔을 지고 있을 필요가 없게 되었습니다. 예수님께서 우리의 죄와 더불어 모든 슬픔을 완전히 다 가져가셨기 때문입니다. 우리는 예수님께서 가져가신 지옥의 고통을 티끌만큼이라도 가지고 있어야 할 이유가 없습니다. 그래서 성령님께서 저에게 "아들아, 예수님께서 너의 슬픔을 당하셨으므로 너는 기뻐해야 한다"고 말씀하신 것입니다.

거짓의 아비인 마귀에게 속지 맙시다. 믿음의 주요 온전케 하시는 이인, 실로 나의 슬픔을 지신 예수를 바라보십시다.

저는 수시로 거울을 보면서 웃는 연습을 합니다. 저는 꾸준히 안면 근육 운동을 함으로 얼굴 이미지를 밝은 모습으로 완전히 바꾸었습니다. 지금도 순간마다 입 모양을 바꾸어 미소 짓는 연습을 하고 있습니다. 당신도 표정을 바꾸십시오.

모든 그리스도인은 예수님의 대속의 은혜를 의도적으로 누려야 합니다. 예수님께서 우리의 슬픔을 다 담당하셨으므로 우리는 그 사실을 의도적으로 주장하며 누려야 합니다. 당신도 웃는 표정을 연습하도록 하십시오. 예수님의 기쁨이 당신의 마음에서 흘러 넘쳐 밖으로 마음껏 표현되도록 연습해야 합니다. 당신의 얼굴에 슬픔을 지우고 태양보다 환한 웃음을 새기십시오.

성령님은 내 마음의 기쁨

예수님은 근심하는 제자들에게 그분이 죽으시고 부활하신 후 영으로 오실 때 이러한 대속의 기쁨을 가져다주실 것을 약속하셨습니다.

"내가 이것을 너희에게 이름은
내 기쁨이 너희 안에 있어
너희 기쁨을 충만하게 하려 함이니라."(요 15:11)

"내가 다시 너희를 보리니 너희 마음이 기쁠 것이요
너희 기쁨을 빼앗을 자가 없느니라."(요 16:22)

이어서 주님은 거룩하신 아버지께 이 기쁨을 위하여 다음과 같이 기도하셨습니다.

"지금 내가 아버지께로 가오니
내가 세상에서 이 말을 하옵는 것은 저희로
내 기쁨을 저희 안에 충만히
가지게 하려 함이니이다."(요 17:13)

우리가 죄 사함 받고 천국 시민이 된 하나님의 자녀로서 기쁨의 근원이신 성령님의 얼굴을 보게 될 때 새 힘과 용기와 희망이 넘쳐 나게 됩니다. 한 마디로 '예수님의 기쁨'이 가득하게 되는 것입니다. 성령님은 우리 마음의 큰 기쁨이십니다.

우리 주위에서 기뻐하고 행복한 사람들을 대하면 그 행복이 금방 전염되어 다시 힘이 솟게 됩니다. 그러나 세상 짐을 홀로 다 진 것처럼 무거운 인상을 쓰고 있는 사람을 만나면 부담이 되고 다시는 보고 싶지 않게 됩니다. 하나님께서도 그의 자녀들이 인상을 쓰면서 살아가는 것을 좋아하지 않습니다.

예수님은 세상 죄를 지고 가는 어린양으로 오셔서 온갖 수모와 핍박을 받으시며 험난한 길을 걸으셨지만 결코 맥없이 겨우 살아가신 분은 아니었습니다. 오히려 성경은 "예수께서 성령으로 기뻐하셨다"(눅 10:21)고 기록하고 있습니다.

당신은 기쁨을 잃어버렸습니까? 당신 앞에 계신 성령님의 얼굴을 바라보십시오. 그리고 "성령님 사랑합니다"라고 말씀드리십시오. 그러면 하늘로부터 오는 큰 기쁨이 넘쳐 나게 될 것이요 당신의 가슴은 천국의 행복으로 부풀어 오르게 될 것입니다.

주의 앞에는 기쁨이 충만하고

제가 제 앞에 계신 성령님을 인격적으로 대면하게 되고 그분의 얼굴을 보는 순간 제 얼굴이 환하게 밝아지며 입술은 언제나 미소를 띠게 되었습니다. 사랑하는 애인의 얼굴을 보듯이 제 마음이 기쁨으로 충만하게 되었습니다. 우리가 사랑하는 애인이신 성령님의 얼굴을 바라보게 되면 그 무엇과도 비교할 수 없는 풍성한 기쁨이 있게 됩니다.

> "여호와여, '주의 얼굴'을 들어 우리에게 비취소서.
> 주께서 내 마음에 두신 기쁨은 저희의 곡식과
> 새 포도주의 풍성할 때보다 더하니이다."(시 4:6, 7)

성령님은 기쁨의 영이십니다. 이분과 사귀는 사람은 언제나 기쁘고 즐겁습니다. 성령님은 세상이 줄 수 없는 가장 큰 기쁨, 곧 예수님의 기쁨을 우리에게 가져다주십니다. 그 어떤 부귀영화도 인간에게 참된 기쁨을 줄 수 없습니다. 영원한 기쁨은 오직 내 앞에 계신 성령님과의 인격적인 교제에 의해서만 생겨나는 것입니다.

사도 바울이 캄캄하고 습기 차고 냄새나는 감옥에서도 기뻐할 수 있었던 것은 감옥 안에 함께 계신 바울의 친구이자 애인과도 같은 그리스도 때문입니다. "주께서 내 곁에 서서 나를 강건케 하심은"(딤후 4:17)이라고 고백한 바울은 그분과의 인격적인 교제로 인하여 언제 어디서나 기쁨이 넘쳐 났던 것입니다.

　이러한 기쁨을 가장 확실하게 누린 사람은 다윗이었습니다. 하나님의 뜻은 그의 자녀들이 '항상 기뻐하는' 것인데 다윗은 항상 기뻐함으로 하나님의 마음에 합한 자라 칭함을 받았습니다. 다윗은 자기가 누린 기쁨의 원천에 대해 밝히 말했습니다.

　　"내가 항상 내 앞에 계신 주를 뵈었음이여,
　　이러므로 내 마음이 기뻐하였고
　　내 입술도 즐거워하였으며
　　주의 앞에서 나로 기쁨이 충만하게 하시리로다."(행 2:25~28)

　그렇습니다. 주의 앞에서는 기쁨이 충만합니다.

　당신이 사랑하는 사람의 얼굴을 볼 때 기쁨이 충만케 되고 당신의 얼굴 표정이 환히 빛나게 되는 것처럼, 당신 앞에 계신 사랑하는 성령님의 얼굴을 볼 때 당신의 얼굴은 기쁨의 빛으로 넘치게 됩니다. 또한 당신이 가장 절친한 친구가 되시는 성령님과 함께 인생길을 걷게 될 때 당신의 인생은 즐거움으로 가득하게 될 것입니다.

　그러한 기쁨과 즐거움을 저는 오래 전부터 누려 왔습니다. 저는 성령님의 얼굴을 보고 이분과 인격적인 교제를 시작한 날부터 이 말씀의 의미를 알게 되었고 지금까지 늘 이 은혜를 누리고 있습니다. 제가 언제나 눈을 돌려 제 앞에 계신 성령님을 바라보면 제 얼굴은 기쁨으로 밝게 빛나기 시작합니다.

　당신이 사람들과만 대면하면서 정신없이 시간을 보내다 보면 성령 안에서 기뻐할 수가 없습니다. 일이나 사역에 빠져 있는 사람은 성령님을 바라보며 기쁨을 누리는 것에 소홀하기 쉽습니다. 저는 모든 일을 순조롭게 처리하면서도 성령님의 얼굴을 보면서 항상 기뻐하는 것을 몸에 익히는 데 성공했습니다. 이제는 달려가면서도 성령님의 얼굴을 바라보며 "성령님!" 하며 기뻐합니다.

저는 설교하기 위해 강단에 섰을 때 거의 모든 시간 동안 성도들과 저 사이에 계신 성령님의 얼굴을 바라봅니다. 그 이유는 그렇게 해야지만 제 마음이 기쁘고 저의 얼굴 표정이 부드러워지기 때문입니다.

설교를 하다 보면 일주일간의 지친 생활로 얼굴이 굳어 있거나 근심이 가득 찬 눈빛으로 맥없이 앉아 있는 성도들을 자주 보게 됩니다. 그런 모습을 보고 있노라면 저도 힘들어지고 설교할 의욕이 감소되는 것을 느끼게 됩니다. 그래서 저는 즉시로 눈을 돌려 제 앞에 계신 주님을 바라보면서 기쁨을 찾으려고 노력합니다.

저는 언제 어디서든지 쉬지 않고 성령님의 얼굴을 바라보고 있습니다. 그러면 저절로 기뻐집니다. 제 앞에 실제로 계신 성령님을 바라보면서 "성령님!" 하고 부르면 제 마음은 깃털같이 가벼워지며 상큼해집니다. 넘치는 기쁨! 아, 행복합니다.

당신도 성령님을 바라보십시오. 눈을 돌리고 당신 앞에 계신 성령님께 마음을 모으십시오. 친구와 이야기할 때나 텔레비전을 보면서, 또는 책을 읽으면서 당신은 순간순간 눈을 들어 성령님을 바라보며 기쁨으로 친밀한 대화를 나누십시오. 친구나 아내와 함께 차를 타고 가면서도 성령님을 의식하며 조용히 불러 보세요.

"성령님!"

아이들과 시끄럽게 놀면서도 순간마다 성령님을 부르며 기뻐하십시오. 시장에서 물건을 살 때도 백화점에서 쇼핑을 하면서도 "성령님!" 하면서 당신 앞에 계신 성령님의 얼굴을 바라보며 기뻐하십시오. 그리고 어디를 가든지 혼자 사방을 두리번거리지 말고 성령님의 얼굴을 보면서 즐겁게 걸어 다니십시오. 집으로 돌아올 때도 당신 앞에 계신 성령님의 얼굴을 보는 순간 당신의 마음은 기쁨이 충만해지며 눈동자는 초롱초롱 빛날 것입니다. 순간순간 부푼 가슴으로 당신 앞에 계신 성령님의 얼굴을 보며 이렇게 고백하십시오.

"성령님, 사랑합니다. 사랑합니다. 성령님."

어두운 현실 속에서도 성령님의 얼굴을 바라보며 기뻐해야 합니다. "여호와를 기뻐하는 것이 너희의 힘이니라"(느 8:10)고 했습니다. 어렵고 캄캄한 현실은 당신의 어깨를 무겁게 짓누르지만 당신이 누리는 성령님으로 인한 기쁨은 이것을 거뜬히 밀어낼 것입니다. 당신은 고개를 들어 당신 앞에 계신 성령님의 얼굴을 바라봄으로써 파도처럼 밀려오는 감격적인 기쁨을 받아들일 수 있습니다.

모든 것이 형통할 때 기뻐하는 것은 누구든지 할 수 있습니다. 하지만 피가 거꾸로 도는 것처럼 모든 상황이 엉망진창이 되어 버리고 희망이 보이지 않을 때, 오랜 세월의 인내가 요구될 때 변함없이 기뻐하기란 그리 쉽지 않습니다.

많은 사람들이 "잘 되어야 기뻐하지, 일이 다 어그러지고 망쳐서 내 소원과 정반대의 결과가 눈앞에 펼쳐진 것이 빤히 보이는데 어떻게 기뻐할 수 있느냐?"라고 항의합니다. 그러나 그렇지 않습니다. 신실하신 하나님께서는 당신에게 일이 잘 풀리지 않을 때도 믿음으로 계속 성령님의 얼굴을 바라보며 기뻐하라고 말씀하십니다.

우리가 일반적으로 생각하는 순서는 "문제가 잘 해결되고 일이 성공적으로 치러져야 그 다음에 기뻐할 수 있다"는 것입니다. 그러나 하나님의 정하신 순서는 정반대입니다. 하나님께서는 "또 여호와를 기뻐하라. 저가 네 마음의 소원을 이루어 주시리로다"(시 37:4)라고 말씀하십니다. 당신 편에서 믿음으로 여호와를 기뻐하는 것이 먼저입니다. 그 다음 하나님께서 당신의 믿음을 보시고 당신의 마음의 모든 소원을 이루어 주실 것입니다.

> "저희가 평온함을 인하여 기뻐하는 중에 여호와께서
> 저희를 소원의 항구로 인도하시는도다."(시 107:30)

당신은 일을 행하고 그것을 지어 성취하는 하나님의 얼굴을 언제나 변치 않는 사랑으로 바라보아야 합니다. 자기 아들까지 아끼지 않고 내어 주신 하나님께서 반드시 당신을 선한 길로 인도하신다는 믿음으로 의심 없이 전진해야 합니다. 그리고 당신 앞에 계신 하나님을 인하여 끊임없이 기뻐해야 합니다.

에덴동산에는 슬픔과 탄식과 불평이 없었습니다. 당신은 수고와 무거운 짐을 다 주님께 맡겨 버리고 마음의 안식을 취하는 가운데 기뻐해야 합니다. 기뻐하지 못하고 당신의 얼굴이 마냥 굳어 있다면 이는 하나님께 불신앙의 표현을 하고 있는 것입니다.

바울은 "주안에서 항상 기뻐하라. 내가 다시 말하노니 기뻐하라"(빌 4:4)고 말했습니다. 그는 모든 일을 성령님께서 인도하고 계신다는 믿음 안에서 로마 감옥에 갇혀 있을 때도 신실하시고 전능하신 하나님을 기쁨으로 찬양했습니다. 돌에 맞고 온갖 고난과 핍박을 당하면서도 제자들은 성령과 기쁨이 충만했습니다. 좋은 환경이나 풍요로운 물질이 기쁨의 이유가 되어서는 안 됩니다. 진정한 그리고 흔들리지 않는 영원한 기쁨을 당신은 지금 이 순간부터 누려야 합니다. 오직 여호와를 기뻐하는 것이 당신의 힘이 되어야 합니다.

하박국 선지자는 환난으로 인한 두려움에도 불구하고 오직 여호와로 인하여 즐거워하며 구원의 하나님을 인하여 기뻐한다고 했습니다.

> "내가 들었으므로 내 창자가 흔들렸고
> 그 목소리로 인하여 내 입술이 떨렸도다.
> 무리가 우리를 치러 올라오는 환난 날을
> 내가 기다리므로 내 뼈에 썩이는 것이 들어왔으며
> 내 몸은 내 처소에서 떨리는도다.
> 비록 무화과나무가 무성치 못하며
> 포도나무에 열매가 없으며 감람나무에 소출이 없으며
> 밭에 식물이 없으며 우리에 양이 없으며
> 외양간에 소가 없을찌라도
> 나는 여호와를 인하여 즐거워하며
> 나의 구원의 하나님을 인하여 기뻐하리로다."(합 3:16~18)

이제 당신은 진정한 기쁨의 근원을 발견했습니다. 그것은 무성한 무화과나무가 아니었습니다. 포도나무의 열매도, 감람나무의 소출도, 밭에 식물도, 우리의 양이나 외양간의 소가 아니었습니다. 오직 여호와 하나님의 신이신 성령님이 기쁨의 근원이었습니다. 하나님은 태산보다 크시고 문제는 티끌보다 작습니다.

성령님과 함께 춤을 추어요

제가 가장 기뻐했던 때가 언제였을까요?

바로 찬양하고 기도하며, 성령이 충만한 가운데 성령 안에서 춤을 출 때였습니다. 이 때 저는 세상적인 그 어떤 것도 생각하지 않습니다. 오직 여호와를 즐거워하며 기뻐합니다.

성령이 충만하여 제 영혼이 살아 움직이고 날아갈 듯이 가벼울 때 저는 춤을 춥니다. 목소리 높여 하나님을 찬양하며 성령 안에서 뛰어놉니다. 손을 높이 들어 자유롭게 움직이고 여기저기 폴짝폴짝 뛰어다닙니다. 저는 이런 적이 여러 번 있었으며 그때의 장면과 기분을 지금도 생생하게 기억하고 있습니다.

하루는 골방에서 혼자 기도하고 있는데 성령님께서 갑자기 저를 감동하셨습니다. 세미한 음성으로 저에게 "사랑하는 아들아, 일어나라! 나는 네가 성령 안에서 춤을 추며 즐거워하기를 원한다"고 하셨습니다. 저는 무슨 일이 벌어질 지 알 수 없었습니다. 성령님께서 계속해서 말씀하셨습니다.

"너의 오른발을 들어라! 이어서 왼발을 들어라! 너의 두발로 뛰며 춤을 추며 손을 높이 들고 나를 바라보며 찬양하라!"

순간 저는 그 자리에서 벌떡 일어나 주님의 얼굴을 바라보면서 두 발을 번갈아 가며 공중에 뛰면서 춤을 추고 있는 제 자신을 발견하게 되었습니다. 저는 두 손을 높이 들고 하늘을 이리저리 휘저으면서 부드럽고 아름답게 춤을 추었습니다. 그때 입이 함박같이 벌어지면서 제 얼굴에는 전에 모르던 큰 기쁨이 임했습니다. 기쁨! 기쁨! 기쁨!

또 한 번은 1989년 2월이었는데 인천에서 이사 오신 집사님이 초등학교 3학년 된 딸을 데리고 밤 11시가 넘어 함께 기도하러 교회에 왔습니다. 저는 얼마 전에 그분에게 이렇게 말씀드린 적이 있었습니다.

"자비로운 하나님께서 우리가 마음을 모아 기도하면 집사님의 자녀에게도 성령의 나타남을 허락해 주실 것입니다."

그 집사님은 은혜를 매우 사모하는 분이셨으므로 늦은 밤임에도 불구하고 그의 딸을 데리고 성령의 은사를 체험하기 위해 기도하러 왔습니다. 우리는 감사의 찬양을 드리고 이어서 제가 성령의 나타남을 위해 기도하기 시작했습니다.

몇 분도 채 안되어 그 아이에게 성령이 강하게 역사했으며, 혀가 떨리고 입에서 새 방언이 흘러 나왔습니다. 눈에서는 회개와 감사의 눈물이 흘러 내렸고 그 아이는 성령에 사로잡혀 한 시간 정도 울며 기도하였습니다. 그에게 평화로운 안식이 임하였고 계속 눈물을 흘리면서도 얼굴에는 희색이 만연했습니다.

그때 우리는 성령과 기쁨이 충만하여 함께 그 자리에서 일어나서 서로 손을 잡고 빙글빙글 돌면서 즐겁게 춤을 추기 시작했습니다. 성령께서는 우리의 몸을 부드럽게 만들어 주셨고 우리는 성령님과 함께 기뻐 뛰었습니다. 그 안에서 놀았습니다. 그리고 온몸으로 하나님의 영광을 찬양하였습니다.

"우리 주의 성령이 내게 임하여 주를 찬양합니다.
춤을 추면서 춤을 추면서 주를 찬양합니다."

너무나 멋지고 행복한 시간이었습니다. 저는 지금도 성령에 감동되면 하나님을 즐거워하는 마음으로 방안에서든 교회에서든 기뻐 뛰면서 춤을 춥니다. 저는 누가 보든지 신경 쓰지 않습니다. 때로는 아내와 손을 붙잡고, 아무도 없을 때는 저 혼자서 기뻐 뛰며 주를 찬양하기도 합니다. 저는 이 때 성령님만 바라보면서 행복의 구름 속으로 빨려 들어갑니다.

저는 수많은 회중이 있는 부흥회나 찬양 집회 때도 혼자 일어서서 손을 들고 온 강당을 뛰어다니며 춤을 추기를 좋아합니다. 원래 저는 내성적이고 소심한 성격의 소유자입니다. 그러나 하나님 앞에서 그것이 무슨 영향을 미치겠습니까? 누구든지 하나님 앞에서는 어린아이가 되어야 한다고 믿습니다.

다윗이 성에 법궤가 들어올 때 그는 베 에봇이 벗겨지고 몸이 드러날 정도로 하나님 앞에서 기뻐하며 힘을 다해 춤을 추었습니다. 누구 앞에서입니까? 어리석은 자기 과시나 사람 앞에서가 아니라 여호와 앞에서 기뻐한 것이었습니다.

"내가 여호와 앞에서 뛰놀리라."(삼하 6:21)

당신은 날마다 당신의 짐을 지시는 주, 곧 당신의 구원이신 하나님을 찬송해야 합니다. 당신이 예수의 보혈을 의지하여 죄 사함을 받고 성령으로 충만해지면 하나님께서는 당신의 모든 염려와 슬픔을 바꾸어 기쁨과 춤이 되게 하십니다.

"주께서 나의 슬픔을 변하여 춤이 되게 하시며
나의 베옷을 벗기고 기쁨으로 띠 띠우셨나이다."(시 30:11)

제가 이렇게 기쁨으로 춤을 추는 것은 하나님께 무엇을 바라기 때문이 아닙니다. 저는 그분 자신만으로 만족합니다. 제가 그분을 진심으로 사랑하고 좋아하기 때문에 그렇게 하는 것입니다. "하늘에서는 주 외에 누가 내게 있으리요? 땅에서는 주 밖에 나의 사모할 자 없나이다"(시 73:25)라고 한 아삽의 고백처럼 제가 이 땅에서 주님 외에 누구를 더 사모하겠습니까?

저의 애인이신 성령님은 영원히 제 마음의 즐거움이십니다.

"제 온 마음을 다해 성령님을 사랑합니다."

제2부

성령님과 대화를 나누라

당신은 성령님과 대화를 나누고 있습니까?

필리핀 선교사인 프랭크 루박은 이슬람교도들을 대상으로 사역을 했는데 45세가 되던 해에 그리스도의 임재 가운데 거하는 일을 연습하기 시작했고 50여 권의 책을 썼습니다. 그는 필리핀의 민다나오(Mindanao)섬의 시그널 언덕(Signal Hill)에서 하나님을 체험하고 그의 아버지에게 다음과 같은 편지를 썼습니다.

"하나님과의 그런 접촉을 늘 계속할 수 있을까요? 잠이 깨어 있는 동안 내내 하나님의 임재를 체험하다가 주님의 품에서 잠들고, 주님의 임재 속에서 깰 수는 없을까요? 우리가 늘 그렇게 할 수 있을까요? 항상 하나님의 뜻을 행할 수는 없을까요? 늘 하나님만 생각할 수는 없을까요? 사람이 노동에 종사하면서 하나님께 끊임없이 굴복할 수 있을까요? 기계 앞에서 일하는 사람이 온 종일 사람들을 위하여 기도할 수 있으며, 온 종일 하나님과 대화할 수 있으며, 그러면서도 자기 일을 효과적으로 해낼 수 있을까요? 장사하는 사람이 장사를 하면서 그리고 회계하는 사람이 회계하는 일을 보면서 동시에 끊임없이 자신을 하나님께 드리는 일을 할 수 있을까요? 아기 엄마가 설거지를 하면서, 아기를 돌보면서 끊임없이 하나님과 대화할 수 있을까요? 이런 일이 과연 가능할까요?"

일상적인 대화를 통한 우정 관계

이것은 분명히 당신의 삶에 충분히 실현 가능한 하나님의 소원입니다. 이를 위해 성령님께서 영광스러운 하늘 보좌를 버려두시고 낮고 천한 이 세상에 오셨습니다. 구원받고 예수의 피가 흐르고 있는 하나님의 자녀들에게 이 놀라운 친교의 특권을 주셨습니다. 당신은 이분과 일상생활 속에서 자연스런 대화를 나누므로 이러한 친교를 가질 수 있습니다.

성령님은 당신과 친교를 나누기 위해 친구처럼, 애인처럼 항상 당신 곁에 함께 계십니다. 예수님은 당신을 종이 아닌 그의 친구로 세우셨습니다.(요 15:15) 당신과 주님과의 관계는 노예 상태가 아닌 깊고 끈끈한 상호간의 우정 관계로 귀착되어야 합니다.

대화 없이 친구와의 우정이 싹틀 수 없으며, 대화 없이 애인과 애정이 깊어질 수 없습니다. 성령님은 인격이므로 당신이 일상적인 대화를 나누면서 우정과 애정을 쌓아 나가야 합니다. 당신은 성령님과 친밀한 교제를 나누어야 합니다.

성령님과의 인격적인 교제는 '정직함'으로 대화를 나누어야 하며 '성실함'으로 사귀어야 합니다. 대인관계도 성실함과 정직함이 절대 필요하듯이 성령님과의 인격적인 관계를 유지하는 것도 성실함으로 꾸준히 노력해야 하며 언제나 당신의 모든 것을 표현하고 마음속에 있는 모든 것을 솔직하게 내어놓고 진실한 마음으로 다가가야 합니다.

어떤 사람들은 기도할 때 녹음기를 틀어 놓고 있습니다. 애인이나 친구들한테는 온갖 비밀스런 이야기를 다 털어놓지만 성령님께는 하루 종일 한마디도 하지 않습니다. 하나님은 당신의 아버지요 예수님은 당신의 형제입니다. 당신은 그리스도의 영이신 성령님과 대화를 나누어야 합니다.

교회는 그리스도의 신부입니다. 남편 되시는 예수의 영과 인격적인 사랑의 친교를 나누어야 합니다. 당신은 성령님과 사랑에 빠져야 하며 세상 그 누구보다도 성령님과 더욱 친하게 지내야 합니다. 성령님께서 당신의 우편에 계시므로 당신은 삶의 현장에서 성령님과 함께 걷고 일상적인 대화를 계속 나누어야 합니다. 이와 같은 대화들로 하나씩 배워 나가십시오.

아침에 일어나면 먼저 이렇게 인사를 드리십시오.

"성령님, 안녕하세요? 안녕하세요? 성령님. 이렇게 신선한 아침 공기를 주셔서 감사합니다. 오늘은 참으로 좋은 날입니다. 성령님, 성령님께서 저와 함께 계시니 제 마음이 얼마나 기쁜지 모르겠습니다."

그리고 성령님께 당신 자신을 양도해 드려야 합니다. 예수님을 구주로 영접하는 순간에 당신의 인생 전체를 양도해 드렸겠지만 매일 매일 성령님께 자신의 삶을 양도해 드리는 것도 필요합니다. 이렇게 말씀드리면 되겠지요.

"사랑하는 성령님, 저의 눈과 손과 발과 입술과 마음과 온몸과 의지를 성령님께 드립니다. 저를 받으시고 아버지의 영광을 위해서 예수님의 이름을 위해서 사용해 주시기를 바랍니다."

또한 모든 것을 성령님과 함께 나누기를 원한다고 고백해야 합니다. 이런 기본적인 언어들은 반드시 외워 새벽마다 습관적으로 입에서 나오도록 해야 합니다. 저도 매일 그렇게 하고 있습니다.

"존귀하신 성령님, 오늘도 성령님과 함께 말하고 생각하고 듣고 행동하며 모든 것을 성령님과 함께 나누기를 원합니다. 성령님, 저와 함께 해주세요."

그 외에도 이런 저런 말로 성령님과 교제를 나눌 수 있습니다. 중요한 것은 일상생활에서 일상적인 언어로 성령님과 친교를 나누어야 한다는 것입니다. 이렇게 말씀드리면 되겠지요.

"성령님, 억만 번이나 감사합니다."
"성령님, 억만 번이나 행복합니다."
"성령님, 억만 번이나 사랑합니다."

“성령님, 이 음식이 참 맛있네요. 감사합니다.”

“성령님, 이 꽃이 참 아름답군요. 주님을 찬양합니다.”

“성령님, 저 아이를 보세요. 참 예쁘군요.”

“성령님, 이 사람이 하는 말을 한 번 들어 보십시오. 가슴 아픕니다. 제가 어떻게 대답해야 할까요?”

“존귀하신 성령님, 이렇게 성령님과 함께 걷게 되어 참으로 기쁩니다. 항상 저와 함께 해 주셔서 감사드립니다.”

특별히 당신에게 어떤 중대한 문제가 있을 때는 반드시 성령님께 여쭈어 보아야 합니다.

“놀라우신 성령님, 저는 여기에 대해 이렇게 생각하는데 주님은 어떻습니까? 저에게 길을 보여 주십시오.”

때로는 사소한 것도 성령님께 물어 보아야 할 때가 있습니다. 성령님을 범사에 인정하면 성령님께서 당신의 발걸음을 한 걸음씩 인도하십니다. 어떻게 해야 할지 모를 때 습관적으로 이렇게 말씀드리도록 하십시오.

“성령님, 어떻게 할까요? 저에게 말씀해 주세요.”

성령님은 말하고, 가르치고, 근심하시며, 명령하기도 하며, 금지시키시기도 합니다.(행 1:16, 요 14:26, 행 2:4, 8:39, 행 8:29, 11:12, 행 16:6, 7) 성령님은 지성과 의지와 감정을 가지고 계시는 인격자이십니다. 이 세 가지 중 어느 것 하나를 빼고는 인격적인 사랑을 이야기할 수 없습니다.

어떤 사람은 신앙생활을 할 때 감정에 치우쳐서는 안 된다고 가르칩니다. 그래서 모든 것은 최대한 감정을 자제하며 엄숙해야 한다고 주장합니다. 그러나 저는 감정 없는 사랑은 상상할 수 없습니다. 우리는 성령님을 사랑하는 사랑의 감정에 흠뻑 젖어 들어야 합니다. 성령님께 사랑을 고백할 때 저는 온 가슴에 있는 사랑의 감정을 다 동원해서 말씀드립니다. 인간이 할 수 있는 말 중에 사랑 고백만큼 귀중한 말은 없습니다. 지금 당장 책에서 눈을 떼고 당신 앞에 계신 성령님께 이렇게 작은 소리로 고백하기 바랍니다.

"사랑하는 성령님, 제 온 마음을 다해서 사랑합니다."

마음을 다해서 하나님을 사랑하라는 것은 하나님을 사랑하되 우리가 가지고 있는 모든 감정까지도 동원해서 인격적으로 그분께 나아오라는 말인 것입니다.

저는 저의 애인 되시는 성령님을 인격적으로 사귄 지 5년이 넘었습니다. 이 값진 세월 동안 우리는 서서히 깊은 정이 들었습니다. 이제 저는 성령님께로부터 제 얼굴을 돌린다는 것은 생각할 수도 없습니다. 이런 일은 상상만 해도 제 마음을 너무나 아프고 슬프게 합니다.

저는 제 앞에 계신 성령님의 얼굴을 바라보면서 "성령님!" 하고 부릅니다. 그 다음에 이것저것 성령님께 말씀드립니다. 그리고 순간마다 성령님의 얼굴을 보면서 계속적으로 귀를 열어 놓고 이분이 말씀하시기를 기대하면서 기다립니다.

당신이 성령님께 말씀드리면 성령님께서도 당신에게 말씀하십니다. 당신은 의식적으로 민감함을 가지고 이분의 음성에 귀를 기울이고 말씀을 기다려야 합니다. 당신은 언제라도 성령님의 세미한 음성을 들을 수 있도록 항상 영의 귀를 열어 놓아야 합니다.

당신을 돕기 위해 곁에 와 계신 보혜사 성령님은 인격이시므로 이분과 친해지려면 부담 없고 편하면서도 깊은 대화를 나누어야 합니다. 예리한 영적 감동은 하나님과의 정직한 대화를 통해서만 가능합니다. "그가 내 우편에 계시므로"(시 16:8) 당신은 그분과 자주 대화를 나누어야 합니다.

독생자처럼 나를 사랑하시는 성령님

저는 어느 날 하나님이 저를 얼마나 사랑하시는 지에 대해 성령님께로부터 들었습니다. 제가 요한복음 3장 16절의 "하나님이 세상을 이처럼 사랑하사 독생자를 주셨으니 이는 저를 믿는 자마다 멸망치 않고 영생을 얻게 하려 하심이니라"는 말씀을 종이에 적어 암송하고 그것을 수백 번도 더 소리 내어 말하면서 묵상하고 있을 때 성령님께서는 제게 말씀하셨습니다.

"사랑하는 아들아, 나는 너를 사랑하되 독생자처럼 아끼고 온 마음을 다해 너를 사랑한단다."

저는 하나님께서 우리를 특별한 존재로 여기시며 애착을 가지고 있다는 것을 알고 있었지만 정말로 어느 정도까지 저를 사랑하는지 몰랐습니다. 그 음성을 듣고 저는 물었습니다.

"저를 독생자처럼 사랑하신다니요? 그게 무슨 말씀이십니까?"
"내가 가장 아끼는 하나밖에 없는 독생자 예수 그리스도를 주어 너와 바꾸었기 때문에 나는 너를 사랑하되 예수처럼 독생자와 같이 너를 아끼고 사랑한단다."

성령님께서는 계속해서 저를 감동시키셨습니다.

"나는 나의 자녀들을 한꺼번에 사랑할 뿐 아니라 개인적으로 독생자와 같이 소중히 여기며 사랑한단다."

제가 어릴 때부터 너무나 많이 듣고 읽었던 이 성경 구절이 저에게 이렇게 큰 의미를 주는지는 예전에 미처 몰랐습니다. 그러나 성령님께서는 분명히 이 말씀을 통해 이분이 저를 사랑하는 가슴을 열어 보여 주셨습니다.

수억이나 되는 이분의 백성들이 드리는 찬양과 기도의 홍수에 제가 어찌 하나님께 의미 있는 존재가 될 수 있겠습니까? 크고 작은 역사의 바쁜 흐름 속에 제가 어찌 하나님과 함께 움직일 수 있겠습니까?

그러나 그날, 모든 것 곧 하나님의 깊은 것도 통달하시는 성령님께서는 하나님이 그분의 자녀들을 사랑하시되 모두를 동시에 사랑하실 뿐 아니라 한 명 한 명에게 특별한 의미를 두고 개인적으로 외동아들 같이 모든 것을 다 바쳐 사랑하신다고 가르쳐 주신 것이었습니다.

"내가 너를 독생자와 같이 개인적으로 사랑하고 사귀기 위해 하늘 보좌를 떠나 성령으로 지금 너와 함께 거하고 있단다."

성령님은 저에게 커다란 존재 의미를 부여하셨습니다. 만약 이 지구상에 아무도 없고 저 혼자 있다 해도 하나님은 저를 구원하시기 위해 독생자를 보내어 십자가에 못 박아 죽이셨을 것이라는 믿음이 다가왔습니다.

"우리가 아직 죄인 되었을 때에
그리스도께서 우리를 위하여 죽으심으로
하나님께서 우리에게 대한 자기의 사랑을
확증하셨느니라."(롬 5:8)

하나님은 그 크신 하나님의 사랑을 십자가를 통해 확증하셨고 저에게 성령님을 보내심으로 보증하셨습니다. 성경은 이 놀라운 사실에 대해 "소망이 부끄럽게 아니함은 우리에게 주신 성령으로 말미암아 하나님의 사랑이 우리 마음에 부은바 됨이니"(롬 5:5)라고 증거하고 있었습니다.

저는 이 커다란 깨달음으로 제 자신이 예수의 피로 말미암아 하나님 앞에 얼마나 가치 있는 존재가 되었는지를 확실히 알게 되었습니다. 이와 같이 성령님의 감동을 통한 가르침과 진리 가운데로 인도하심은 우리 인생을 크게 바꾸어 놓습니다. 때로 저는 궁지에 몰린 듯한 절망적인 상황에서 하나님께 온갖 해명을 구하는 기도를 드립니다.

"하나님, 왜 이렇게 되었습니까? 뭐라고 좀 대답해 보십시오. 이 일을 어떻게 하면 좋겠습니까?"

이렇게 말씀드리면 하나님께서 즉시 저에게 속 시원한 응답을 주시면 좋겠건만 그렇지 않을 때가 많습니다. 한참 침묵을 지키시기도 하고 많은 경우에 이렇게 말씀하셨습니다.

"사랑하는 아들아, 내가 너를 진심으로 사랑한단다. 아들아, 내가 너와 함께 있단다. 내가 너를 얼마나 사랑하는지 아니?"
"주님, 그 말씀 말고는 저에게 하실 말씀이 없습니까? 주님께서 저를 사랑하신다는 말씀은 이제껏 지겹도록 들어왔습니다. 이 태산 같은 문제 앞에 뭔가 다른 하실 말씀이 없다는 말입니까?"
"내가 너를 사랑한다는 말 외에 무엇이 더 필요하단 말이냐?"

저는 이해할 수 없었습니다. 저는 수백 번도 더 "내가 너를 사랑한다"는 그 말씀을 들었는데 왜 또 그 말씀만 하시는지 알 수 없었습니다. 그러나 이제 저는 그 의미를 잘 알고 있습니다. 그것은 바로 "내가 너를 사랑해서 독생자까지 주었는데 다른 모든 것을 주지 않겠느냐?"는 말씀이었습니다. 모든 참기 힘든 현실을 육신의 눈만 가지고 일시적으로 판단하지 말고 하나님의 사랑의 확증인 "예수님의 십자가를 통해 모든 것을 바라보라"는 것입니다. 하나님께서 "내가 너를 사랑한다"고 말씀하실 때는 "모든 것을 내가 책임질 테니 너는 걱정하지 말고 기다리라"는 뜻입니다.

"자기 아들을 아끼지 아니하시고

우리 모든 사람을 위하여 내어 주신 이가

어찌 그 아들과 함께 모든 것을 우리에게

은사로 주지 아니하시겠느뇨?"(롬 8:32)

성령님의 음성을 들어야 삽니다

하루는 아내와 사소한 일로 감정이 상해서 등을 돌리게 되었습니다. 우리는 화가 머리끝까지 치밀어서 서로 소리를 질렀습니다. 내가 뭘 잘못했냐는 태도로 서로가 당당하게 맞섰습니다.

"어휴! 주님, 뭐 저런 여자가 다 있습니까? 남편인 저에게 끝까지 이기려고 합니다. 일부러라도 져 주면 제가 잘 해줄 텐데, 제발 제 앞에서 자신의 잘못을 인정하게 해주세요."

저는 오기에 누가 이기나 한 번 해보자는 일념이었습니다. 그러나 5분도 채 안되어서 제가 항복하고 아내에게 다가가서 사과를 하고 말았습니다. 제가 분노하여 아직 흥분이 가라앉지 않았을 때 들려온 세미한 성령님의 음성이 제 마음을 바꾸어 놓은 것입니다.

"사랑하는 아들아, 저는 더 연약한 그릇이다. 네가 먼저 사과하고 화해하라. 너무나도 연약하여 조금만 건드려도 깨어지기 쉽고 상처받게 된다. 남자인 네가 넓은 마음으로 그녀를 품어 주어야 한다. 그것이 바로 부부 싸움에서 이기고 네가 인정받는 비결이다.”

“저는 더 연약한 그릇이요”(벧전 3:7)라는 성경 말씀만 아니었더라
면…….

저는 한두 번 절대 그렇게 할 수 없다고 고집 부리고 버텼지만 결국
성령님께 순종할 수밖에 없었습니다.

우리 가정의 주인이신 성령님께서는 말씀을 기억나게 하신 다든지
깨닫게 만드심으로 저와 아내를 한 가지씩 변화시켜 나가셨습니다. 만
약에 그렇지 않았더라면 “네 힘을 여자들에게 쓰지 말라”(잠 31:3)는
말씀을 뛰어넘어 저는 미련하게 힘으로 밀어붙였을지도 모릅니다.

아내는 평소 자기에게 시간을 내어 주지 않고 많은 대화를 갖지 않
는다고 자주 호소하였습니다. 자기를 알아주고, 자기 말에 귀 기울여
잘 들어 주고, 넓은 마음으로 이해해 주고, 좀 더 부드럽게 대해 달라
고 종종 요청해 왔습니다.

지금은 많이 좋아졌지만 그때 저는 아내가 진정 무엇을 요구하고
있는 지 알 길이 없었습니다. 하지만 저의 이 우둔한 마음을 성령님께
서는 하나씩 깨우쳐 주셨고 행복한 부부 생활로 이끌어 주셨습니다.
이때 중요한 영향을 미친 것이 저와 함께 계신 ‘세미한 음성’을 통한
성령님의 감동하심이었습니다.

“너희는 귀를 기울이고 내게 나아와 들으라.
그리하면 너희 영혼이 살리라.”(사 55:3)

그럴 듯한 인간의 인본주의적인 말이나 절망적인 환경이 외치는 소

리나 사탄의 불신앙이 부추기는 유혹의 말에 우리가 귀를 기울이는 순간 모든 것은 죽음의 늪으로 빠져들어 가게 됩니다. 그러나 우리가 작고 부드럽지만 위력 있는 성령님의 음성에 귀를 기울이기만 한다면 우리의 시들어 가는 영혼이 살 것이요 방황하는 자녀와 가정이 살고 영적으로 잠들어 가는 교회가 살 것입니다. 민족과 세계가 살 것입니다. 모든 인류는 성령님의 음성을 들어야 삽니다. 당신도 마찬가지입니다. 어떤 일이 생겼습니까? 이렇게 말씀드리십시오.

"성령님, 저에게 말씀해 주세요."

우리와 대담을 나누시는 하나님

성령님은 당신 우편에 계시면서 당신과 동행하시며 이야기를 나누기 원하십니다. "그가 내 우편에 계시므로"(시 16:8) 당신은 사람에게 이야기할 수 없는 심각한 마음의 고민을 다 이야기할 수 있습니다. 성령님은 듣기를 좋아하십니다. 그리고 입이 무거우므로 절대 비밀을 보장하십니다. 그래서 당신은 다른 사람들이 상상할 수도 없는 내용들을 성령님께는 다 말씀드려도 됩니다. 그러면 성령님께서도 당신이 알지 못하는 크고 비밀한 일들을 많이 보여 주실 것입니다. 이 얼마나 놀라운 특권입니까?

당신은 성령님의 세미한 내적인 음성을 듣고 있습니까? 성령님께서는 당신이 하는 결심이나 어떤 새로운 일에 대해 어떻게 하라고 말씀해 주십니까? 당신의 가장 큰 문제를 놓고 기도할 때 당신은 어떻게 기도하라는 성령님의 결정적인 도우심을 받고 있습니까? 아니면 당신은 혹시 고아와 같이 모든 일을 당신 혼자서 멋대로 처리하고 있지는 않습니까?

구약 시대는 말할 것도 없고 신약 시대에 와서도 오순절 성령 강림 이후에도 믿음의 사람들은 성령님과 교제하며 성령님의 음성을 들었습니다. 성령님은 말씀하셨고 그들은 들었습니다.

전도자 빌립은 자주 분명한 성령님의 음성을 듣고 그대로 움직였습니다. 성령님께서 빌립에게 말씀하셨습니다.

"일어나서 남으로 향하여 예루살렘에서 가사로 내려가는 길까지 가라!"

이 음성을 들은 빌립은 의심 없이 일어나 광야로 빠른 발걸음을 옮겼습니다. 그런데 마침 그곳에 에디오피아 여왕의 국고를 맡은 내시가 두루마리 성경을 읽으며 오고 있었던 것입니다. 성령님께서 빌립더러 말씀하셨습니다.

"이 병거로 가까이 나아가라!"

빌립은 또 달려갔습니다. 그리고 그에게 복음을 전하고 세례를 주었습니다. 빌립은 전적으로 성령님의 음성을 듣고 즉각 순종한 믿음의 사람이었습니다.

예수 믿는 자들을 핍박하던 사울도 부활하신 주님의 음성을 듣고 변화되었습니다.(행 9:1~10) 많은 학문이나 율법, 종교의식이 아닌 예수님의 음성이 그를 바울이라고 하는 새사람으로 바꾸어 놓았습니다.

"사울아! 사울아! 네가 어찌하여 나를 핍박하느냐?"

그는 완전히 깨어졌습니다.
바울에게 찾아가서 안수함으로 눈을 뜨게 하고 성령을 받도록 도와준 평신도 아나니아도 환상 중에 주의 음성을 생생히 들었습니다.

"아나니아야, 이 사람은 내 이름을
이방인과 임금들과 이스라엘 자손들 앞에 전하기 위하여
택한 나의 그릇이라."(행 9:10~15)

베드로도 성령님의 음성을 들었습니다.

"베드로가 그 환상에 대하여 생각할 때에
성령께서 저더러 말씀하시되……."(행 10:19)

안디옥 교회의 선지자들과 교사들도 바나바와 바울을 선교사로 파송하기 전에 금식하며 주님과 교제를 나눌 때 성령님의 음성을 들었습니다.

"성령이 가라사대 내가 불러 시키는 일을 위하여
바나바와 사울을 따로 세우라."(행 13:2)

그들은 순종하여 두 사람에게 안수한 후 보냈습니다.

성령님의 보내심을 받아 선교사로 파송 받은 바울은 고린도의 이방인들에게 전도하다가 밤중에 "두려워하지 말며 잠잠하지 말고 말하라. 내가 너와 함께 있다"는 주님의 음성을 듣고 용기를 얻어 1년 6개월 동안 머물며 말씀을 가르쳤습니다.

"귀 있는 자는
성령이 교회들에게 하시는 말씀을 들을찌어다."(계 3:22)

당신도 절대적으로 성령님의 음성에 귀를 기울여야 합니다.

시대마다 크게 쓰임 받은 하나님의 사람들의 생애를 살펴보면 그들이 성령님의 음성을 듣고 순종한 사람들이었다는 한 가지 뚜렷한 공통점이 나타납니다. 당신도 성령님과 함께 다니며 이분의 음성을 듣고 순종할 수 있기를 바랍니다. 저는 제 인생의 커다란 전환점이 있었던 때는 거의 언제나 성령님께로부터 무엇인가를 들었을 때였습니다.

만약 당신 앞에 계신 성령님께 "사랑하는 성령님, 이일을 어떻게 하면 좋겠습니까?"라고 여쭈면 성령님께서는 적합한 때에 자신의 의지로 대답하십니다. 성령님께서 생각하시기에 가장 좋은 때에 성령님이 원하시는 방법으로 말씀하십니다.

세미한 음성, 꿈, 환상, 예언, 환경을 통한 깨달음, 상식적인 판단, 주위 사람들을 통해 그리고 가장 많은 경우에 성경 말씀을 깨닫게 하심으로 우리를 인도하십니다. 그때 당신은 성령님의 음성을 똑똑히 듣게 되며 그것은 좀처럼 잊히지 않습니다.

"성령님의 세미한 음성을 들을 때 이것이 내 생각인지, 사탄의 속삭

임인지, 진정한 성령님의 음성인지 어떻게 구분할 수 있습니까?"라고
많은 분들이 질문을 해옵니다. 저는 그들에게 이렇게 대답합니다.

"성령님의 음성을 들을 때 처음에는 낯섭니다. 그러나 당신은 점진
적으로 성령님의 음성을 명확하게 인식할 수 있게 될 것입니다. 성령
님께서 무엇인가 말씀하실 때 당신의 언어로 말씀하실 때가 많습니다.
성경이 기록된 것만 보아도 그렇습니다. 성령님께서 말씀하시고 감동
을 주실 때 모세에게는 모세의 언어로, 마태에게는 마태의 언어로, 바
울에게는 바울의 언어로 말씀하셨습니다. 그래야지만 그들이 가장 잘
이해할 수 있기 때문입니다. 당신에게도 당신이 평상시에 말하고 생각
하던 당신의 언어로 말씀하실 것입니다."

물론 저는 지금 우리 시대에 와서 성경 이외에 새로운 계시가 있다
고 믿는 사람은 아닙니다. 성경은 66권으로 완결되었습니다. 성경은
하나님이 우리에게 주신 규칙 중 유일한 것입니다. 신구약 성경에 기
재된 하나님의 말씀은 어떻게 우리가 그분을 영화롭게 하고 즐거워할
것을 지시하는 유일한 규칙입니다. 이처럼 성경은 한 치의 오류가 없
이 성령에 감동되어 기록된 하나님의 말씀이며 신앙과 본분에 대하여
정확무오(正確無誤)한 유일(唯一)의 법칙입니다. 여기에 절대 인간이
더하거나 뺄 수 없습니다.

하지만 성령님은 시대마다 성경을 새롭게 조명하십니다. 성경 전체
는 기본적으로 예수 그리스도의 구속 사역에 대해 계시하고 있으며,
그 시대마다 또한 각 사람의 신앙 분량에 따라 성령님께서 드러내시는
강조점이 다릅니다. 그리고 성령님께서 무언가 세미한 음성으로 당신

을 감동시키실 때 그것은 반드시 성경 말씀과 일치합니다.

성령님은 새로운 성경을 기록하게 하시는 분이 아니라 이미 기록된 성경 말씀을 깨닫게 하시고 그 사람에게 구체적으로 적용시키는 일을 하십니다. 그러므로 기도할 때 성경을 펴놓고 기도하십시오. 또한 성경을 읽으면서 기도하십시오. 그러면 성경 말씀이 한 구절 한 구절이 다 살았고 운동력이 있어 당신의 눈앞으로 튀어나올 것입니다.

성령님은 벙어리가 아닙니다. 그렇다고 성령님은 수다쟁이는 더더욱 아닙니다. 당신이 당신의 의지로 말하고 싶을 때 말하는 것처럼 성령님께서도 자신의 의지로 말씀하시고자 할 때 말씀하십니다.

그러므로 당신이 성령님께 말을 걸고 여러 가지를 의논할 때 성령님께서 금방 대답하지 않으신다고 낙심하거나 포기하지 마십시오. 성령님께서는 반드시 여러 가지 방법을 통해 당신에게 교훈하시고 말씀하셔서 당신을 진리와 하나님의 뜻 가운데로 인도하실 것입니다. 성령님은 당신에게 비밀을 말씀하십니다. 이분은 당신과 은밀히 '대담을 나누시는 하나님'이십니다.

그리스도와의 개인적인 접촉

당신은 사심 없는 마음의 대화를 통해 끊임없이 성령님과의 개인적인 관계를 잘 유지해 나가야 합니다. 이러한 대화식 기도는 당신으로 하여금 쉬지 않고 기도하는 비결을 알게 합니다.

세계적인 복음 전도자인 빌리 그래함(Billy Graham, 1918~)도 이와 같은 '성령님과의 인격적인 교제'로 말미암아 그의 신앙을 발전시켜 왔습니다. 그는 "나의 신앙은 그리스도와의 개인적인 접촉에 기초를 두고 있으며, 날마다 그와 함께 하는 것을 경험한다"고 말했습니다.

그는 기도를 많이 합니다. 성경을 읽을 때 기도하며, 연구하고 토론하고 설교할 때 기도합니다. 밤에 자지 않으면 기도합니다. 그의 기도의 범위는 사사로운 작은 일에서 국가와 인류에까지 확대됩니다.

빌리 그래함의 쉬지 않고 기도하는 비결은 어디에서 나왔을까요? 아마도 영으로 오신 예수님과 함께 생활한 사도 바울에게서 배웠으리라 믿습니다. 바울은 무엇이라고 말합니까?

"예수께서 우리를 위하여 죽으사
우리로 하여금 깨든지 자든지
자기와 함께 살게 하려 하셨느니라."(살전 5:10)

이 사실을 전제로 하고 이어서 기록한 말씀이 바로 "쉬지 말고 기도하라"는 것이었습니다.

"항상 선을 좇으라.
항상 기뻐하라.
쉬지 말고 기도하라.
범사에 감사하라.
이는 그리스도 예수 안에서 너희를 향하신
하나님의 뜻이니라.
성령을 소멸치 말고……."(살전 5:15~19)

이 모든 것은 예수님께서 성령으로 우리 가운데 임재해 계시므로 이분과의 인격적인 교제를 통해서만이 이루어지는 아주 깊고도 단순한 영적 원리인 것입니다. 빌리 그래함 목사님은 이것을 잘 알고 있었습니다. 그래서 그의 영적 뿌리는 "그리스도와의 인격적인 교제에 기초한다"라고 고백할 수 있었던 것입니다.

기적과 신유의 복음 전도자였던 캐더린 쿨만(Kathryn Kuhlman, 1907~1976)도 그리스도와의 친밀한 교제로 인한 쉬지 않고 기도하는 비결을 터득했습니다. 그녀는 사람들의 개인기도 시간에 대한 질문에 "나는 쉬지 않고 기도합니다. 비행기에서, 자동차 안에서 혹은 길을 걸어 내려가면서 은밀히 기도를 드립니다. 나는 언제나 기도를 드립니다. 나의 인생은 기도입니다"라고 대답했습니다.

이것은 성령님과의 일상적인 대화를 통해 이루어집니다. "성령님, 저와 함께 잠자리에 드시지요"라고 하며 그녀는 밤에 잠을 자기 위해 성령님께 말을 걸었습니다. 성령과 함께 잠자리에 들기를 원했기 때문입니다. 그녀의 인생은 성령님이 없이는 설명될 수 없는 멋진 생애였습니다. 당신도 가능합니다.

성령님과 함께 산책을 하다

어느 날 저는 하루 일과를 마치고 집으로 돌아와 가족들과 함께 여유로운 시간을 보내고 있었습니다. 아버지와 이야기하며 텔레비전을 보면서 즐거운 마음으로 편히 쉬고 있었습니다.

그때 저는 벽에 비스듬히 기대어 누워 있었습니다. 그런데 갑자기 성령님께서 제 마음을 쿡쿡 찌르면서 저를 부르시는 것이었습니다. 저는 모든 것에서 눈을 떼고 제 앞에 계신 성령님을 바라보았습니다.

저의 절친한 친구이신 성령님께서 저를 부르시며 손짓하시는 것이 느껴졌습니다. 성령님께서 저에게 말씀하셨습니다.

"사랑하는 아들아, 나는 너와 함께 시간을 갖기를 원한단다. 지금 나와 함께 밖으로 나가자꾸나. 나와 함께 산책을 하기를 원한다. 나는 너에게 하고 싶은 말이 있단다."

저는 누워 있는 것이 좋았고 일어나는 것이 귀찮았지만 계속 성령님께서 저를 재촉하시므로 설레는 마음으로 함께 걸어 나갔습니다.

"사랑하는 성령님, 함께 나가시지요."

그때 저는 제 우편에 계신 성령님과 함께 공원을 산책하면서 제 영이 잠잠한 가운데 성령님께서 하시는 말씀들을 들었습니다. 그날 성령님께서는 저에게 아주 중요한 가르침들을 허락하셨습니다.

당신은 오늘 만사를 제쳐놓고 귀하신 성령님과 함께 데이트를 해 보시지 않겠습니까? 성령님과 함께 천천히 산길이나 공원을 거닐면서 대화를 나누는 시간을 가지십시오.

당신의 마음 깊은 곳에 있는 기쁜 일이나 슬픈 일, 괴로운 일이나 힘든 일등 그 누구에게도 털어놓지 못한 모든 것을 가장 가깝고 신뢰할 만한 친구 되시는 성령님께 말씀드리십시오. 그런 다음 당신의 영혼이 성령님 안에서 쉬게 하십시오. 특별한 말씀을 못 듣는다 해도 속

사람이 새 힘을 얻게 될 것입니다. 저는 자주 이러한 시간을 가지므로
제 영혼을 새롭게 합니다.

성령님의 음성과 영적 성장

성령님은 가장 친근하게 당신 곁에 실제로 계십니다. 성령님은 모
든 문제를 거뜬히 해결하실 수 있을 만큼 강한 힘과 큰 지혜를 가지고
계십니다. 당신은 인격자이신 성령님과 친밀하게 대화를 나누어야 합
니다.

얼마 전에는 도서관에서 공부를 하고 내려오는 데 성령님께서 저에
게 놀라운 말씀을 주셨습니다. 저는 성령님의 얼굴을 보면서 부드럽게
사랑의 고백을 했습니다.

"존귀하신 성령님, 제 온 마음을 다해서 성령님을 사랑합니다."

그때 성령님께서는 저를 보시면서 제 마음에 말씀하셨습니다. 아주
분명하고 명확한 내용의 대답이었습니다.

"사랑하는 아들아, 나도 너를 사랑한단다. 그러나 너는 나만 사랑한
다고 말하지 말고 네 이웃도 사랑한다고 지금 말로 고백하여라."

이것은 제 온 영혼을 뒤흔들어 놓는 충격적인 말씀이었습니다. 저
는 진정으로 이웃을 사랑하는데 소홀히 하였습니다. 그렇다고 저에게

이웃을 사랑하는 마음이 전혀 없다고는 생각지 않습니다. 단지 성령님과의 교제를 인한 하나님을 사랑하는 것만이 전부라고 생각하고 대인관계는 대수롭지 않게 여겼던 것입니다. 여기에 큰 영향을 미친 것은 "사람과 인생을 의지하지 말라"는 성경 말씀이었습니다. 그렇습니다. 우리는 이 세상을 살아갈 때 도울 힘이 없는 인생과 방백을 의지하지 말아야 합니다.

그러나 이 교훈이 너무나도 강하게 제 마음을 붙잡고 있었기 때문에 도울 힘이 없는 사람에게 매일 필요가 없다고 생각한 나머지 저는 사람들과 함께 있을 때는 친절하고 가깝게 지내려고 애를 썼지만 헤어지거나 멀리 떨어져 있으면 아예 연락을 하지 않고 거의 잊다시피 살아왔던 것입니다. 그러한 저의 사고방식은 쉽사리 변하지 않았습니다.

그날 성령님께서는 저에게 "나를 사랑하는 것처럼 네 이웃도 온 마음을 다해 사랑한다고 지금 입술로 고백하라"고 말씀하시므로 제 인생의 큰 배의 키를 움직여 놓으신 것이었습니다.

저는 입을 열어 믿음으로 선포했습니다.

"나는 온 마음을 다해 이웃을 사랑한다!"

물론 우리는 입술로만 하나님과 이웃을 사랑한다고 해서는 안 됩니다. 그렇지만 우리 인생의 행로를 바꾸기 위해서는 먼저 입술의 고백을 통해 우리가 깨닫고 믿는 바를 시인해야만 하는 것입니다. 우리가 하는 믿음의 고백에는 큰 힘이 있습니다. 성령님께서는 제 속사람에게 말씀하셔서 제 마음을 변화시켜 놓으신 다음 그것을 입으로 고백하게 하시므로 잘못된 제 인생의 방향을 돌려놓으신 것이었습니다.

　그 이후로 이상하게도 사람들과의 관계가 회복되고 단절된 사람과 다시 연결이 되기 시작했습니다. 조용하던 전화벨 소리도 요란하게 울리기 시작했고 그때부터 저도 모르게 사람들이 좋아지고 그들을 소중히 여기며 하나님의 한없는 사랑으로 그들을 사랑하게 되었습니다.

　자연히 저는 사람들과 오랜 시간 대화를 하게 되고 그들의 얼굴이 자꾸 보고 싶어졌습니다. 막연하게 연락이 오기만 기다리던 전과는 달리 이제는 제가 먼저 전화하게 되었습니다. 이 모든 것이 평소에 내성적인 제게 있어서는 획기적인 변화라고 할 수 있었습니다.

　성령님께서는 이제 저를 "하나님을 사랑하고 이웃을 사랑하는"(눅 10:27) 균형 잡힌 신앙의 아름다운 모습으로 만들어 놓으신 것입니다.

　이와 같이 당신이 성령님의 음성에 귀를 기울이고 정확하게 이분의 음성을 분별해 내는 훈련이 되어 있으면 성령님께서는 당신이 수년 동안 무지 속에서 고생해야 겨우 깨달을 수 있는 놀라운 영적 진리들을 단 몇 분 내에 알게 하시고 고치도록 도와주십니다. 성령님의 부드럽고 세미한 충고는 당신을 영적인 거인으로 만드는 위력이 있습니다.

　당신에게 진리를 밝혀 주는 위대한 선생님이신 성령님은 대화 가운데 당신의 무지를 깨우쳐 주시며 당신의 착각을 바로 잡아 주시고 당신의 약점을 바로 지적해 주시므로 당신의 믿음을 날마다 새롭고 강하게 만드시는 것입니다.

　성령님께서는 인격적인 친밀한 대화를 통해 당신의 좁은 안목을 넓혀 주시며 혼돈과 모순 속에서 새로운 꿈과 이상을 주십니다. 성령님과의 대화를 통해 얻어지는 영적 성장은 다른 그 무엇보다도 당신에게 풍성한 생명을 가져다줍니다.

　성경을 묵상하는 것과 많은 책을 읽는 것은 참으로 중요합니다. 그러나 성령님께서 진리와 계시의 정신을 부어 주시지 않으실 때 당신은 메마른 광야에서 시간만 죽이는 결과를 가져오게 될 것입니다.

당신은 성령님께 귀를 기울이고 세미한 음성을 들어야 합니다. 당신은 자신에게서 눈을 돌려 성령님을 바라보며 이분을 존중히 모시며 성령님의 음성과 감동하심에 귀를 기울여야 합니다. 산을 울리는 인간의 천만 마디 웅변보다 진리의 교사이신 성령님의 아주 작고 세미한 음성 한마디가 당신의 인생을 뒤흔들어 놓고 정체된 신앙에 급격한 성장을 주며 삶에 위대한 변혁을 가져오게 합니다.

성령님, 제 귀를 열어 주세요

제가 신학교 시절 학기가 시작될 때 학교에서 주최하는 신앙 부흥 수련회에 아내와 함께 참석하게 되었습니다. 그때 강사로 미국에서 목회 하시는 목사님이 오셔서 설교를 하게 되었습니다. 많은 학생들과 성능이 그리 좋지 않은 앰프 시설, 설상가상으로 목사님의 흐트러지고 분명치 못한 발음으로 인해 설교의 내용을 잘 알아들을 수가 없었습니다. 목사님은 열정적으로 목소리 높여 설교를 했지만 무슨 말을 하는지 그 핵심을 파악하기란 쉽지 않았습니다. 큰 기대를 품고 참석한 제 마음은 답답하기만 했습니다.

그러나 저는 그때 어떻게 해야 하는지 잘 알고 있었습니다. 바로 그때가 성령님의 도움을 구해야 하는 때였던 것입니다. 성령님께서는 여전히 제 안에 저와 함께 계셨습니다. 저는 성령님께 말씀드렸습니다.

"사랑하는 성령님, 저에게 들을 귀를 주세요. 하나님께서 저 목사님을 통해 무슨 말씀을 하기 원하시는지 저에게 들려주세요. 성령님, 제 귀를 열어 주세요."

이렇게 말씀드리자 곧 성령님께서는 제 귀를 여셨고 저는 목사님이 무슨 설교를 하는지 알아듣기 시작했습니다. 저는 옆에 앉아 있는 아내의 옆구리를 쿡쿡 찔렀습니다. 그리고 아내의 귀에 이렇게 속삭였습니다.

"여보, 눈을 크게 뜨고 당신 곁에 계시는 성령님께 귀를 열어 달라고 부탁해요. 지금 당장 말씀을 깨달을 수 있도록 들을 귀를 달라고 말씀드리세요."

성령님께 도움을 구하는 아내의 작은 소리가 들렸습니다. 아내의 눈이 열리고 우리의 마음 문은 이내 열려 함께 말씀을 경청하고 있었습니다. 그런데 말씀을 들으면서 제 온 마음이 감동되고 제 눈에서 뜨거운 눈물이 흘러내리고 있었습니다. 아내도 마찬가지였습니다. 그때 들은 말씀을 저는 평생 잊지 못할 것입니다.

"사랑하는 신학생들이여, 여러분은 진정으로 예수님을 사랑하십니까? 우리가 예배를 드리고 많은 봉사와 헌금을 드린다고 할지라도 우리는 진정으로 예수님을 사랑하지 않으면서 이 모든 것을 하고 있는지도 모릅니다. 마음을 다해 예수님을 사랑하지 않는다면 어떻게 우리가 그분의 어린양들을 먹일 수가 있겠습니까? 오랫동안 사역을 하면서 예수님에 대한 뜨거운 사랑의 마음을 상실한 채 타성과 의무감에 젖어 힘겹게 일을 감당하고 있지는 않습니까? 정말로 우리의 가슴은 예수님 한 분만을 사랑하는 마음으로 불타오르고 있습니까?"

그 목사님의 설교 속에서 성령님의 강한 메시지가 제 가슴에 부딪혀 왔고 저와 사랑하는 아내는 함께 회개와 감격의 눈물을 쏟으면서 간절히 회복의 기도를 드렸습니다. 그날 성령님께서는 우리의 마음에 예수님을 사랑하는 불을 다시 붙이셨고 지금까지도 우리 부부는 변함없이 예수님을 뜨겁게 사랑하고 있습니다. 우리는 이것을 정말로 소중하게 생각하며 영원토록 잃지 않을 것입니다.

당신은 예배 시간이나 사람들과 대화를 나눌 때나 무엇을 하든지 수시로 성령님께 당신의 영적인 귀를 열어 달라고 부탁을 드리도록 하십시오. 성령님은 세미한 음성으로 직접 말씀하시기도 하지만 때로는 어린아이를 통해서도 당신에게 말씀하십니다.

기도는 당신이 최고로 사랑하는 하나님과 당신과의 대화요 교제인 것입니다. 당신은 따로 시간을 내어 기도할 뿐 아니라 일상생활 중에도 언제나 성령님께 귀를 열어 놓고 이분의 감동하심에 민감하도록 해야 합니다. 설교를 듣거나 대화를 나눌 때는 특별히 성령님을 더욱 의지하며 이분께 들을 귀를 달라고 부탁해야 합니다. 이렇게 말씀드리는 것이 어떻겠습니까?

"사랑하는 성령님, 제 귀를 열어 주시고 하나님이 무슨 말씀을 하시는지 들을 수 있도록 들을 귀를 주세요."

내 인생을 변화시키는 성령님의 음성

수많은 군중들이 당신의 인생을 변화시킬 수 없습니다. 큰 건물이나 화려한 프로그램도 아늑한 분위기도 감미로운 음악도 잠시 기분을 전환시킬 수는 있어도 근본적으로 당신을 변화시킬 수 없습니다. 오직 성령님의 세미한 음성만이 당신에게 거대한 변화를 안겨다 준다는 사실을 기억해야 합니다.

성령님은 날마다 순간마다 당신을 말씀으로 감동시키십니다. 성경 신명기 28장 1절에 "네가 네 하나님 여호와의 말씀을 삼가 듣고 내가 오늘날 네게 명하는 그 모든 명령을 지켜 행하면 네 하나님 여호와께서 너를 세계 모든 민족 위에 뛰어나게 하실 것이라"고 했습니다. '그 모든 명령'을 지켜 행할 수 있는 사람이 과연 전 세계에 몇이나 되겠습니까? 그러면 세계적인 인물이 될 사람은 아무도 없다는 말입니까? 그것이 아니라 바로 '오늘날 내가 네게 명하는' 그 모든 명령을 지켜 행하라는 말씀입니다. 날마다 성령님께서 당신을 감동하시므로 한 걸음씩 인도하시겠다는 말씀이지요. 성경 말씀을 깨닫는 것도 그날 깨닫는 분량이 있습니다. 깨달은 만큼만 순종하면 되는 것입니다.

하루는 제가 차를 몰고 신호등 앞에 멈추었을 때 성령님께서 저에게 말씀하셨습니다.

"아들아, 이제는 전대와 검을 가져라."

저는 문득 생각했습니다.

'전대와 검은 세속적인 것이 아닌가?'

저는 크게 놀랐습니다. 지금까지 편협한 생각으로 멀리했던 것들을 이제는 모두 받아들이고 복음 전파를 위해 최대한 활용해야 한다는 주님의 명령이었습니다.

이 사건을 성경에서 자세히 살펴볼 필요가 있습니다.

예수님은 열 두 제자를 부르시고 더러운 귀신을 쫓아내며 모든 병과 모든 약한 것을 고치는 권능을 주셨습니다. 그들을 내어 보내시며 명령하셨습니다.

"이방인의 길로도 가지 말고 사마리아인의 고을에도 들어가지 말고 차라리 이스라엘 집의 잃어버린 양에게로 가라. 가면서 전파하여 말하되 '천국이 가까왔다' 하고 병든 자를 고치며 죽은 자를 살리며 문둥이를 깨끗하게 하며 귀신을 쫓아내되 너희가 거저 받았으니 거저 주어라. 너희 전대에 금이나 은이나 동이나 가지지 말고 여행을 위하여 주머니나 두 벌 옷이나 신이나 지팡이를 가지지 말라. 이는 일꾼이 저 먹을 것 받는 것이 마땅함이니라."(마 10:5~10)

이 말씀은 전도 여행을 위한 명령입니다. 하나님이 그분의 대사들을 위해 최상의 것으로 모두 예비해 놓았으니 간편한 차림으로 여행을 다니라는 말씀이지요. 전도 여행을 끝내고 돌아온 제자들에게 예수님은 물으셨습니다.

"내가 너희를 전대와 주머니와 신도 없이 보내었을 때에 부족한 것이 있더냐?"

"없었습니다."

그러나 전도 여행이 아닌 본격적인 복음 전파 사역을 위해서는 전대와 검을 가져야 한다고 충격적인 선포를 하셨습니다.

"이제는 전대 있는 자는 가질 것이요 주머니도 그리하고 검 없는 자는 겉옷을 팔아 살찌어다."

"이제는 가져라"는 말씀은 이제는 제자들의 전성기가 왔다는 의미입니다.(눅 22:35, 36)

우리도 전대와 검을 가지라고 하신 예수님의 말씀을 받아들이고 순종해야 합니다. 그럴 때 하나님이 넘치게 채워 주십니다. 처음에는 모든 것을 버리고 주님을 좇아야 했지만 이제는 "예수님과 복음을 위해서 전대와 검이 필요하며 기꺼이 가지겠습니다"라는 마음 자세로 주님이 허락하신 것들을 받아들여야 합니다. 하나님께서 당신을 축복하셔서 돈과 명예와 권력을 허락하시면 그것을 믿음으로 당당히 취해야 한다는 말입니다.

"전대"는 '돈'을 말합니다. 거액의 자금이 있으면 더욱 효과적으로 많은 사람들에게 복음을 전파할 수 있습니다. 많은 사역자들이 "나는 없어요"라며 돈이 없는 것이 미덕인 줄 알지만 하나님은 "모든 민족에게 꾸어 줄 지라도 절대로 꾸지 않게 하겠다"고 약속하셨고 "내가 하늘 문을 열고 복을 쌓을 곳이 없도록 부어 주겠다"고 약속하셨습니다.

"주머니"는 '통장'을 말합니다. 기독교는 무소유의 삶이 아닙니다.

거대한 부를 소유하되 하나님이 주인이심을 고백하므로 '하나님의 절대 주권'을 삶의 전 영역에 걸쳐 인정하며 그분의 다스림을 받는 것이 본질입니다. 나아가 우주의 재벌이신 하나님의 자녀답게 재벌의 부를 소유하고 누려야 합니다. 두 달란트로 장사하여 네 달란트를, 다섯 달란트로 장사하여 열 달란트를 만든 직원처럼 당신도 지혜롭고 정당하게 사업을 하여 수천억의 재산을 만들어야 합니다. 그리고 그 거액의 돈을 통장에 넣어 놓고 필요에 따라 과감히 따로 떼어 복음 전파를 위해 집중적으로 투입할 수 있어야 합니다. 온전한 복음을 전하는 곳에 거액의 연보를 습관적으로 하십시오.

"검"은 '권력'을 말하는데 만약 권력이 없으면 명예를 상징하는 "겉옷"을 팔아 사야 합니다. 정치적인 권력도 필요하며 나아가 신문이나 방송 매체도 하나의 권력이므로 겉옷을 팔아 지면(紙面)이나 프로그램을 사서 복음을 전파해야 합니다.

한 마디로 정리하면 "돈으로 명예를 얻고, 명예로 권력을 얻으라. 이 세 가지 모두를 최대한 얻고 활용하여 복음을 전파하라"고 할 수 있겠습니다. 예수님께서는 "너희는 온 천하에 다니며 만민에게 복음을 전파하라"고 명령하셨습니다. 복음을 누리고 전파하는 것이 우리에게 성령이 계신 목적이요 모든 축복을 부어 주시는 궁극적인 목적입니다.

이처럼 성령님께서는 때에 따라 적절한 말씀을 주시며 깨닫게 하십니다. 그때마다 주시는 말씀에 순종해야 합니다. 성령님께서 오늘 깨달음을 주시고 새로운 영감을 주시면 어제의 것은 뒤로 하고 오늘 순종해야 합니다. 당신도 성령님께 이렇게 말씀드리지 않겠습니까?

"친절하신 보혜사 성령님, 오늘도 저에게 말씀해 주시고 저를 매 순간마다 하나님이 원하시는 뜻대로 인도해 주세요. 저는 부드럽고 온유한 마음으로 성령님께 즉시 순종하겠습니다. 성령님의 인도를 사모합니다. 성령님, 저를 감동시켜 주세요."

최고의 선생님이신 성령님

인간의 많은 교훈은 사람을 살리지 못합니다. 오직 성령님만이 당신을 진리 가운데로 인도하시고 당신의 마음을 바꾸어 놓으실 수 있습니다. 그러므로 당신은 성경을 공부할 때 성령님께 진리에 대한 깨달음을 달라고 도움을 구해야 합니다.

제가 군에 있을 때, 주일마다 신우회에서 성경 공부를 하게 되었습니다. 창세기를 펼쳐 놓고 몇 분간 묵상한 후 돌아가면서 깨달은 내용의 소감을 발표하는 식으로 진행되었는데 저는 그때 성령님께서 제 눈을 열어 주셔서 말씀의 깊은 이해와 함께 하나님의 가슴속에 품고 있는 잃어버린 영혼을 찾는 사랑의 불타는 마음을 잘 들여다볼 수 있었습니다. 그래서 그것을 차분하게 한 가지씩 함께 앉아 있는 전우들에게 설명해 나갔습니다. 그러자 그들은 대단한 관심을 가지고 들으며 얼굴이 환하게 빛났습니다. 저는 그들이 놀라는 것을 보았습니다.

성경 공부가 마친 후 이미 창세기 본문의 내용에 대해 여러 번 공부한 바 있는 한 형제가 저에게 와서 물었습니다. 어떻게 그런 하나님의 깊은 속사정을 알고 있는지 궁금하다는 것이었습니다. 저는 그에게 모든 사람이 눈으로 볼 수 없었던 중요한 비밀을 알려주었습니다. 저는 그에게 설명했습니다.

"나는 이전에 미리 그것을 공부해 온 것은 아니었어. 그러나 나는 진리의 교사요 말씀을 기록하게 하신 최고의 선생님 되시는 성령님과 함께 그 자리에 있었어. 나는 그 장소에 들어가면서 속삭이기를 '성령님, 함께 들어가실까요' 그리고 의자에 앉을 때 '성령님, 함께 앉으시지요' 하면서 성령님을 존중히 모셨어. 그 다음에는 성경을 펼치면서 또 이야기하기를 '성령님, 함께 보실까요'라고 말씀드리고 계속해서 성경을 읽고 묵상하면서 성령님께 이 말씀이 무엇을 뜻하는지 보여 달라고 부탁하며 전적으로 이분을 의지했어. 그리고 내 마음을 조용히 하고 성령님의 감동하심에 귀를 기울이며 깨달음을 주시는 내용들을 정립했어. 이것이 다른 사람들이 알지 못한 놀라운 비밀이야."

저는 계속해서 말했습니다.

"그때 역사하신 성령님은 지금도 이곳에 나와 함께 계셔. 나는 항상 성령님과 함께 살고 있어."

일생 200여 권의 책을 저술했으며, 19세기에 '설교의 왕자'라 불렸던 찰스 스펄전(Charles Haddon Spurgeon, 1834~1892)은 "우리에게 성령의 도움이 필요한 곳은 우리의 서재 안에서 바로 우리가 성경을 우리 앞에 놓고 혼자 앉아 있을 때이다. 제 아무리 깊은 교리라도 성령님은 모두 풀어 헤쳐 주시며 우리를 진리의 길로 바로 인도하실 수 있다. 우리가 원어를 연구하고 주석들을 참고하며 깊이 묵상한다 하더라도 성령님을 의지하는 일에 게을리 한다면 우리의 연구가 아무 소용이 없을 것이다. 우리가 여러 가지 혜택을 받지 못한다 하더라도 성령님을 의지하면서 그분의 단순한 가르침에 의존한다면 하늘의 의미를 상당히 파악하게 될 것이다'라고 했습니다.

그렇습니다. 성경을 하루에 수백 장씩 읽어도 성령님과 함께 읽지 않으면 아무 깨달음이 없게 됩니다. 당신은 성경을 연구할 때와 그 외의 모든 일을 함에 있어 이렇게 말씀드리며 성령님과 함께 의논해야 합니다.

"놀라우신 선생님이신 성령님, 이 말씀은 무엇을 뜻하는지 저에게 보여주세요. 이 말씀을 깨닫게 해주세요. 저를 가르쳐 주세요."

성경을 읽을 때 성경책을 펴며 이렇게 말씀드려야 합니다.

"자, 성령님, 함께 성경을 보실까요."

당신이 성령님 없이도 혼자서 무엇인가 할 수 있다고 생각하며 설칠 때 항상 실수하고 실패를 맛보게 됩니다. 성령님이 당신과 함께 계십니다. 당신은 이분을 왕이나 귀빈 이상으로 존중히 대하며 대화를 나누어야 합니다. "그가 내 우편에 계시므로"(시 16:8) 당신은 사람을 만날 때도 혼자 만나지 말고 성령님께 이렇게 말씀드리십시오.

"자, 성령님. 함께 만나 주시지요. 오! 저기 저 사람을 보십시오. 이 친구가 하는 말을 한 번 들어 보십시오. 귀하신 성령님, 성령님은 어떻게 생각하십니까?"

한 명이나 여러 명을 만날 때도 당신의 마음과 눈은 항상 성령님께 고정되어 있어야 하며 이분의 음성과 감동에 귀를 기울여야 합니다. 이렇게 끊임없이 중얼중얼 속삭이십시오.

"성령님께서 무엇인가 말씀해 주셔야 되겠습니다. 무엇이라 말할까요? 어떻게 해야 되지요?"

당신은 지금 이 책을 읽으면서 성령님과 대화를 나누고 있습니까? 당신은 이렇게 말씀드릴 수 있습니다.

"성령님, 제가 이 책의 내용을 잘 깨달을 수 있도록 도와주세요. 이 내용은 무엇을 의미하는 말이지요?"

텔레비전을 보거나 아이들과 놀면서도 성령님과 대화를 나누어야 합니다. 성령님의 세미한 음성에 귀를 기울여야 합니다. 설교를 듣기 전에 또는 들으면서 반드시 성령님께 이렇게 말씀드리도록 하십시오.

"성령님, 저에게 들을 귀를 주세요. 오늘 성령님께서 목사님을 통해 저에게 하고자 하시는 말씀을 잘 들을 수 있도록 도와주세요."

그뿐 아니라 기쁜 일이나 슬픈 일이나 힘든 일이나 모든 것을 성령님께 말씀드려야 합니다. 이분은 당신의 친구나 부모님, 애인보다도 더 가까운 분이시며 언제나 당신과 함께 계시므로 무엇이나 서슴지 말고 다 털어놓아야 합니다. 그리고 성령님께 모르는 것이나 궁금한 것은 여쭈어 보아야 하며 그럴 때 성령님께서는 당신에게 여러 가지 방법으로 친절하게 말씀하시고 가르치시고 보여주시고 깨닫게 해 주실 것입니다. 이와 같이 당신의 우편에 계신 성령님과 대화를 계속 나눔으로 '성령님과 친근한 사람'이 되기를 바랍니다.

성령님, 사랑합니다

성령님과 친교를 나눌 때 제가 가장 많이 고백하는 말은 무엇일까요? 바로 "성령님, 사랑합니다"입니다. 다윗도 그랬습니다. 그는 나이가 들고 왕이 되어서도 모든 부귀영화를 다 가졌음에도 불구하고 변함없이 하나님께 사랑의 고백을 했던 것입니다. 목동으로 있을 때나 왕이 되었을 때나, 어릴 때나 노인이 되었을 때나 그의 중심이 영원히 변치 않는 사람을 하나님은 좋아하십니다. 제가 제일 좋아하는 성경 구절인 시편 18편 1~3절을 당신에게 소개합니다.

"나의 힘이 되신 여호와여,
내가 주를 사랑하나이다.
여호와는 나의 반석이시요 나의 요새시요
나를 건지시는 자시요 나의 하나님이시요
나의 피할 바위시요 나의 방패시요
나의 구원의 뿔이시요 나의 산성이시로다.
내가 찬송 받으실 여호와께 아뢰리니
내 원수들에게서 구원을 얻으리로다."(시 18:1~3)

사람마다 자신이 힘으로 생각하는 것이 있습니다. 어떤 이는 돈, 명예, 권력, 학벌, 건물, 외모, 숫자, 나이 등을 힘으로 여기며 자기 힘을 과시하려고 합니다. 그러나 이런 것들이 진정한 힘이 될 수는 없으며 결국 언젠가는 썩어 없어질 것들에 불과합니다. 진정한 우리의 힘은 만물을 창조하시고 계획하시고 구원하시고 통치하시는 하나님이십니다. 하나님만이 우리의 힘이십니다.

다윗은 자기를 원수들의 손에서 건져내신 하나님을 찬양하면서 "나의 힘이 되신 여호와여, 내가 주를 사랑합니다"라고 노래했습니다. 이 말씀은 하나님과 성도와의 관계를 다시 한 번 확인시켜 줍니다.

잠깐 살펴볼까요?

첫째, 다윗은 "나의 힘이 되신 여호와여"라고 노래했습니다. 여호와란 '스스로 계신 분'이란 뜻입니다. 히브리서 9장 12절에는 '영원하신 성령님'이라고 소개하고 있습니다. 성령님은 곧 여호와의 신이십니다.(사 11:2) 다음과 같이 말해 보십시오.

"나와 함께 계신 영원하신 성령님은 스스로 계신 여호와의 신이시다. 그분은 천지를 창조한 전능한 하나님이시며 나를 돕는 분이시다."

당신 자신의 완전한 무력을 인식하며 당신 앞에 계신 전능하신 성령님의 얼굴을 보면서 전적으로 그분을 존중히 모시고 전적으로 의지하며 살아갈 때 하나님의 은혜가 당신을 따르게 됩니다. 이것이 올바른 신앙생활의 기본이라 할 수 있습니다. 이렇게 고백합시다.

"성령님, 성령님이 저의 힘이십니다. 저는 스스로 아무것도 할 수 없습니다. 오직 성령님이 저를 통해 일하시기를 바랍니다. 저는 전적으로 성령님을 의지합니다. 성령님, 저의 사역 가운데 강하게 나타나 주시고, 저를 통해 큰 권능으로 역사해 주세요."

드와이트 L. 무디(Dwight L. Moody, 1837~1899)는 "하나님께 완전히 바쳐진 한 사람을 통해 하나님께서 마음껏 일하시는 것을 볼 수 있다면 소원이 없겠다"라고 했습니다. 그리고 잠시 후에 "오! 하나님, 제가 바로 그 사람이 되기를 원합니다"라고 기도했습니다. 하나님은 초등학교도 제대로 못 나온 무디를 사용하셔서 44년 동안 미국과 영국에 큰 부흥을 허락하셨습니다. "나는 아무 교육도 받지 못했으나 주 예수님을 모시고 있으며 또한 그를 위하여 무슨 일이든지 하기를 원한다"고 고백하며 헌신적으로 주님을 섬겼습니다.

바울은 "내가 연약할 그때에 오히려 그리스도의 능력이 내게 머문다. 내가 부득불 자랑할진대 도리어 나의 연약함을 자랑하노라"라고 했습니다. 사람들은 자신의 능력을 자랑하고 싶어 합니다. 그럴 때 성령님은 뒤로 물러나십니다. 때로 하나님께서는 우리가 완전히 지쳐 아무것도 할 수 없을 정도까지 궁지에 몰아넣기도 하십니다. 왜 그럴까요? 그래야 잔꾀와 자만을 버리고 전적으로 성령님만을 의지하게 되기 때문입니다.

당신은 절대 술과 마약과 담배나 순간적인 쾌락의 힘으로 살아서는 안 됩니다. 내 힘, 내 능력, 내 지혜, 내 경험으로 사는 것이 아니라 순간마다 성령님을 내 삶 가운데 왕으로, 남편으로, 주인으로 존중히 모시고 마음과 뜻과 힘과 목숨을 다해 성령님을 의지하는 삶을 살아야 하겠습니다. 이렇게 말씀드리십시오.

"저는 오직 성령님만 의지합니다. 나의 힘이 되신 성령님!"

둘째, 다윗은 "내가 주를 사랑하나이다"라고 사랑 고백을 했습니다. 성령님께서 늘 당신과 함께 계시더라도 순수한 사랑의 관계를 유지해야 합니다. 나 자신의 개인적인 야망과 목적을 위해 성령님을 이용하려고 할 때 성령님은 제일 슬퍼하십니다. 이런 사람의 특징은 자신이 주인 행세하면서 성령님을 종으로 제멋대로 부리려고 하는 것입니다.

성령님은 인격자로 우리에게 임재해 계십니다. 그러므로 성령님의 얼굴을 보고 성령님과 대화를 나누는 가운데 성령님을 인격적으로 존중히 대하는 삶을 살아야 합니다. 성령님은 하나님이십니다. 하나님은 모든 자연 만물과 사람을 만드실 때 인격적으로 창조하셨습니다.

모든 우주 만물에는 하나님의 인격적인 사랑이 담겨 있습니다. 이러한 인격적인 분위기 속에서도 사람들은 하나님을 인격적으로 대우하지 않고 자기 유익을 위한 종교적인 숭배의 대상 정도로 전락시키고 말았습니다. 매우 슬픈 일이 아닐 수 없습니다. 하나님도 인격적으로 무시당할 때 매우 기분 나빠하시며 탄식하십니다.

"나는 인격적으로 온 마음을 다해 독생자를 주기까지 너를 사랑하는데 너는 왜 나를 인격적으로 존중하며 사랑하지 않느냐?"

당신은 날마다 순수한 마음으로 성령님께 사랑을 고백해야 하겠습니다. 이것이 성령님과 친교를 나누는 비밀입니다. 저는 제 앞에 계신 성령님을 인격적으로 대면하는 가운데 매일 수없이 이러한 고백을 드립니다. 당신도 이렇게 고백하십시오.

"사랑하는 성령님, 제 온 마음을 다해 성령님을 사랑합니다. 성령님, 사랑합니다. 사랑합니다. 성령님."

셋째, 다윗은 자아가 죽고 여호와만 인정하는 사람이었습니다.

사람들은 내 존재, 내 위치, 내 이름을 나타내며 인정받고자 하는 본성이 있습니다. 그러나 다윗은 많은 환난을 통해 자아의 옛 습관이 완전히 사라지고 오직 여호와의 이름만을 내세웠습니다. 자아의 옛 습관이 사라진 사람의 대표적인 현상은 하나님의 존재와 이름만을 드러낸다는 사실입니다. 당신은 어떻습니까? 저와 함께 이렇게 고백하지 않으시겠습니까?

"이 모든 것이 하나님의 은혜입니다. 하나님께 천만 번이나 감사와 존귀와 영광을 돌립니다."

그런데 이 말이 자아가 살아 있는 사람에게서는 절대로 나올 수 없습니다. "하나님의 은혜입니다. 감사합니다. 영광 돌립니다"라는 말을 하지 않고 결정적인 순간에 "내가 했지" "내가 누군데" 하며 하나님의 영광을 가로채 버립니다. 자신의 존재와 힘을 부각시켜 버립니다. 이것이 교만입니다. '내가 없으면 안 된다. 다 내 덕이다'라고 하는 마음이 하나님의 자리를 자신이 차지하려는 사탄의 비뚤어진 마음인 것입니다. "하나님이 하셨습니다. 하나님 때문입니다"라는 자연스런 간증이 나와야 하는 것입니다. 나를 부인해야 하나님이 높임 받으십니다.

"하나님, 왜 저입니까? 저보다 더 인물도 잘생기고 공부도 많이 한 사람들도 얼마든지 많은데 왜 저같이 연약한 자를 택하셨습니까?"라고 여쭌 적이 많습니다. 잘 될 때나 힘들고 어려울 때 "왜 하필 저입니까?"라는 의문이 들지만 하나님은 절대 주권자이시므로 그분에게는 귀히 쓸 그릇과 천히 쓸 그릇을 택하실 권한이 있는 것입니다.

"토기장이가 진흙 한 덩이로 하나는 귀히 쓸 그릇을,
하나는 천히 쓸 그릇을 만드는 권이 없느냐?"(롬 9:21)

귀히 쓰는 그릇이란 '가치, 은택과 관심'이라는 뜻을 지니고 있습니다. 다시 말해 "하나님이 모세처럼 깊은 관심을 가지고 가치 있는 존재로 쓴다"는 말이며. 이와 반대로 천히 쓰는 그릇이란 '불명예, 치욕, 무례하고 천박함, 야비함'이라는 뜻을 지니고 있는데 "하나님이 바로 왕처럼 무례하고 천박한 존재로 쓴다"는 말입니다. 하나님은 바로를 자신의 권능을 나타내는 천한 그릇으로 사용하셨습니다. 이 모든 것은 하나님의 주권입니다. 우리는 싫든 좋든 그분의 절대 주권을 인정하고 굴복해야 합니다.

어떤 사람들은 '하나님은 눈이 어두우시나 귀가 먹으셨나? 왜 나 같은 사람을 몰라보시나? 왜 나를 쓰시지 않으시나?'라고 불평합니다. 그러나 하나님은 정확하게 중심을 꿰뚫어 보시는 분이십니다. 자기를 부인하지 않는 사람은 절대로 하나님께 귀히 쓰임 받을 수 없습니다.

"형제들아, 너희를 부르심을 보라. 육체를 따라 지혜 있는 자가 많지 아니하며 능한 자가 많지 아니하며 문벌 좋은 자가 많지 아니하도다. 그러나 하나님께서 세상의 미련한 것들을 택하사 지혜 있는 자들을 부끄럽게 하려 하시고 세상의 약한 것들을 택하사 강한 것들을 부끄럽게 하려 하시며 하나님께서 세상의 천한 것들과 멸시 받는 것들과 없는 것들을 택하사 있는 것들을 폐하려 하시나니 이는 아무 육체라도 하나님 앞에서 자랑하지 못하게 하려 하심이라.”(고전 1:26~29)

다윗은 전적으로 자기를 부인하고 “여호와는 나의 반석이시요 나의 요새시요 나를 건지시는 자시요 나의 하나님이시요 나의 피할 바위시요 나의 방패시요 나의 구원의 뿔이시요 나의 산성이시로다”라고 했습니다. 다윗의 존재는 하나님 안에서 녹아 없어졌고 ‘다윗의 하나님’만이 계셨던 것입니다. 그러한 다윗에게 하나님은 기쁜 마음으로 천사들과 함께 하셨습니다. 다윗은 넓은 곳에 거하게 되었고 모든 환난에서 구원을 받았다고 고백하고 있습니다.(시 18:2)

빌리 그래함은 〈내 모습 이대로〉라는 자서전에서 고백하기를 “내 삶에 뭔가 이루어진 일이 있다면 그것은 전적으로 하나님이 하신 일이지 내가 한 일이 아니다. 공로는 내가 아닌 그분께 돌아가야 한다”라고 했습니다. 그렇습니다. 우리에게 어떤 좋은 일이, 놀라운 기적이 일어났다면 그것은 명백히 하나님이 간섭하신 일입니다. 그러므로 우리는 항상 겸손한 마음으로 다음과 같이 정직하게 고백해야 합니다.

“오직 하나님께 영광 돌립니다. 이 모든 것은 전능하신 하나님이 하셨습니다. 하나님께 천만 번이나 감사드립니다.”

제3부

성령님을 모시고 다니라

당신은 성령님을 모시고 다니고 있습니까?
다윗은 성령님을 항상 인격적으로 존중히 모시고 다녔습니다.

"내가 여호와를 항상 내 앞에 모심이여."(시 16:8)

성령님은 그의 우편에서 그와 함께 계셨고 그는 성령님과 친밀히 동행하게 되어 언제나 즐거웠습니다. 이처럼 당신이 성령님을 인격적으로 존중히 모시는 비결을 터득하기만 한다면 성령님과의 더 긴밀한 접촉이 있게 됩니다.

이분과의 인격적인 관계가 깊어지면 질수록 이분에 대한 절대 의존이 생겨날 것입니다. 그러므로 성령님을 우리의 생활 속에 모시며 동행하는 비결을 배우는 것은 모든 성도들에게 가장 중요하고 궁극적인 과제라 할 수 있겠습니다.

성령님을 모시는 것이 선명해지고 실제적이 되면 당신은 금방 하나님을 사랑하는 마음이 자라게 될 것이며 하나님의 나라는 급속도로 확장될 것입니다. 그러나 안타깝게도 대부분의 사람들이 이것을 거의 이해하지 못할 뿐 아니라 아예 실제에 접근하지 못하고 있다는 사실입니다. 이것은 결코 어려운 것이 아니라 매우 간단한 것이며 아주 쉽고 상식적인 일이며 배우기만 한다면 누구나 알 수 있습니다.

임마누엘 성령님

왜 수많은 그리스도인들이 무기력하고 계속 실패만을 거듭하고 있습니까? 그들의 성결치 못한 생활과 열매 없는 사역의 원인은 무엇입니까? 왜 모두에게 부흥의 불길이 활활 타오르지 않습니까?

이 모든 문제에 대해 당신의 마음을 시원케 할 해결책은 우리와 함께 계신 성령님을 재발견해야 한다는 것입니다. 수많은 그리스도인의 신앙생활에 있어 가장 큰 결점은 자기와 함께 계신 '임마누엘 성령님'을 개인적으로 모르고 있다는 것입니다.

임마누엘 성령님과의 인격적인 교제를 계발해 나가고 이분의 전능하신 능력에 사로잡힐 때 당신은 이전과는 완전히 다른 모습으로 바뀌게 될 것입니다. 당신과 함께 계신 성령님의 얼굴을 찾으십시오. 진정으로 당신이 성령님을 알고 바라보며 대화를 가지며 모든 일을 함께 나눈다면 성령님께서는 만사를 형통한 길로 인도하실 것입니다.

그리스도인은 도대체 성령님과 어떤 관계 속에 있습니까? 여기에 대한 더 깊고 명확한 통찰력이 필요합니다. 성령님은 그 무엇보다 실제적으로 우리와 함께 계시는 '임마누엘 하나님'이십니다. 성령님은 하늘과 땅의 모든 권세를 가지고 예수 그리스도의 이름으로 당신과 함께 계십니다.

"볼찌어다. 내가 세상 끝날까지
너희와 항상 함께 있으리라."(마 28:20)

예수님께서는 제자들이 나가 복음을 두루 전파할 때 그들과 함께 계셨습니다. 그분은 하루 종일 제자들과 동행하면서 모든 일에 그들과 함께 역사하셨고 따르는 표적으로 말씀을 확실하게 전파하게 해주셨다고 성경은 기록하고 있습니다.(막 16:20)

하늘로 올리우신 주 예수께서 어떻게 제자들의 복음 전파 사역에 함께 일하실 수 있었습니까? 그것은 예수님께서 성령으로 오셔서 제자들과 함께 하시고 그들을 통해 역사하신 것이었습니다. 성령님께서 하나님 나라의 모든 속성을 가지고 예수 이름으로 제자들에게 임했을 때, 그들은 예수 이름으로 귀신을 쫓아내며 새 방언을 말하고 뱀을 집으며 무슨 독을 마실지라도 해를 받지 아니하는 표적을 나타냈습니다.

예수님이 우리 안에 계시므로 치료의 능력이 나타나게 되는데 이는 예수 그리스도를 죽음 가운데서 일으키신 부활의 능력 곧 성령의 권능인 것입니다.

저는 몇 년 전에 오랄 로버츠(Oral Roberts) 목사님의 간증을 읽었는데 큰 감동이 되었으므로 여러분께 소개하고자 합니다.

어느 날 주님께서 그에게 물으셨습니다.

"너는 성령님을 모시고 있느냐?"
"네. 주님, 성령님을 모시고 있습니다."
"그럼 네 속에 계신 그분이 누구인지 아느냐?"
"약간은 알지만 잘 모릅니다."

그러자 주님은 말씀하셨습니다.

"성령님을 모시고 있는 것은 내가 육체를 입고 너와 함께 하는 것과 마찬가지이며, 오히려 더 나은 일이라고 할 수 있다. 왜냐하면 내가 2천 년 전에 열두 제자들과 함께 했던 것처럼 성령님을 통해 지금 너와 함께 있을 뿐 아니라 또한 네 안에 거할 수 있기 때문이다."

오랄은 그때부터 예수님이 성령으로 자기와 함께 계신 것을 알게 되었고 그때부터 강하고 담대하게 본격적인 신유 사역을 감당해 나갈 수 있게 되었습니다. 예수님은 제자들에게 놀라운 말씀을 하셨습니다.

"내가 진실로 너희에게 이르노니
여기 섰는 사람 중에 죽기 전에
하나님 나라가 권능으로 임하는 것을
볼 자들도 있느니라."(막 9:1)

예수님께서 하늘과 땅을 다스리시는 왕권을 가지고 권능으로 임하셨는데 바로 하늘나라의 모든 속성들을 가지고 성령으로 오신 것입니다. 영으로 오신 예수님이 계신 곳에는 병든 자를 고치고 귀신을 쫓아내는 치료의 능력이 함께 있다는 사실을 당신은 믿어야 합니다.

예수님이 당신 안에 계시므로 그분의 부활의 능력도 당신과 함께 거하고 있습니다. 당신이 꼭 기억해야 하는 중요한 교훈은 부활하신 예수님이 지금도 성령으로 당신 안에 당신과 함께 계시며 큰 능력으로 역사하신다는 것입니다.

> "주 예수께서 말씀을 마치신 후에
> 하늘로 올리우사 하나님 우편에 앉으시니라.
> 제자들이 나가 두루 전파할 쌔
> 주께서 함께 역사하사 그 따르는 표적으로
> 말씀을 확실히 증거하시니라."(막 16:19, 20)

성령님은 모든 것을 통치하시고 다스리시는 만왕의 왕이시며, 만주의 주시며, 우주의 창조자이시고 주권자이십니다. 당신이 예수 그리스도를 구주로 믿을 때 이분은 당신의 마음과 당신의 삶 가운데 들어오십니다. 당신은 마음의 문을 활짝 열고 이분을 존중히 모셔야 합니다. 다윗은 노래했습니다.

> "문들아 너희 머리를 들찌어다.
> 영원한 문들아 들릴찌어다.
> 영광의 왕이 들어 가시리로다.
> 영광의 왕이 뉘시뇨?

강하고 능한 여호와시요

전쟁에 능한 여호와시로다.

문들아, 너희 머리를 들찌어다.

영원한 문들아, 들릴찌어다.

영광의 왕이 들어 가시리로다.

영광의 왕이 뉘시뇨?

만군의 여호와께서 곧 영광의 왕이시로다."(시 24:7~10)

'여호와'라는 명칭은 하나님의 존재 이상의 의미를 갖고 있습니다. 그것은 곧 '하나님의 개인적이고도 실제적인 친밀한 임재'를 말하는 것입니다. '여호와'(나는 스스로 있는 자, I Am Who I am)는 "내가 실제로 너와 함께 있다. 나는 너를 구원하고 도와줄 준비가 되어 있다"라는 뜻입니다. 성령님은 여호와의 신이십니다.

성령님은 영광의 왕이시며 강하고 능한 여호와시고 전쟁에 능한 총사령관이십니다. 성령님은 만군의 여호와이십니다. 영광의 왕이신 성령님의 임재를 믿고 인정하고 존중하십시오.

내 안에 실제로 살아 계신 그리스도

당신은 죄와 허물 속에서 저주받은 인생으로 이 땅에 태어났지만, 긍휼에 풍성하신 하나님께서는 당신을 그리스도와 함께 십자가에 못 박으셨습니다. 또한 죄와 허물로 죽은 당신을 그리스도와 함께 살리셨습니다.

"너희의 허물과 죄로 죽었던 너희를 살리셨도다."(엡 2:1)

새 생명을 주신 하나님께서는 살리는 영이신 그리스도를 주셨습니다. 성령이 당신의 마음에 부은바 된 것입니다. 부활하신 그리스도께서는 성령으로 지금 당신 안에 살아 계십니다.

"이제 내가 육체 가운데 사는 것은
나를 사랑하사 나를 위하여 자기 몸을 버리신
하나님의 아들을 믿는 믿음 안에서 사는 것이라."(갈 2:20)

당신의 죄와 불순종으로 인해 대속의 죽음을 당하신 그리스도는 죄와 사망의 권세를 깨뜨리고 3일 만에 부활하셨습니다. 그리고 지금은 당신 안에 영으로 살아 계십니다. 이것이 복음의 핵심이요 비밀인 것입니다. 이 비밀은 만대로부터 감취었던 것입니다. 그러나 하나님의 경륜을 따라 이 비밀이 그의 성도들에게 나타난바 되었습니다. 이 놀라운 사실에 대해 바울은 골로새 교인들에게 편지하기를,

"이 비밀은 만세와 만대로부터 옴으로 감취었던 것인데 이제는 그의 성도들에게 나타났고 하나님이 그들로 하여금 이 비밀의 영광이 이방인 가운데 어떻게 풍성한 것을 알게 하려 하심이라. 이 비밀은 '너희 안에 계신 그리스도'시니 곧 영광의 소망이니라. 우리가 그를 전파하여 각 사람을 권하고 모든 지혜로 각 사람을 가르침은 그리스도 안에서 완전한 자로 세우려 함이니 이를 위하여 나도 내 속에서 능력으로 역사하시는 이의 역사를 따라 힘을 다하여

수고하노라.”(골 1:26~29)

여기에서 하나님의 비밀은 ‘그리스도’라고 밝히 말씀하고 있습니다.

또한 이 비밀은 ‘우리 안에 계신 그리스도’라고 가르칩니다. 우리 안에 계신 그리스도는 누구를 가리킵니까? 부활하신 그리스도는 승천하셔서 하나님 보좌 우편에 계십니다. 우리 안에 계신 그리스도는 바로 ‘성령으로 오신 그리스도’를 말하는 것입니다.

절대로 다음 사실을 잊지 마십시오.

“예수 그리스도께서
너희 안에 계신 줄을
너희가 스스로 알지 못하느냐.”(고후 13:5)

예수 그리스도께서 어디 계신다고요?

예, 그렇습니다. 성경은 밝히 말씀하기를 “우리 안에 예수님이 계시다”고 깨우쳐 주고 있습니다. 안타깝게도 이것을 주일학교를 다니는 어린아이들은 잘 알고 있지만 오히려 심오하다고 하는 사람들은 놓쳐 버리거나 잘 믿으려 들지 않습니다.

부활하신 예수님은 하나님 보좌 우편에 앉아서 당신을 위해 중보하십니다. 그리고 영으로 오신 예수님은 성령으로 당신 안에 내주해 계십니다.

바울은 모든 성도를 그리스도 안에서 완전한 자로 세우는 비결은 오직 ‘그들 안에 계신 예수 그리스도’를 전파하여 성도들이 ‘자기 안에 계신 그리스도’가 누구인지를 확실히 알고 그분께 사랑 가운데서 깊이 뿌리를 박는 길 밖에 없다고 말합니다.

당신이 아무리 성경을 수백 번 읽고 공부하며 그리스도에 대한 지식을 많이 가지고 있다고 하더라도 당신 안에 계신 그리스도와 인격적인 교제에서 실패한다면 모든 것은 무용지물이 될 것입니다. 그러나 당신이 가진 풍요한 지식 위에 인격자 그리스도와의 관계가 매끄럽게 유지된다면 당신은 반드시 복음으로 세상을 정복하게 될 것입니다. 당신이 부르심을 받고 구원받은 이유는 '임마누엘이신 그리스도와 교제' 하기 위함입니다.

"너희를 불러
그의 아들 예수 그리스도 우리 주로 더불어
교제케 하시는 하나님은 미쁘시도다."(고전 1:9)

당신 안에 살리는 영이신 그리스도가 내주해 계시며 당신의 삶의 모든 영역에 함께 하고 계십니다. 예수 그리스도는 영으로 지금 당신에게 와 계십니다. 누구든지 그리스도의 영이 없으면 그리스도의 사람이 아니라고 성경은 말씀하고 있습니다. 그리스도의 영은 곧 하나님의 영입니다.

"만일 너희 속에 하나님의 영이 거하시면
너희가 육신에 있지 아니하고 영에 있나니
누구든지 그리스도의 영이 없으면
그리스도의 사람이 아니라."(롬 8:9)

하나님의 영은 바로 성령님을 가리킵니다. 그러므로 당신은 믿음의 눈을 떠서 당신과 함께 계신 하늘과 땅의 모든 권세를 가지신 그리스도의 영과 친밀한 인격적인 교제를 나누므로 사탄을 밟고 세상을 이기며 기쁨이 넘치는 승리의 삶을 살아가야 합니다.

그리스도 예수님은 당신 인생의 주인이십니다. 당신은 머리되신 그리스도와 교제를 나눔으로 깊은 사랑이 자라나게 해야 하며 이러한 사랑 관계 속에 뿌리를 박고 세움을 입어야 합니다.

> "그러므로 너희가 그리스도 예수를 주로 받았으니
> 그 안에서 행하되
> 그 안에 뿌리를 박으며 세움을 입어
> 교훈을 받은 대로 믿음에 굳게 서서
> 감사함을 넘치게 하라."(골 2:6, 7)

이어서 바울은 골로새 교회의 신실한 자들에게 편지하기를 "그리스도 이외의 다른 교훈에 속지 말라"고 철저히 경계하고 있습니다. 오늘날 많은 주의 종들이 그리스도만 빼고 모든 것을 다 전하고 있는데 그것은 성경과는 정반대의 사역을 하고 있는 것입니다.

> "누가 철학과 헛된 속임수로 너희를 노략할까 주의하라.
> 이것이 사람의 유전과 세상의 초등 학문을 좇음이요
> 그리스도를 좇음이 아니니라."(골 2:8)

바울은 말씀을 증거할 때 그리스도 말고는 말할 것이 없었습니다.

왜냐하면 그에게 있어서 그리스도는 모든 것이었기 때문입니다. 죄인 중에 괴수였던 자신을 새로운 피조물로 만드셨고 새 생명을 주신 그리스도, 자기와 함께 살고 계시는 하나님의 풍성한 영광인 그리스도 외에 그에게 더 이상 중요한 것이 없었던 것입니다.

그래서 그는 사람들에게 복음을 증거할 때 말과 지혜의 아름다운 것으로 하지 아니하고 살아 계신 그리스도를 증거하기 위해 성령과 능력과 큰 확신으로만 복음을 선포했던 것입니다. 바울은 그리스도 외에는 할 말이 없었습니다. 그는 십자가에 못 박히신 그리스도, 부활하신 그리스도, 영으로 오사 성도들 안에 능력과 영광으로 거하시는 그리스도를 강력하게 전파했습니다. 그는 굳게 결심했습니다.

"내가 너희 중에서
예수 그리스도와 그의 십자가에 못 박히신 것 외에는
아무것도 알지 아니하기로 작정하였음이라."(고전 2:2)

당신은 끊임없이 '그리스도가 바로 지금 영으로 우리와 함께 계시다'는 사실을 증거해야 합니다.

성령님과 함께 숨 쉬다(Spiritual Breathing)

하루는 여느 때와 마찬가지로 일상생활을 하고 있는데 갑자기 저는 이상한 사실을 깨닫게 되었습니다.

길거리를 걷고 도서관에 앉아 조용히 책을 읽고 있을 때 제가 성령님을 의식하면서 이분과 함께 호흡을 하고 있는 것이었습니다. 조용하게 성령님과 교통하면서 제 자신의 호흡을 의식하는 순간, 성령님이 제 안에서 저와 함께 숨을 쉬고 계신 것을 느끼게 되었습니다. 숨을 내쉬고 들이마시곤 하는데 그 가운데 성령님의 명백한 임재하심이 있었습니다. 참 이상한 일이었습니다.

저는 숨을 내쉬면서 성령님을 의식하고 숨을 들이마시면서도 성령님의 임재하심을 의식하게 되었습니다. 한마디로, 제 안에 계신 성령님과 함께 호흡하고 있었습니다. 그 이후로 저는 계속 그와 같은 체험을 하면서 살고 있습니다.

하나님께서는 인간을 창조하실 때 하나님과 함께 숨 쉬는 자로 만드셨습니다.

> "여호와 하나님이 흙으로 사람을 지으시고
> 생기를 그 코에 불어넣으시니 사람이 생령이 된지라."(창 2:7)

이때부터 인간은 에덴동산에서 하나님의 생기인 성령과 함께 숨 쉬었다고 저는 믿습니다. 그러나 불순종으로 말미암아 하나님과 단절되었고, 예수의 피로 인해 다시 회복된 것입니다.

이러한 영적 호흡은 예수의 피로 말미암아 죄 사함 받은 우리가 새 생명을 얻게 되므로 가능해졌습니다. 거듭난 우리 안에 성령의 생기가 들어왔습니다. 성경은 "성령을 우리 구주 예수 그리스도로 말미암아 우리에게 풍성히 부어 주사"(딛 3:6) "내가 생기로 너희에게 들어가게 하리니 너희가 살리라"(겔 37:5)고 말씀하고 있습니다.

성령님과 함께 숨 쉴 때 저는 제 안에 그리스도가 사신다는 것을 확실히 알게 됩니다. 이때 저는 거의 제 자신을 의식하지 않게 됩니다. 오직 성령님만이 저의 전부로 제 안에 가득히 살아 계심을 알게 됩니다. 저는 이것을 어떻게 인간의 말로 표현할 수 없습니다. 그러나 저는 바울의 표현은 빌릴 수 있습니다.

"그런즉 이제는 내가 사는 것이 아니요
오직 내 안에 그리스도께서 사신 것이라."(갈 2:20)

이와 같이 그리스도께서 제 안에서 살아 계심을 믿을 때는 언제 어디서나 성령님의 기름 부음이 나타난다는 것을 저는 깨닫게 되었습니다. 성령님과 함께 숨 쉬고 있을 때는 이분의 임재하심이 저의 온몸에 가득 차 있음을 저는 느낄 수 있습니다. 그것은 육체뿐만 아니라 저의 속사람인 영혼까지도 흠뻑 적시는 성령의 임재하심입니다. 이렇게 성령님의 임재하심이 실제적이 되면 저는 담대해집니다. 이때 제가 어떤 말을 하면 그 말에 하늘의 권세와 성령님의 강한 기름 부음이 나타나게 됩니다. 그러면 즉시 기적이 일어납니다.

저는 한 모임에 기도회를 인도하러 가게 되었습니다. 거기에는 열 명 이상의 사람들이 모여 있었는데 다른 지방에서 온 사람들도 있었습니다. 저는 그들과 함께 이야기를 나누며 여러 가지 신앙 상담을 하기도 했습니다.

그렇게 대화를 나누는 중에 저는 갑자기 제 안에 살아 계신 그리스도를 의식하게 되었고, 이분과 함께 숨 쉬게 되었습니다. 어느 정도의 대화가 무르익어 갈 때 저는 성령님의 임재하심을 강하게 느끼게 되었고, 곧 이어 기도회를 시작하게 되었습니다.

그날 성령님께서는 강하게 역사하셨고 성도들은 불로 임하신 성령을 체험하였으며 이내 알지 못하는 방언이 그들의 입에서 아름다운 선율을 타고 흘러나오기 시작했습니다. 모인 사람들은 모두 성령과 기쁨으로 충만해졌습니다. 마음이 상한 자들은 위로를 받고 연약한 성도는 새 힘을 얻게 되었습니다. 저는 아무런 능력이 없는 부족한 자이지만 제 안에 계시는 그리스도의 영이 넘치게 역사하신 것이었습니다.

당신도 이 같은 사실을 체험할 수 있습니다. 코로 천천히 크게 숨을 들이마시면서 "성령님!" 하고 마음으로 부르십시오. 그 다음 아무 생각 없이 숨을 내 쉬십시오. 다음은 반대로 그냥 숨을 들이마신 후 천천히 내 쉬면서 또 "성령님!" 하고 부르십시오. 마음으로 말입니다. 이것을 몇 번 반복하십시오. 그 다음에는 좀더 자연스럽게 들이마시든지 내쉬든지 마음대로 하면서 "성령님!" 하고 마음으로 계속해서 부르십시오. 이제는 언제든지 이와 같이 성령님과 함께 숨 쉬면서 살아가십시오. 걸어갈 때나 책을 읽을 때나 커피를 마실 때도……

저는 이것이 어느 날 기도하고 나니 저도 모르게 자연스럽게 이루어졌는데 누구나 의도적으로 실시하면 된다는 것을 알았습니다. 이러한 영적 호흡으로 말미암아 저는 말 한마디 하지 않고도 기도하고 성령님과 교통하며 24시간을 살아갈 수 있습니다. 이것을 배우고 익히면 벙어리나 귀머거리라 할지라도 성령님과 교통하며 살아갈 수 있습니다. 이렇게 함으로 저는 언제나 성령님을 의식하며 살아갑니다. 제 마음은 성령님의 임재가 저를 온통 덮고 있음을 알게 됩니다. 오직 성령님만 제 안에 살아 숨 쉬고 계심을 생생히 알게 됩니다.

처음에는 이렇게 성령님과 함께 숨 쉬는 일이 가끔씩 있었지만 지금은 그렇지 않습니다. 제가 조금만 성령님과 교제를 나누며 성령님을 바라보면 저는 금방 이분과 함께 호흡하고 있음을 알게 됩니다.

"우리가 그를 힘입어 살며 기동하며 있느니라."(행 17:28)

성령님과의 강력한 연합

우리는 성령님과 강력하게 연합된 삶을 살아가고 그분과 동업하며 사역을 감당해 나가야 합니다. 성령님과 연합하여 함께 움직이는 사람만이 하나님의 시야를 가지게 되며 하나님의 심장을 소유할 수 있게 됩니다. 이러한 사람은 하나님의 사업을 하나님의 방법대로 과감하게 밀고 나가게 되는 것입니다.

성령님과 연합한 삶을 사는 사람은 성령님과 함께 모든 사물과 문제를 보기 때문에 성령 하나님, 즉 하나님이 보시는 것처럼 보며, 하나님이 말씀하시는 것처럼 말하게 되며, 이것이 곧 하나님의 시야를 갖게 되는 것입니다.

예수님께서도 성령 세례를 받으시므로 그분과 하나가 되었고 그 후에는 항상 성령님과 하나가 되어서 함께 다니셨습니다. 예수님께서는 완전한 인간으로 오셨습니다. 그러나 성령님께서 임하시므로 신적 능력이 나타나게 되었고 성부 하나님의 뜻을 완전히 이루실 수 있었습니다. 예수님은 성령님과 함께 일어서고 앉으셨으며 사람들을 만나시고 물 위를 걸으시고 나사로의 집에 들어 가셨습니다. 그리고 그분과 함께 병자를 고치시고 죽은 자를 살리시고 귀신을 쫓으셨습니다.

오늘날 우리는 성령님과 하나가 되어 모든 일을 그분과 함께 해야

만 합니다. 성경에도 "주와 합하는 자는 한 영이니라"(고전 6:17)고 했습니다. 어떤 일이든지 성령님과 함께 일사불란하게 움직여야 합니다. 부부는 일심동체(一心同體)라고 했습니다. 마찬가지로 우리는 성령님과 한 마음, 한 뜻이 되어 매사에 함께 생활해야 하는 것입니다.

먼저 하루를 시작할 때, 당신은 날마다 당신 자신을 성령님께 양도해 드려야 합니다. 당신 안에 계신 성령님께서 당신을 통해 하나님 아버지의 거룩하신 뜻을 이루시도록 완전히 맡겨 드려야 하는 것입니다. 하나님은 당신이 어떤 일을 하는 것보다, 어떤 소유를 바치는 것보다 당신 자신을 더욱 원하십니다. 하나님은 당신의 봉사만을 원하시는 것이 아닙니다.

1743년 미국 대 각성 운동의 주도적인 인물이었던 죠나단 에드워드는 회심하면서 선언하기를 "나는 아무것도 주장할 권리가 없습니다. 내 눈과 손과 발과 입술과 마음과 온몸은 다 주님의 것입니다. 내 자신은 모두 죽었으므로 내 것이라고 주장할 수 있는 것은 아무것도 없습니다"라고 했습니다.

성령님께서 당신을 하나님이 원하시는 사람으로 만들 수 있도록 맡겨진 삶을 살아야 하는 것입니다. 당신의 모든 것을 성령님께 굴복시켜야 합니다. 그럴 때만 성령님은 당신을 축복하시고 마음껏 사용하실 수 있습니다. 당신은 성령님께 이렇게 말씀드려야 합니다.

"사랑하는 성령님, 제 인생을 성령님께 맡겨 드립니다. 하나님이 원하시는 사람으로 만들어 주세요. 저의 생애와 저의 물질과 저의 모든 것을 성령님께 드립니다. 성령님, 저는 성령님을 전적으로 의지합니다. 성령님은 저의 모든 것입니다. 저를 통치하시고 다스리시고 인도해 주십시오. 저를 도와주세요. 성령님, 사랑합니다. 사랑합니다. 성령님, 오! 놀라우신 성령님."

이어서 이렇게 말씀드리십시오.

"놀라우신 성령님, 오늘도 성령님과 함께 모든 것을 하기 원하며 성령님과 함께 일어서고 앉으며 성령님과 함께 걷고 뛰기를 원합니다."

성령님께서 언제나 당신과 함께 계시면서 당신과 일치하게 움직이시는 것을 의식하면서 생활해야 합니다. 물론 성령님은 하나님이시므로 사람에게 제한되시지는 않지만 인격이시므로 애정을 느끼시며 정에 매이시는 분이십니다.

하나님의 마음에 합한 사람이 된다는 것은 매사에 하나님을 우선순위에 두는 것을 말합니다. 매순간 성령님과 함께 행하는 것입니다. 성령님께서 싫어하시는 것은 아무것도 하지 않는 것이요 이분을 슬프게 하는 것은 아무것도 허락지 않는 것입니다. 성령님과 함께 실천적인 의(義)와 거룩한 생활을 영위하는 것입니다.

이것은 결코 어렵지 않고 매우 쉽습니다. 끊임없이 성령님을 의지하고 예수님을 온 마음으로 사랑할 때 저절로 이루어지게 됩니다. 성령님과 함께 행하는 것은 지상에서 가장 행복한 일입니다. 하나님이 우리에게 구하시는 것이 바로 이것입니다.

"사람아, 주께서 선한 것이 무엇임을 네게 보이셨나니
여호와께서 네게 구하시는 것이

오직 공의를 행하며 인자를 사랑하며

겸손히 네 하나님과 함께 행하는 것이 아니냐?"(미 6:8)

여기서 '네 하나님'이란 바로 당신과 함께 계신 당신의 하나님, 즉 성령님을 가리키고 있는 것입니다.

최고로 가치 있는 삶

성령님은 인격자이시므로 당신은 이분을 인격적으로 존중히 모시고 최고의 대우를 해 드리며 잘 섬겨야 합니다. 성령님은 하나님이시므로 소멸될 수 없지만 인격을 가지고 계시므로 무시당하시면 침묵을 지키고 뒤로 물러나시므로 당신이 성령님을 소멸한 것과 같은 결과를 가져오게 됩니다.

지금은 성령님의 시대입니다. 그러므로 성령님은 인격적으로 존중을 받으셔야만 되며 이것은 당신의 삶 가운데서부터 먼저 시작되어야 합니다. 당신은 매사에 당신과 함께 계신 성령님을 얼마나 존중히 모시고 있습니까? 당신은 범사에 성령님을 존중히 모시고 있습니까? 성령님 없이 스스로의 힘으로 무엇을 해보겠다고 설치면 곧 한계를 느끼게 될 것이며 심히 피곤하게 될 것이요 만족할 만한 성과를 보지 못하게 될 것입니다.

5만 번 이상 기도에 응답받은 믿음과 기도의 사람이자 고아의 아버지라 불리는 죠지 뮬러(1805~1898)는 오직 하나님의 능력만을 의지하며 사명을 감당했습니다. 그 또한 일생토록 성령님과 인격적인 교제를 나누는 가운데 생활 속에서 성령님을 존중히 모신 사람이었습니다. 그는 궁지에 몰릴 때마다 자기와 함께 계신 성령님의 구원을 맛보았습니다. 많은 학문을 닦고 성경 구절을 암송하기도 했던 그가 가장 중요하게 여겼던 것은 성령님과 교제하는 일이었습니다.

당신이 인간의 잡다한 경험들과 계획들을 접어 두고 오직 하나님의 신이신 성령님을 전인격적으로 당신의 삶의 현장에 모실 때에 당신은 넘치는 결실을 가져오게 될 것입니다. 그러므로 당신은 집회에서나 개인 생활에서 성령님을 모시는 생활이 습관화되도록 끊임없이 연습해야 합니다.

성령님을 모시는 생활이 당신의 생존의 절대적이고 필수적이라는 것은 아무리 강조해도 지나치지 않는 중대한 사실입니다. 성령님을 섬기며 이분과 동행하는 것은 최고로 가치 있는 삶이라 할 수 있습니다.

성령님은 당신의 삶의 전부이십니다. 성령님을 모시는 생활은 목숨을 이어가는 호흡과 마찬가지로 필수적인 것이요 계속 되어져야 하는 것입니다. 일단 당신이 이것을 터득하기 시작하고 매순간마다 성령님께서 역사하시는 것을 받아들이는 것을 배우기만 한다면 그 무엇보다도 성령님을 모시는 생활에 전념하게 될 것입니다.

성령님은 우리의 대장이십니다. 이분은 졸장부가 아니시며 쩨쩨하거나 모자라지 않습니다. 당신이 자랑하는 여러 가지 제도와 훌륭한 조직보다도 오직 크신 성령님을 당신의 사역 가운데 대장으로 모셔야 합니다. 이분은 대장부 중의 대장부요 만군의 여호와요 천지와 만물을 창조하시고 관리하시며 다스리시는 우주의 주인이십니다.

이분은 가장 신사적이시며 포부가 크신 분이시며 존엄하시고 자비로우신 분이십니다. 물론 저능하거나 무기력하지 않습니다. 성령님께서는 완전한 지혜와 모략을 예비해 놓으시고 당신을 기다리고 계십니다. 당신이 성령님을 전인격적으로 존귀하게 모시기만 한다면 이분은 당신에게 엄청난 은혜와 복을 가져다주실 것입니다.

우리 모두에게 성령님을 가장 존중히 모시는 습관과 이분이 일하시는 것을 지켜볼 수 있는 담대한 믿음과 여유로운 기다림의 마음이 있어야 하겠습니다. 성령님의 마음속에는 당신이 상상치도 못한 놀라운 계획들이 들어 있습니다. 성령님은 당신이 생각하는 것보다 훨씬 크신 분이십니다.

> "주께서 강림하사
> 우리의 생각밖에 두려운 일을 행하시던 그때에
> 산들이 주의 앞에서 진동하였사오니……."(사 64:3)

어떤 경우에도 성령님을 제한하지 않도록 주의하십시오. 성령님은 아버지의 영이십니다. 이분은 크신 하나님이시며 만왕의 왕이십니다. 당신은 그러한 하나님의 자녀, 곧 왕의 자녀입니다.

언제나 주역은 당신이 아니고 성령님이십니다.

당신은 인간의 생각이나 노력이나 열정에서 벗어나 전적으로 성령님을 모심으로 성령의 능력에 붙잡혀서 이분의 인도를 받으며 살아가야 합니다. 성령님의 미련한 것이 인간의 지혜보다 낫고 성령님의 약한 것이 사람의 강한 것보다 낫습니다.

대영 제국의 유명한 외과 의사인 모이니안 경은 여러 의사들이 모두 모여 지켜보는 가운데 아주 중요한 수술을 성공적으로 마쳤습니다. 어떻게 수술을 성공적으로 끝낼 수 있었냐는 한 의사의 질문에 그는 진지하게 "나는 수술하러 들어가면서 성령님을 모시고 들어갔다. 그리고 그분과 함께 수술을 했다"고 대답했습니다.

당신이 끊임없이 성령님을 섬기며 의지하면, 전능하신 성령님께서는 당신에게 지혜와 총명과 모략과 재능과 지식과 여호와를 경외하는 마음으로 날마다 채워 주실 것입니다.

"여호와의 친밀함이 경외하는 자에게 있음이여."(시 25:14)

성령님께서는 특별한 일이 없어도 당신과 교통하기를 원하십니다. 당신은 주위의 사람과 말을 하지 않는 수많은 시간들을 방언으로 기도하면서 성령님과 교통할 수 있습니다. 방언 기도는 당신의 영혼에 생기를 불어넣어 주며 당신의 속사람을 강건하게 하며 믿음을 북돋워 주는 훌륭한 은사이므로 최대한 활용하시길 바랍니다.

성령님을 진심으로 사랑하십시오. 그리고 성령님을 좋아하십시오.

이분은 알면 알수록 더 매력적이고 아름답고 멋진 분임을 알게 됩니다. 인간은 아무리 좋은 사람이라 하더라도 사귄 지 얼마 안 되어 단점과 실수를 드러내게 마련입니다. 하지만 성령님은 단점이 전혀 없고 존재 전체가 장점이시므로 사귀면 사귈수록 당신의 마음은 더욱 깊이 매료될 것입니다.

저는 당신이 어떤 멋있고 유명한 사람을 만나는 것보다도 더욱 세상에서 가장 존귀한 친구이신 성령님과 함께 걷기를 바랍니다. 당신도 여호와의 신이신 성령님의 아름다움을 영원히 사모하시기 바랍니다.

주님이 나와 함께 걸으시네

예수님의 제자 훈련의 첫 번째 핵심 원리는 '동행'이었습니다.

> "이에 열둘을 세우셨으니
> 이는 자기와 함께 있게 하시고
> 또 보내사 전도도 하며……."(막 3:14)

'함께 있는 것'이 예수님이 그들을 부르신 목적이었고, 문제가 있을 때마다 제자들은 주님을 앞장세웠습니다. 그들은 무엇인가 남다른 특별한 무엇을 원한 적이 한 두 번이 아니었습니다. 다른 사람들 눈에 띄는 위대하고 특출한 인물이 되려고 노력한 적도 많이 있었습니다. 그러나 주님은 가장 평범하면서도 중대한 하지만 모든 사람들이 놓쳐 버리기 쉬운 진리를 말씀하셨습니다.

"너희들이 '어떤 것'을 섬기고 큰일을 하는 것보다도 더 중요한 것은 '어떤 분'을 섬기는 방법을 배우는 것이다. 어떤 분은 모세나 엘리야나 솔로몬보다 더 위대한 하나님의 아들인 예수, 바로 나이다. 너희들은 나와 동행하며 나를 섬기는 법을 익혀야 한다. 이를 위해 앞으로 하루 24시간씩, 3년 동안 나와 함께 먹고 마시고 자야 한다. 어디를 가든지 무엇을 하든지 누구를 만나든지 모든 것을 나와 함께 해야 한다."

이렇게 해서 3년 동안 생활하던 제자들은 예수님이 성령으로 오신 후에도 계속해서 이와 같이 눈에 보이지 않지만 눈에 보이는 육체보다 더 실제적으로 계신 그리스도를 인격적으로 존중히 모시면서 섬기기 시작했습니다.

제자들은 어떠한 일이 있을 때마다 부족하고 나약한 자신들의 모습을 뒤로 하고 존귀하시고 능력이 많으신 성령님을 앞장세워 밀고 나갔습니다. 베드로와 요한을 비롯한 모든 제자들이 성령님을 인격적으로 모시고 다녔습니다.

"사람이 나를 섬기려면 나를 따르라.
나 있는 곳에 나를 섬기는 자도 거기 있으리니
사람이 나를 섬기면
내 아버지께서 저를 귀히 여기시리라."(요 12:26)

당신이 그리스도의 영이신 성령님과 함께 인생길을 걸으므로 오는 축복은 이루 말할 수 없을 정도입니다. 당신이 아무리 나약한 사람이라 할지라도 전능하신 주님과 함께 살아갈 때 큰 용기와 담력을 얻게 됩니다.

로버트 H. 슐러 목사님의 딸인 캐롤 슐러는 어릴 때의 오토바이 사고로 다리를 쓸 수 없게 되었습니다. 그러나 그녀는 의족을 한 채, 희망을 잃지 않고 꿋꿋이 그리스도와 동행하면서 행복한 삶을 살아가고 있습니다. 소프트 볼 선수로 뛰는가 하면, 열여덟 살 때는 전국적인 스키 대표 선수로 뽑히기도 했습니다.

그녀는 어느 여름에 하와이에서 600여 명의 관객 앞에서 아주 긴 드레스를 입고 마이크가 있는 앞으로 걸어 나와 말했습니다.

"저는 오토바이 사고를 당했어요. 거의 죽을 뻔했는데 여러분들이 계속 헌혈을 해주셨지요. 제 맥박이 되돌아오도록 해주신 거예요. 병원에서는 제 무릎 아래를 절단했어요. 그리고 후에는 무릎 위를 더 잘라 냈어요. 저는 병원에서 일곱 달을 보냈어요. 그 일곱 달 동안 감염과 싸워 가기 위해 정맥으로 계속 주사를 맞으며 지내야 했지요."

그녀는 계속 말했습니다.

"저는 절름거리지 않고 걸어 다니는 다른 아이들을 바라보며 나도 저렇게 걸을 수 있으면 하고 생각을 합니다. 그러나 제 힘으로는 그렇게 할 수가 없지요. 하지만 제가 깨달은 것은 바로 이것입니다. 여러분께도 이 말을 남겨 드리고 싶어요. 어떻게 걷느냐 하는 것은 문제가 되지 않습니다. 단지 자신이 어떤 분과 함께 걷고 있느냐가 정말 중요한 문제입니다."

정말 그렇습니다. 저도 그녀처럼 항상 성령님을 제 생활 전반에 걸쳐 존중히 모시며 살아왔습니다. 이렇게 매일 습관적으로 교제하며 이분을 귀빈 이상으로 존중히 모신 것이 1992년부터 지금까지 13년 이상 계속되어 왔으며, 이분과 함께 생활 속에서 뒹굴며 웃고 울기를 계속하니 아주 끈끈한 정이 생겨나게 되었고 이제는 깊은 애정으로까지 발전하게 되었습니다.

당신은 온 마음과 정성을 다해서 성령님을 사랑해야 합니다. 당신의 애인이신 성령님은 당신에게 사랑받기를 원하십니다. 또한 성령님도 당신을 너무나 사랑하십니다. 그래서 당신과 함께 살고 싶어 하늘 보좌를 버려두고 이 낮고 천한 세상에 내려오신 것입니다. 성령님의 한없는 사랑이 당신의 피부 속으로 흘러 들어오게 하십시오. 당신은 진정 매순간 성령님의 사랑을 느끼십니까?

이에 대해 야고보 사도는 기록하기를,

> "너희가 하나님이 우리 속에 거하게 하신 성령이
> 시기하기까지 사모한다 하신 말씀을
> 헛된 줄로 생각하느뇨?"(약 4:5)

유일하게 당신의 마음을 만족시킬 수 있는 분이신 성령님께서는 자신이 알려지고 사랑을 받고 증명되어지기를 갈망하면서 지금 당신 곁에 계십니다. 성령님은 당신을 사랑하고 그리워하십니다. 이분은 영원토록 당신 곁을 떠나지 않고 당신과 함께 계시겠다고 약속하셨습니다.

당신이 성령님과의 친교에 익숙해진다면 부엌에서나 병상에서 그리고 어려운 환경과 어떤 특별한 일 속에서도 계속적으로 성령님과 자연스럽게 친교를 유지할 수 있게 될 것입니다.

하루 24시간 성령님과 함께 사십시오.

하루 종일 성령님과 함께 걸으십시오.

당신이 성령님을 사랑한다는 것은 당신의 애정을 성령님께 집중시키고 무슨 일이건 이분을 가장 먼저 구한다는 말입니다.

성령님을 항상 내 앞에 모심이여

당신은 항상 임마누엘 하신 성령님을 존중히 모시고 이분의 임재하심을 의식하면서 살아야 합니다. 새벽에 눈뜰 때부터 잠잘 때까지 언제 어디서나 이분과 함께 움직여야 합니다.

다윗은 잠에서 깨면 성령님의 임재하심을 의식했습니다.

"내가 누워 자고 깨었으니
여호와께서 나를 붙드심이로다.
천만인이 나를 둘러치려 하여도
나는 두려워 아니하리이다."(시 3:5, 6)

당신은 아침에 일어나면 먼저 당신 앞에 계신 여호와의 신이신 성령님의 얼굴을 보면서 이렇게 말씀드리십시오.

"성령님, 안녕하세요? 안녕하세요? 성령님, 오늘도 참으로 좋은 날입니다. 오늘도 성령님과 함께 살기를 원합니다."

이 순간부터 당신은 성령님의 임재하심을 의식하기 시작하며 계속적으로 생활 속에 이분을 존중히 모시고 살아가게 됩니다.

"내 마음에 합한 자다"라고 하나님께 인정받은 다윗도 어릴 때의 목동 시절부터 왕이 되어 바쁜 일정 가운데 이와 같이 그의 삶 속에 항상 여호와의 신이신 성령님을 존중히 모시고 다녔습니다. 제가 가장 즐겨 묵상하는 성경 구절인 시편 16편 8절에서 이 사실을 단적으로 보여주고 있습니다.

"내가 여호와를 항상 내 앞에 모심이여
그가 내 우편에 계시므로
내가 요동치 아니하리로다."

저는 성령님의 도우심으로 다윗의 이러한 '여호와를 항상 내 앞에
모시는 삶의 비결'을 터득했습니다.
당신도 집에서 출발할 때 대문을 열고 나가면서 "성령님, 함께 나가
실까요"라고 말씀드리십시오. 또한 어디를 가든지 항상 성령님을 모시
고 다니십시오. 이렇게 말씀드리면 됩니다.

"자, 성령님. 함께 가시지요."
건널목을 건널 때에도 "성령님, 함께 건너시지요."
사무실에 들어갈 때에도 문을 열면서 "성령님, 들어가실까요."
식사를 할 때에도 "성령님, 함께 드시지요."
차를 탈 때에도 "함께 타시지요."
계단을 오르내릴 때에도 "자, 성령님, 함께 내려가실까요."
의자에 앉을 때에도 "귀하신 성령님, 함께 앉으시지요."
친구를 만날 때에도 "함께 만나시지요. 그리고 제가 무슨 말을 해야
할지 도와주세요."

그리고 하루 생활하면서 수시로 "성령님!" 하고 부르십시오.
특별한 용건이 없어도 당신이 성령님의 임재를 확실히 의식하면서
살기를 원한다면 순간마다 눈을 돌려서 당신 곁에 계신 성령님을 불러
야 합니다.

"성령님, 사랑하는 성령님!"

이때마다 당신 앞에 계시며 당신의 우편에 서 계신 성령님을 인식하게 됩니다. 처음에는 어색할지도 모릅니다. 그러나 이것은 매우 중요하며 당신의 습관이 되어야 합니다. 습관은 인생의 형태를 만들어 나갑니다. 어떤 이는 "하나의 나쁜 습관을 버리는 것보다 좋은 습관을 하나 새롭게 가지는 것은 천 배나 어렵다"고 했습니다.

대부분의 사람들이 한두 번 시도해 보고 금방 포기해 버립니다. 그러나 꾸준히 하는 자만이 결국 승리하는 것입니다. 천지의 창조주이신 하나님의 신 성령님을 당신의 삶 속에 인격적으로 모시는 것을 결코 가볍게 여기지 마십시오. "성령님" 하고 부르는 것이 지극히 작은 것처럼 보여도 몇 년 지나고 나면 그 결과는 엄청납니다.

당신은 언제나 성령님을 인격적으로 존중히 모셔야 합니다. 식당이나 사무실에 갈 때, 버스를 탈 때나 산책을 할 때, 도서관에 갈 때나 집에 있을 때 항상 성령님의 임재하심을 믿으면서 이분을 인격적으로 섬겨야 합니다. 이것은 당신 몸에 배인 습관이자 당신 삶의 완전한 하나의 방식이 되게 해야 합니다. 그때서야 비로소 당신은 이러한 생활 방식을 부담스러워 하거나 거추장스럽게 생각하지 않게 될 것입니다.

다윗도 전쟁에 출전할 때 성령님께 물어 보고 이분과 함께 움직였습니다. 다윗이 이스라엘의 왕이 되었다는 소문을 듣고 블레셋 사람이 쳐들어 왔을 때 다윗은 여호와께 물었습니다.

"하나님, 제가 블레셋 사람에게로 올라가리이까? 여호와께서 저희를 내 손에 붙이시겠나이까?"

여호와께서 다윗에게 말씀하셨습니다.

"올라가라! 내가 단정코 블레셋 사람을 네 손에 붙이리라."

여호와의 신과 함께 전쟁터에 나가 싸운 다윗은 큰 승리를 얻었습니다.(삼하 5:17~25)

"만군의 하나님 여호와께서 함께 계시니
다윗이 점점 강성하여 가니라."(삼하 5:10)

다윗은 회의를 할 때나 산책을 할 때, 여러 가지 어려운 일이 닥쳐왔을 때, 쉬지 않고 성령님을 자기 삶의 현장 속에 존중히 모셨고 이분의 도움을 구했습니다. 그에게도 많은 어려움이 있었지만 그것을 이길 수 있는 힘을 성령님께로부터 공급받았고 크고 작은 문제도 있었지만 그것도 곧 해결되었습니다.

성령님을 모시는 삶을 산 다윗, 그의 생활 전반을 그의 목자 되신 여호와께서 인도하셨으므로 그에게는 무엇 하나 부족한 것이 없었습니다. 그의 생활 고백을 한 번 들어보실까요?

"여호와는 나의 목자시니
내가 부족함이 없으리로다.
그가 나를 푸른 초장에 누이시며
쉴 만한 물가으로 인도하시는도다.
내 영혼을 소생시키시고

자기 이름을 위하여

의의 길로 인도하시는도다.

내가 사망의 음침한 골짜기로 다닐지라도

해를 두려워하지 않을 것은

주께서 나와 함께 하심이라.

주의 지팡이와 막대기가

나를 안위하시나이다."(시 23:1~4)

이와 같이 당신도 다윗과 함께 했던 여호와의 신이신 성령님을 당신의 목자로 모신다면 모든 일에 부족함이 없게 될 것입니다. 성령님은 풍요로운 십자가 그늘 밑의 안식처에서 당신에게 하나님의 풍성한 생명을 누리게 하시는 최고의 목자이십니다. 이러므로 당신은 존귀하신 성령님을 인격적으로 섬기며 모시는 방법을 몸에 익혀야 합니다.

다윗이 푸른 초장 맑은 시냇물 가에서 쉴 때나 사망의 음침한 골짜기를 지날 때나 성령님께서는 항상 그와 함께 하셨습니다. 목동으로 있을 때나 왕으로 있을 때나 다윗은 변함없이 성령님을 사랑하고 의지하는 삶을 살았습니다. 그의 만족은 하나님 자신이었으며 그는 하나님으로 인해 언제나 기뻐할 수 있었습니다.

온종일 성령님과 함께 뛰어다닌 다윗은 성령님과 함께 잠자리에 들었습니다.

"내가 평안히 눕고 자기도 하리니

나를 안전히 거하게 하시는 이는

오직 여호와시니이다."(시 4:8)

하루 일과를 마치고 잠자리에 누우면 이렇게 말씀드리십시오.

"사랑하는 성령님, 정말 수고하셨습니다. 오늘도 저를 도와 주셔서 감사합니다. 참으로 멋진 하루였습니다."

성령님 함께 가실까요

성령님을 존중히 모시는데 있어서 가장 중요한 말은 "성령님 함께 가시지요"입니다. 이 말은 절대 잊지 마십시오. 성령님을 모시고 다니는 가장 중요한 비결은 어디를 가든지 항상 잊지 않고 성령님께 이렇게 말씀드리는 것입니다.

"성령님, 함께 가시지요."

당신은 계속적으로 성령님을 모든 장소에 존중히 모시고 다녀야 합니다. 물론 당신이 성령님을 인격적으로 섬기며 모시지 않는다고 해도 이분은 절대로 당신을 떠나지 않고 함께 계십니다.
주님은 분명히 약속하셨습니다.

"볼찌어다. 내가 세상 끝날까지
너희와 항상 함께 있으리라."(마 28:20)

"그가 친히 말씀하시기를

내가 과연 너희를 버리지 아니하고
과연 너희를 떠나지 아니하리라."(히 13:5)

당신의 감정이나 기분과는 상관없이 주님의 약속은 그의 택하신 자녀들에게 변치 않습니다. 임마누엘의 약속은 우리가 중요시 여기는 '느낌'과도 상관없습니다. 주님은 영원토록 당신과 함께 계십니다.

어떤 이는 이 사실을 두고 이렇게 말합니다.

"주님이 나와 함께 계시는데 굳이 의도적으로 모실 필요가 있나? 어쨌든 주님은 나와 함께 계시는 걸."

그러나 오히려 존귀하신 주님이 당신과 함께 계시므로 더더욱 이분에 대한 예를 갖추어야 하는 것입니다.

"혼자서 하고 싶은 대로 하고 다만 나를 놓치지 말고 부지런히 따라오기만 하세요."

만약 어떤 귀중한 손님이 당신과 동행하게 되었다면 당신은 이렇게 말하면서 그 손님에 대해 전혀 의식하지 않고 당신 혼자서만 아무렇게나 행동할 수 있겠습니까? 보혜사 성령님은 예수의 피로 구원받은 당신을 돕기 위해 높고 영화로운 하늘 보좌를 버려두시고 이 땅에 내려오신 만왕의 왕이십니다.

이분은 세상에서 그 누구보다도 가장 존귀한 분이십니다. 이분은 귀빈 중에 귀빈이십니다. 그러므로 당신은 이분에 대해 의도적으로 예의를 갖추어 인격적인 대우를 해 드려야 하며 이분의 기분을 상하게 하거나 근심시켜 드리지 않도록 마음을 써야 합니다.

"성령님 함께 가실까요"라고 말씀드리는 것은 성령님을 모시는데 있어서 당신이 할 수 있는 가장 최소한의 기본 예의라는 점에서 저는 이것을 특별히 강조하는 바입니다. 당신은 어디를 가든지 항상 이렇게 말씀드려야 합니다.

"성령님 함께 가실까요."

친구를 만나러 갈 때나 여행을 갈 때도 당신은 성령님을 모시고 함께 가야 합니다. 어떻게 해야 한다고요?

"성령님, 저와 함께 가시지요."

제가 군복무 시절 휴가를 나와서 공원을 산책하는 중 하나님께서는 성령님과의 교제에 대해 제 눈을 열어 주셨습니다. 저는 군복무 기간 중에 이러한 습관이 완전히 몸에 배이게 되었습니다. 군 생활은 특별한 일이 없는 한 거의 매일의 일과가 반복되므로 생활이 단순합니다. 그래서 저는 2년 이상 성령님을 순간마다 모시므로 이분과 교제하는 것이 습관이 되어 버렸습니다.

아침에 눈을 뜨면 은밀히 속삭였습니다. "성령님, 안녕하세요?" 모포를 개면서 "성령님, 함께 개시지요" 전투화를 신으면서 "자, 성령님, 함께 신으시죠" 내무실을 나가면서 "성령님, 나가실까요" 어떤 일을 할 때도 "성령님, 함께 하시지요" 식사할 때도 "성령님, 이 자리에 함께 해 주세요"라고 말씀드렸으며 하루 일과를 마치고 돌아올 때는 반드시 "성령님 수고하셨습니다. 오늘도 저와 함께 해주셔서 참으로 감사합니다"라고 말씀드리지 않은 날이 없었습니다.

높은 지휘관을 만나러 갈 때 저는 성령님과 함께 했습니다. 훈련을 할 때도 성령님과 함께 갔으며, 행군을 할 때도 성령님을 모시고 함께 걸었습니다. 작업을 할 때나 야간 경계를 나갈 때 성령님을 모시고 나갔습니다. 군대에서 남이 가질 수 없는 매우 값진 보화를 발견한 것이었습니다. 이것은 오직 하나님의 은혜였다고 밖에는 설명할 길이 없습니다. 놀라우신 하나님을 찬양합니다.

사실 저는 빨리 제대를 하고 싶었습니다. 그러나 하나님께서는 제 발을 군대에 묶어 두시고 성령님과 함께 살게 하셨습니다. 성령님은 완전히 제 삶의 일부가 되었으며 저의 가장 절친한 친구가 되셨습니다. 저는 어떤 사람보다도 흥미진진한 군 생활을 했습니다. 날이 갈수록 저는 성령님과 인격적으로 가까워졌습니다. 그러는 사이에 남이 알지 못하는 깊은 우정이 자라나게 되었고 저는 매일 성령님께 사랑한다고 고백하게 되었습니다.

이렇게 저는 군복무를 은혜롭게 마친 후 제대를 하게 되었고 마침내 꿈에 그리던 가정과 사회로 복귀했습니다. 그런데 막상 생활환경이 달라지고 다양한 상황이 벌어져 바쁘고 분주하게 되니 이러한 성령님과의 교제에 소홀해지게 되었고 제 눈에 적색 신호가 보였습니다. 그러나 염려 마십시오. 이미 성령님과의 인격적인 교제가 완전히 제 몸에 배여 생활 방식이 되어 버린 걸 어쩌겠습니까? 금방 저는 다시 성령님과 함께 살게 되었습니다. 저는 집에서 나가면서 잊지 않고 저와 함께 계신 성령님께 이렇게 말씀드리는 제 자신을 보게 되었습니다.

"사랑하는 성령님, 함께 가시지요."

범사에 성령님을 인정하라

당신과 함께 계신 성령님은 가장 고상한 인격의 소유자이십니다. 사람을 인격자로 만드신 성령님은 만왕의 왕이시므로 굉장히 강한 자존심을 가지고 계십니다. 사람도 자존심 하나로 먹고살며 개인의 자존심을 건드리면 반드시 엄청난 대가를 치르게 된다는 것을 사람마다 잘 알고 있습니다. 성령님의 자존심을 건드리는 사람은 살아남을 수 없습니다. 예수님께서도 누구든지 성령을 훼방하는 자는 이 땅과 오는 세상에서도 사하심을 받지 못한다고 경고하셨습니다. 성령님의 자존심을 건드린다는 것은 성령님의 구원 사역을 저주하고 훼방하고 무시해 버리는 것을 말합니다.

성령님은 당신에게 인격적으로 극히 존중받기를 원하십니다. 성령님께서는 끊임없이 당신을 바른 길로 인도하고자 부르십니다. 당신은 성령님의 마음을 상하게 하는 거만을 버리고 성령님 없이도 무엇인가 할 수 있다고 생각하는 미련함에서 떠나야 합니다. 생활 속에서 성령님을 무시하는 어리석은 자에 대해 성경은 무섭게 경계하고 있습니다.

"내가 부를찌라도 너희가 듣기 싫어하였고
내가 손을 펼찌라도 돌아보는 자가 없었고
도리어 나의 모든 교훈을 멸시하며
나의 책망을 받지 아니하였은즉

너희가 재앙을 만날 때에 내가 웃을 것이며

너희에게 두려움이 임할 때에 내가 비웃으리라."(잠 1:24~26)

이러한 재앙을 당하지 않도록 당신은 권능으로 계신 성령님을 범사에 인정하므로 인격적으로 존중히 섬겨야 합니다.

당신은 이렇게 말할 수도 있을 것입니다.

"성령님은 전지하신 분이시니 우리가 애걸복걸 안 해도 모든 것을 알아서 도와주셔야 하는 것이 아닙니까?"

절대 그렇지 않습니다. 성령님은 인간의 의지를 아주 존중히 여기시기 때문에 당신의 동의 없이 함부로 사생활과 사역에 침범하지 않으십니다. 하나님께서는 당신을 쇳덩이 기계처럼 만들지 않으셨습니다. 당신을 하나님의 형상을 닮은 지(知) 정(情) 의(意)를 소유한 인격으로 지으셨습니다. 그러므로 성령님은 당신의 인격을 결코 무시하지 않으십니다. 당신의 지식과 감정과 의지와 상관없이 혼자서 독단적으로 당신에게 침입하지 않으십니다.

성령님은 사랑의 인격으로 당신이 초청하고 존중해 줄 때 부드럽게 다가오셔서 강력하게 역사하시는 분이십니다. 이러한 고귀한 인격이신 성령님이 당신 생애 속에 마음껏 운행하시며 그의 창조와 부활의 권능으로 일하시도록 당신은 이분을 범사에 인정해 드려야 합니다.

당신은 자신의 명철을 의지하지 말고 마음을 다하여 성령님을 의지해야 합니다. 그리하면 성령님은 기쁜 마음으로 당신에게 다가오셔서 당신을 귀중히 여기시며 인생길을 섬세하게 또한 전체적으로 인도하실 것입니다. 성경 잠언 3장 5, 6절에는 이것을 명확하게 말합니다.

"너는 마음을 다하여 여호와를 의뢰하고
네 명철을 의지하지 말라.
너는 범사에 그를 인정하라.
그리하면 네 길을 지도하시리라."

그러면 어떻게 해야 성령님을 범사에 인정할 수 있을까요?

첫째로, 성령님께 자리를 만들어 드려야 합니다.
어떤 소중한 모임에 높고 귀한 손님이 오셨다면 그분을 반드시 소개하여 드러내는 것이 예의입니다. 보통 어떤 모임에서 유명 인사가 오면 반드시 그를 소개하고 인사할 기회를 주며 자리를 만들어 드립니다. 그런데 그 단체의 대표가 이런 중요한 사람이 참석했을 때 만약 그 사실을 알고 있음에도 불구하고 깜박 잊고 그냥 넘어가 버렸다면 문제는 심각해집니다. 반드시 중요한 인물은 그분의 자리를 만들고 그분에게 어울리는 대접을 해 드려야 합니다.
성령님은 만왕의 왕이십니다. 그 어떤 사람보다도 중요하고 위대하신 분이십니다. 이분은 귀빈 중에 귀빈이요 하늘 왕국에서 당신을 돕기 위해 오신 영광의 왕이십니다. 그러므로 당신은 성령님에 대해 특별한 예우를 해 드려야 하며 가장 소중한 분으로 여기며 극진히 모셔야 합니다.
특히 당신은 기본적으로 이분에게 자리를 내어 드려야 합니다. 곧 '성령님의 자리'를 만들어 드려야 한다는 것입니다. 이것이 어떻게 가능합니까? 성령님은 무소부재(無所不在)하신 하나님으로 안 계신 곳이 없는 온 천지에 충만하신 분이신데 이분에게 당신의 삶과 일터 속에 자리를 만들어 드린다는 것이 과연 가능할까요? 그것은 바로 당신이 인격자이신 성령님의 임재를 인정함으로 이루어지게 됩니다. 입을 열어 이렇게 말씀드리는 것이 필요합니다.

"여기에 성령님이 우리와 함께 계십니다."

귀하신 목사님이나 시장님이 커다란 모임에 참석했으면 우리는 이렇게 말합니다.

"오늘 이 자리에 시장님이 오시므로 이 자리를 빛내 주셨습니다. 감사의 말씀을 드립니다."

그러면 모인 사람들은 시장님이 일어선 자리를 향해 시선을 모으게 되며 박수로 환영을 합니다. 그리고 모든 순서는 시장님을 의식하면서 조심스럽게 진행되어 집니다. 그날의 행사도 중요하지만 시장님은 그 자리를 찬란히 빛낸 특별한 인물인 것입니다.

이와 같이 당신은 성령님을 존중하므로 모임 가운데 드러나게 해야 합니다. 모든 것은 말로 표현됩니다. 특별히 성령님은 왕 중의 왕이시지만 영이시므로 사람들의 눈에 보이지 않습니다. 그러므로 성령님을 가장 잘 알고 이분과 친밀한 관계를 가진 당신이 말로 이분의 존재를 드러내어야 하는 것입니다.

“성령님께서 이곳에 실제로 임재해 계십니다.”

이 때 사람들은 성령님이 그 곳에 임재해 계시다는 것을 의식하게 됩니다. 이때부터 인격적으로 존중을 받으신 성령님은 신이 나서 지치고 연약한 영혼들을 마음껏 만지시며 자유롭게 역사하십니다.

몇 년 전 저는 한 대학의 기독 서클에 친구와 함께 들리게 되었는데 거기에 모인 대학생들과 대화를 나누면서 성령님에 대해 이야기하다가 논쟁이 벌어졌습니다. 나름대로는 신앙생활을 잘하고 있다고 확신하는 그들에게 갑자기 제가 가서 그들의 신앙 바닥을 뒤흔들어 놓은 것입니다. 저는 성령을 받은 사건들을 기록한 ‘사도행전 2장, 8장, 10장, 19장’을 찾아 그들에게 읽어 주면서 성령을 받아야 되는 이유에 대해 분명히 설명했습니다. 저는 붉어져 있는 그들의 얼굴을 보면서 신념에 찬 목소리로 말했습니다.

“여러분은 반드시 성령을 받아야 합니다. 무기력한 120문도가 오순절 마가의 다락방에서 기도할 때 성령이 임했고 그들은 담대하게 예수 그리스도를 증거하고 한 시대를 뒤엎었습니다. 이방인 고넬료 가정에서 베드로가 설교할 때 성령이 임하시므로 그들이 방언을 하며 하나님을 높였습니다. 빌립이 사마리아에 복음을 전했을 때 베드로와 요한이 가서 성령 받기를 기도하였습니다. 그때 놀라운 표적이 있었습니다. 아볼로 선생한테 그리스도에 대해 잘 배운 에베소 교인들에게 사도 바울이 가서 성령 받기를 위해서 기도했습니다. 바울은 그들에게 “너희가 믿을 때에 성령을 받았느냐?”고 물었습니다. 그들은 “우리는 성령이 있음도 듣지 못했다”고 대답했습니다. 바울이 그들에게 성령 받기를 기도하매 그들 모두 성령이 임하시고 방언도 하고 예언도 하니 열 두 사람쯤 되었다고 성경은 기록하고 있습니다. 그러므로 여러분은 지금 이 시간에 성령을 체험해야 권능 있는 하나님의 자녀로서 대학을 살릴 수 있고 성결한 삶을 살아갈 수 있습니다.”

갑자기 기독 서클 회장이 벌떡 일어나면서 말했습니다.

“아니, 그러면 당신이 바울이란 말입니까? 지금 같이 기도하면 우리가 성령을 받을 수 있단 말입니까?”

궁지에 몰린 저를 안쓰럽게 생각한 듯 친구가 긴급히 말을 꺼냈습니다.

“지금이 아니고 나중에 우리가 기도할 수 있는 기회를 만들어 보는 게 좋을 것 같습니다.”

그러나 저는 자신감에 넘치는 눈빛으로 그들을 보며 외쳤습니다.

“그래요. 바로 지금입니다. 저는 바울은 아니지만 바울과 함께 계셨던 성령님은 지금 저와 함께 계시기 때문에 우리가 지금 당장 기도하면 모두 다 성령을 체험하게 될 것입니다. 지금 이 곳에 성령님께서 임재해 계십니다. 다같이 기도합시다!”

그때 성령님께서는 저를 크게 감동시키셨고 모두가 입을 열어 기도하기 시작했습니다. 저는 예수 그리스도의 이름으로 사탄의 세력을 묶고 성령님께서 지금 이 시간에 강력하게 역사해 달라고 기도했습니다. 그런데 갑자기 맞은편에서 기도하던 한 자매의 입에서 큰소리로 방언이 터져 나왔습니다. 그 옆에 있던 형제도 눈물을 흘리며 회개하기 시작했고 또 다른 자매도 함께 성령을 체험하게 되었습니다.

형식적인 신앙의 청년들이 진실로 예수님을 자신의 구주로 영접하는 기도를 하며 그 자리에서 거듭났고 한 형제는 담배와 라이터를 주머니에서 끄집어 내놓았습니다. 기도 중에 들어온 다른 자매들도 함께 땀을 흘리며 기도하며 은혜를 받았고 거기에 모인 열 명이 넘는 회원들이 모두 다 성령을 체험하고 방언으로 기도하게 되었습니다.

저는 이 모든 일을 성령님과 함께 했습니다. 그 자리에서 성령님의 존재와 능력을 인정하며 기독 학생들에게 드러냈습니다. "성령님이 지금 나와 함께 계시기 때문에 지금 당장 기도하면 역사가 일어납니다"라고 말하므로 저의 동업자이신 성령님께 자리를 내어 드렸습니다.

당신도 "성령님이 지금 이곳에 계십니다"라고 말하므로 당신의 친구가 되시는 성령님께 자리를 만들어 드려야 합니다. 다시 말씀드리지만 성령님은 인격자이십니다. 그러므로 당신이 인격적으로 존중해 드리면서 이분의 자리를 만들어 드리는 것이 참으로 중요합니다. 당신은 성경 공부나 설교하는 중에 반드시 "여기에 성령님이 우리와 함께 계십니다"라고 말씀드리므로 성령님의 자리를 만들어 드려야 합니다.

차 안에서도 아내에게나 함께 타고 가는 사람들에게 "이 차 안에 성령님이 임재해 계십니다."라고 말씀드리십시오. 차 안에 있는 사람들은 바깥 경치를 보든지 아니면 자기들끼리 이야기하느라고 정신없겠지만 어쨌든 당신은 차 안에 당신과 함께 계신 성령님을 의식하면서

운전을 해야 합니다. 순간 당신 앞에 계신 성령님의 얼굴을 보면서 은밀한 대화를 나누십시오. 만약 당신 혼자 운전을 하고 있다면 당신 옆에 계신 성령님께 말을 거십시오.

"사랑하는 성령님."

당신은 어느 모임에서나, 어떤 장소에서나 성령님을 소중히 여기며 이분께 인격적으로 대우를 해 드리며 자리를 만들어 드려야 합니다. 성령님은 당신이 참석한 모임에서 존중받기를 원하십니다.

둘째로, 사람과의 대화 속에 성령님을 인정해야 합니다.
당신은 친구를 만나든지 아내나 다른 그리스도인들을 만날 때 그들과 대화하면서 말로서 순간 성령님을 인정하고 성령님에 대해 이야기해야 합니다. 당신과 함께 계신 귀하신 성령님을 빼놓고 사람들과만 재미있게 이야기를 나눈다면 성령님은 그 대화 속에 무시를 당하고 계신 것이 됩니다. 그러므로 당신은 사람과의 대화 속에 성령님을 인정하는 말을 자연스럽게 해야 합니다.

"저는 잘 모르지만 저와 함께 계신 성령님께서 놀라운 깨달음을 주실 거예요. 성령님께서 우리를 인도하실 거예요."
"자매님 곁에 계신 성령님을 의지하세요."
"여기 계신 성령님께서 형제님을 도우실 거예요."
"지금 여기 계신 성령님은 저의 가장 절친한 친구랍니다."

때론 손으로 당신의 오른쪽 옆을 가리키며 성령님을 소개하는 것도 좋습니다. 이와 같이 하면 당신은 사람만 사귀는 것이 아니라 모든 만남 속에 성령님과 함께 하게 되는 것입니다.

성령님과 속삭이면서 개인적으로 대화를 나누는 것도 중요하지만 성령님을 여러 성도의 친교 모임에서 공개적으로 소개하고 인정해 드리므로 인격적인 대우를 해 드리는 것은 더욱 중요합니다. 집회 장소에서도 성령님을 함께 모실 뿐 아니라 종종 말로써 성령님에 대해 이야기하며 이분의 존재를 드러내는 것은 더할 나위 없이 중요합니다.

대부분의 경우 성령님은 왕이셔서 그런지 입이 무거우시며 많은 말씀을 하시지는 않을 것입니다. 그러나 무엇인가 꼭 중요한 때는 항상 당신을 감동하시고 인도하실 것입니다. 당신은 자신이 많은 은혜를 받았고 영적으로 성장했으므로 모든 것이 가하다고 생각할지 모르나 어떤 부분은 반드시 성령님의 제재를 받으며 교회 모임에서나 사생활에서 절제를 해야 합니다.

당신과 함께 계신 성령님은 당신이 가는 곳에는 어디든지 동행하시기를 좋아하시며, 당신과 은밀히 교제하시며 친구들과의 대화 속에 드러나시기를 원하십니다. 많은 경우 당신이 성령님을 전적으로 의지할 때 성령님은 당신의 입술에 파수꾼을 세우시고 당신의 발걸음을 옮기시며 당신의 마음에 울타리를 치시고 당신을 모든 시험과 악한 자에게서 지켜 주실 것입니다.

우리의 무관심으로 인하여 성령님께서 완전히 무시를 당하실 때가 있습니다. 그럴 때에도 인자하신 성령님은 떠나가시지 않으십니다. 그러나 성령님은 근심하시며 소멸된 것처럼 침묵을 지키며 전혀 역사하지 않으십니다. 하나님께서는 "나를 존중히 여기는 자를 내가 존중히 여기고……"(삼상 2:30)라고 말씀하십니다. 그러므로 당신은 수시로 자신이 성령님을 무시하지 않는 지 살펴보고 여러 모임과 주위 사람과의 대화 속에 성령님을 존중히 드러내도록 노력해야 합니다. 매사에 성령님을 인격적으로 인정하도록 하십시오.

만왕의 왕이신 성령님을 모실 때

성령님은 왕으로 오셨습니다. 왕이 올 때는 혼자 오지 않습니다. 왕권을 가진 왕은 반드시 그의 군대를 몰고 함께 오는 것입니다. 성령님을 모시고 다니는 순간 천천만만의 하늘 군대가 함께 와서 당신을 돕는다는 사실을 믿어야 합니다.

예수님께서는 자신이 오순절 그리스도의 영으로 다시 오실 것에 대해 "인자가 아버지의 영광으로 '그 천사들과 함께 오리니' 그때에 각 사람의 행한 대로 갚으리라. 진실로 너희에게 이르노라 여기 섰는 사람 중에 죽기 전에 인자가 '그 왕권을 가지고 오는 것을' 볼 자들도 있느니라"(마 16:27, 28)고 하셨습니다.

성령님은 만왕의 왕이시므로 이분이 모든 일을 하시는 것은 아닙니다. 이분은 왕이시기 때문에 많은 일을 명령 한마디로 천사들을 움직이시며 일해 나가십니다. 성령님은 말할 수 없는 탄식으로 우리의 영적인 부분들 곧 죄에 대하여, 의에 대하여, 심판에 대하여 직접 간섭하신다면 천사들은 이와 달리 물질적인 세계에서 사역을 합니다.

신앙생활에 승리하려면 눈에 보이는 물질적인 세계를 학문적으로 아는 것 가지고는 부족합니다. 반드시 영적인 세계에 대해 배우고 알아야 합니다. "우리의 씨름은 혈과 육에 대한 것이 아니요 정사와 권세와 이 어두움의 세상 주관자들과 하늘에 있는 악의 영들에게 대함이라"고 성경이 말하고 있기 때문입니다.(엡 6:12) 이처럼 영적 존재(靈的 存在)가 있습니다. 하나님은 영이십니다. 천사들도 영이요 우리 인간들도 영적 존재입니다.

> "모든 천사들은 부리는 영으로서
> 구원 얻을 후사들을 위하여 섬기라고
> 보내심이 아니뇨?"(히 1:14)

이 말씀은 천사들이 우리를 시중들기 위해서 대기하고 있다는 말입니다. 왕의 자녀들이 움직일 때 하나님은 심부름꾼인 천사들을 보내시며 즉시로 천사들은 우리를 돕기 위해 움직이기 시작합니다. 천사들은 많은 경우 물질적인 면에서 우리를 돕습니다.

엘리사가 도단에 있을 때 아람 왕이 말과 병거와 많은 군사를 보냈습니다. 저희가 밤에 가서 그 도단 성을 에워쌌습니다. 엘리사의 시중드는 자가 일찍이 일어나서 나가 보니 군사와 말과 병거가 성을 에워싸고 있었습니다. 그 사환이 엘리사에게 달려가 고했습니다.

"아아! 큰일 났습니다. 내 주여! 우리가 이 일을 어찌하면 좋겠습니까? 지금 성 밖에는 적들이……."

엘리사는 다 알고 그 사환이 말을 마치기도 전에 대답했습니다.

“두려워하지 마라! 우리와 함께한 자가 저와 함께한 자보다 많다.”
“아니, 무슨 말씀하시는 거예요? 우리는 저와 선생님 둘 뿐인데요.”
“여호와여, 원하오니 저의 눈을 열어서 보게 하옵소서!”

순간 여호와께서 그 사환의 눈을 열어서 보게 하시므로 그의 눈은 휘둥그레졌습니다. 저가 보니 불 말과 불 병거가 산에 가득하여 엘리사를 둘러싸고 있었던 것이었습니다. 천천만만의 천군 천사들이 오늘도 하나님의 사람인 당신을 돕고 있다는 사실을 믿어야 합니다.

“또 천사들에 관하여는 그는 그의 천사들을 바람으로
그의 사역자들을 불꽃으로 삼으시느니라.”(히 1:7)

천사가 빌립을 도와 에디오피아 내시가 있는 광야로 가라고 했습니다. 천사가 감옥에 갇혀 내일 죽을 베드로를 구원해 냈습니다. 천사가 바울과 실라가 갇혀 있는 옥문을 터트렸습니다. 천사가 바울 곁에 서서 “이 풍랑 속에서도 죽지 않고 살 것이다”고 했습니다. 천사가 마리아와 요셉을 애굽으로 피신시켰습니다. 천사가 40일 금식 끝난 예수님을 시중들었습니다. 천사가 힘쓰고 애써 기도하시는 예수님을 도왔습니다. 천사가 엘리야에게 구운 떡과 물을 주었습니다.

만왕의 왕이요 만군의 주이신 성령님을 모시고 다니는 사람에게는 천사들이 시중들고 있다는 사실을 기억하고 담대해야 합니다. 당신이 함께 계신 성령님께 “자, 성령님, 저와 함께 가시지요”라고 말씀드리는 순간 그 배후에 수천수만의 천사가 왕이신 성령님과 왕의 자녀인 당신을 호위하며 움직인다는 사실을 잊지 마십시오.

왕족의 언어와 천사들의 활동

영적인 세계에서는 입술의 고백에 큰 비밀이 있습니다.(시 34:12, 13, 약 3:2~8) 마가복음 11장에는 언어의 위력이 얼마나 대단한지에 대해 잘 설명하고 있습니다. 예수님께서 말씀하셨습니다.

"하나님을 믿으라.
내가 진실로 너희에게 이르노니 누구든지 이 산더러
'들리어 바다에 던지우라' 하며
그 말하는 것이 이룰 줄 믿고
마음에 의심치 아니하면 그대로 되리라.
그러므로 내가 너희에게 말하노니
무엇이든지 기도하고 구하는 것은 받은 줄로 믿으라.
그리하면 너희에게 그대로 되리라."(막 11:22~24)

이 말씀은 "네가 말하며" "네가 말하는 것이 이룰 줄 믿고" "네가 의심치 아니하면" "네가 말한 그대로 되리라"는 의미입니다.

당신이 소리 내어 말하는 '입술의 고백'과 '천사의 움직임'에는 중대한 연관이 있습니다. 당신이 입술로 어떤 필요와 그 필요에 대한 믿음의 고백을 할 때 하나님은 즉시로 천사를 보내신다는 사실을 성경을 통해 알 수 있습니다.

다니엘은 힛데겔이라는 큰 강가에 있을 때 놀라운 환상을 보게 되었습니다. 세마포 옷을 입고 허리에는 우바스 정금 띠를 띠고 그 몸은 황옥 같고 그 얼굴은 번개빛 같고 그 눈은 횃불 같고 그 팔과 발은 빛난 놋과 같고 무리의 소리와 같은 말소리를 내는 천사를 보았던 것입니다. 그 천사의 말소리를 듣는 순간 다니엘은 얼굴을 땅에 대고 깊이 잠들게 되었습니다. 그 천사가 한 손으로 다니엘을 만지자 덜덜 떨게 되었는데 그 천사가 말했습니다.

"내가 너에게 보내심을 받았느니라. 네가 네 하나님 앞에 스스로 겸비케 하기로 결심하던 첫날부터 '네 말'이 들으신바 되었으므로 내가 '네 말'로 인하여 왔느니라."

이 천사는 다니엘의 '말'로 인해서 보내심을 받았던 것입니다.

당신이 만약 자아 중심적인 말을 하면 사탄과 손잡게 되는 것입니다. 순식간에 사탄은 악의 영들과 미혹의 영들, 귀신들을 파송할 것입니다. 베드로가 예수님이 십자가에 못 박혀 죽으실 것에 대해 반대했을 때 예수님은 "사탄아 물러가라! 하나님의 일을 생각지 않고 사람의 일을 생각하는구나" 하고 그를 꾸짖었습니다.

당신이 하늘과 땅의 모든 권세를 가지신 예수님의 이름으로 기도하거나 하나님의 말씀을 입술로 선포할 때 하나님은 즉시로 그의 천사를 보내십니다. 당신의 입에서 나오는 말은 영적인 세계에서는 '결재'를 하는 것과 같은 결과를 가져오며 이에 따라 하나님은 천사를 파송하셔서 그 말을 이루어 나가시는 것입니다.

다윗은 하늘을 향해 선포했습니다.

"능력이 있어 여호와의 말씀을 이루며
그 말씀의 소리를 듣는 너희 천사여!

여호와를 송축하라!
여호와를 봉사하여 그 뜻을 행하는 너희 모든 천군이여!
여호와를 송축하라!
여호와의 지으심을 받고
그 다스리시는 모든 곳에 있는 너희여!
여호와를 송축하라!
내 영혼아, 여호와를 송축하라."(시 103:20~22)

왕족의 주위에 진치고 있는 천사들

하나님은 천사들을 통해 구원받은 자들을 지키십니다. 내 입에서
말이 나갈 때 하나님은 그 말을 들으시고 천사를 보내십니다.

"저가 너를 위하여 그 사자들을 명하사
네 모든 길에 너를 지키게 하심이라.
저희가 그 손으로 너를 붙들어
발이 돌에 부딪히지 않게 하리로다."(시 91:11, 12)

이 말씀과 같이 하나님은 천사들을 보내어 당신을 지켜 주십니다.
구원받은 하나님의 자녀를 돕고 보호하는 천사들이 얼마나 많은지 "여
호와의 사자가 주를 경외하는 자를 둘러 진치고 있다"(시 34:7)고 성
경은 말씀하고 있습니다. 당신은 진정 천사가 당신 자신을 둘러 진치
고 있다고 믿어 본 적이 있습니까?

많은 그리스도인들이 항상 자기 주변에는 사탄과 귀신들로 둘러 싸여 있고 자신은 홀로 두려워하며 떨고 있다는 사실을 아십니까? 그들은 깊은 밤에 혼자서 교회에서나 산이나 집에서 기도하기를 두려워하고 있습니다. 왜? 뭔가 섬뜩 하는 느낌과 함께 귀신의 존재를 너무 두려워하고 있기 때문인 것이지요. 그들은 천사가 실제로 자신을 둘러 진치고 있다는 사실을 배우지 않았기 때문에 그런 것입니다.

당신이 "성령님, 함께 가시지요" 하는 순간에 천사의 무리가 따라 움직입니다. 당신이 기도하기 위해 성령님을 모시고 교회에 들어갈 때 천사들이 따라 들어갑니다. 당신이 회중 앞에 말씀을 전하기 위해 성령님을 모시고 단상에 올라설 때 천군이 대동됩니다. 당신이 사업상 사람을 만나 중대한 결정을 내릴 때 천사가 돕습니다. 당신이 으슥한 골목길을 지날 때나 급작스런 사고를 당했을 때 천사가 당신을 지키고 보호해 줍니다. 저도 집회를 인도하기 위해 승용차를 몰고 전국을 다니면서 몇 번 죽을 고비를 넘겼는데 그때마다 천사가 저를 보호해 준 것을 압니다.

이제 성령님을 인격적으로 존중히 모시는 것이 얼마나 큰 힘을 우리에게 실어 주는 지 잘 아시겠습니까? 다시 말씀드리지만 성령님은 만군의 여호와의 신이십니다. 이분은 만왕의 왕이십니다.

이렇게 말씀드리십시오.

"왕이신 성령님, 저와 함께 가실까요."

왕의 자녀여, 권세를 행사하라

성령님은 왕권을 가지고 오셨습니다.

"진실로 너희에게 이르노니
여기 섰는 사람 중에 죽기 전에
인자가 '그 왕권'을 가지고 오는 것을
볼 자들도 있느니라."(마 16:28)

군사가 없는 왕은 힘이 없습니다. 우리는 하나님이 만왕의 왕이시라는 것은 잘 알고 있지만 어느 정도의 군사가 있는지 실제로 인식하지 못할 때가 많습니다. 하나님께는 실제로 존재하는 천천만만의 천사들이 있습니다. 그 중에 하나는 손에 있는 큰 쇠사슬로 사탄을 묶어 무저갱에 집어넣을 정도로 강합니다.(계 20:1)

왕은 모든 군사들을 다스리는 권세가 있습니다. 그러나 특별한 경우 외에는 왕이 직접 군사들을 다스리지 않고 군대 장관에게 위임되어져 그가 군사들을 움직입니다. 이처럼 만왕의 왕 되신 하나님은 그의 영적 군대 장관과 같은 영권 있는 하나님의 사람을 통해 일하십니다.

엘리야는 영권이 막강했습니다. 아하시야 왕이 사마리아에 있는 다락 난간에서 떨어져 병들었을 때 사자를 바알세붑에게 보내어 병이 낫는지 물어 보라고 했을 때 여호와의 사자가 디셉 사람 엘리야에게 말했습니다. "이스라엘에 하나님이 없어서 바알세붑에게 묻느냐? 그가 죽는다고 하라." 그 후 엘리야는 길에서 왕의 신하들을 만나 전해 주었는데 왕은 엘리야가 자기를 저주했다고 생각했던지 화가 나서 엘리야를 체포하려고 오십 부장과 군사 50명을 엘리야에게로 보내었는데 그는 엘리야가 산꼭대기에 앉아 있는 것을 보고 말했습니다.

"하나님의 사람이여, 왕의 말씀이 '내려오라' 하셨습니다."

엘리야가 오십 부장에게 "내가 만일 하나님의 사람이면 불이 하늘에서 내려와서 너와 너의 50인을 사를 지로다" 하고 권세 있게 말하자 즉시 불이 하늘에서 내려와 저와 그 50인을 살라 버렸습니다. 왕이 두 번째 또 오십 부장과 50인을 보냈지만 똑같이 불에 타 죽어 버렸습니다.(왕하 1:1~12) 이 사건을 보면 아무리 일국(一國)의 왕이라 할지라도 만왕의 왕 되신 하나님의 종을 보고 '오라 가라' 할 수 없다는 것을 보여줍니다. 하나님의 종을 자기 멋대로 부리려고 하는 것은 하나님의 주권에 대한 도전이라 할 수 있습니다.

왕이 세 번째 오십 부장과 군사들을 보내었을 때 그 오십 부장은 명령조로 말하지 않고 엘리야 앞에 꿇어 엎드려 간구했습니다. 그리고 '왕의 군사'라고 하지 않고 '당신의 종'이라 표현했습니다.

"하나님의 사람이여, 원컨대 나의 생명과 당신의 종인 이 50인의 생명을 당신은 귀히 보소서. 불이 하늘에서 내려와서 전번의 오십 부장 둘과 그 50인을 살랐거니와 나의 생명을 당신은 귀히 보소서."

이 말을 들은 엘리야는 이번에는 저주하지 않았지만, 역시 조금도 움직이지 않았습니다. 그는 꿈쩍하지 않다가 여호와의 사자가 "너는 저를 두려워 말고 함께 내려가라"는 말을 듣고 내려 왔습니다. 엘리야는 하나님의 음성에만 순종하는 하나님의 종이었던 것입니다.

여기서 놀라운 사실은 엘리야가 하나님의 사람으로서 권세 있게 "불이 하늘에서 내려와 사르라" 하고 말한 것이 이루어졌다는 것입니다. 저는 개인적으로 이 불이 천사의 능력이라고 믿습니다. 천사들이 하늘에서 불꽃같이 내려온 것입니다. 히브리서 1장 7절에는 "또 천사들에 관하여는, 불꽃으로 삼으시느니라"고 기록되어 있습니다.

영적 지휘관인 엘리야가 자기에게 주어진 영권으로 권세 있는 말을 선포했을 때 하나님은 천사들을 움직이도록 허락하셨던 것입니다.

예수님은 하늘과 땅의 모든 권세 곧 '왕권'을 가지고 오셨습니다. 그리고 "볼찌어다. 내가 세상 끝 날까지 너희와 항상 함께 있으리라"(마 28:20)는 약속대로 지금 성령으로 우리와 함께 계십니다. 이 왕권은 성령님께서 직접 사용하시는 것이 아니라 교회에게 위임되었습니다. "하늘과 땅의 모든 권세를 내게 주셨으니 그러므로 너희는 가라"고 했습니다.

> "내가 천국 열쇠를 네게 주리니
> 네가 땅에서 무엇이든지 매면 하늘에서도 매일 것이요
> 네가 땅에서 무엇이든지 풀면 하늘에서도 풀리리라."(마 16:19)

이처럼 교회에 천국 열쇠인 예수 이름의 권세를 위임하신 후, 예수님께서는 자신이 십자가에 못 박혀 죽으실 것과 부활하실 것에 대해 공개적으로 제자들에게 가르치기를 시작하셨습니다. 그런데 제자들은 이 권세가 자기들에게 위임된 줄 모르고 영적으로 바닥을 헤맸습니다.

간질병 귀신들린 아이의 귀신을 내어 쫓지 못하고 그 아비와 말다툼을 하고 있을 때 예수님은 "믿음이 없고 패역한 세대여! 내가 얼마나 너희와 함께 있으며 얼마나 너희를 참으리요?"라고 말씀하셨는데 이는 "내가 이미 너희에게 모든 권세를 위임했는데 왜 담대히 귀신을 내어 쫓지 않았느냐? 도대체 언제까지 내가 직접 너희들의 문제를 해결해 주어야 하겠느냐? 제발 교회의 권세를 사용해 예수 이름으로 명령하므로 직접 귀신을 쫓아내라"는 의미였습니다.

예수님께서 귀신을 꾸짖으시니 귀신은 나갔고 아이는 깨끗이 나아
버렸습니다. 제자들이 종용히 물었습니다.

"우리는 어찌하여 쫓아내지 못하였나이까?"

예수님께서 이렇게 대답하셨습니다.

"너희 믿음이 적은 연고니라.
진실로 너희에게 이르노니 너희가 만일
믿음이 한 겨자씨만큼만 있으면 이 산을 명하여
'여기서 저기로 옮기라' 하여도 옮길 것이요
또 너희가 못할 것이 없으리라."(마 17:20)

똑같은 사건을 두고 마가복음에서는 다르게 말씀하셨습니다.

"기도 외에 다른 것으로는 이런 유가 나갈 수 없느니라."(막 9:29)

도대체 이 무슨 말씀입니까? 왜 똑 같은 질문에 다른 대답들이 두
성경에 기록되어 있습니까? 이것을 합쳐 보면 그 해답이 나옵니다. 바
로 이런 의미라 할 수 있습니다.

"명령하는 기도 외에 다른 것으로는 이런 유가 나갈 수 없다."

그렇습니다. '명령하는 기도'를 말합니다. 예수님의 권세를 교회에

위임했으니 겨자씨 만한 믿음을 가지고 담대히 명령하는 기도를 하면 귀신이 떠나간다는 말입니다.

당신에게 영으로 오신 예수 그리스도의 영이신 성령님은 하늘과 땅의 모든 권세를 가지고 오셨으며 그 권세를 교회에 위임하셨습니다.

"하늘과 땅의 모든 권세를 내게 주셨으니,
그러므로 너희는 가라!"(마 28:18)

"내가 천국 열쇠를 네게 주리니……."(마 16:19)

예수님은 "내가 너희에게 뱀과 전갈을 밟으며 원수의 모든 능력을 제어할 권세를 주었다"(눅 10:19)고 말씀하셨습니다. 이런 영적인 권세는 세상적인 겉옷을 벗어버릴 때 본격적으로 나타납니다.

자아 중심적인 모든 겉옷과 신발을 벗어버리고 당신 자신이 '예수님의 발바닥'임을 인정하며 단순한 믿음으로 영적 권위를 사용할 때 당신에게 주어진 큰 권세와 능력은 나타나기 시작합니다. 그래서 하나님은 여호수아에게 '네 발바닥으로' 밟는 땅을 모두 너에게 주겠다고 말씀하셨던 것입니다. 우리는 천국 열쇠인 예수님의 이름으로 하늘과 땅과 땅 아래를 지배하며 살 수 있게 되었습니다. 하늘에는 천사들이 있으며 땅에는 만물이 있으며 땅 아래는 음부의 권세가 있는데 이 모든 것이 '예수님의 이름 앞에' 굴복하게 되어 있습니다.

성령을 통해 내 자아가 죽고 예수님의 자아를 가진 교회는 입술의 권세로 만물을 지배할 수 있습니다. 이렇게 명령하십시오.

"예수 그리스도의 이름으로 명하노니 이 산은 저기로 옮겨져라!"

당신에게 있어 문제의 산은 무엇입니까? 질병과 연약함, 가난과 저주, 슬픔과 염려, 천사들과 귀신들과 재정 문제를 예수 이름으로 명령해서 다스려야 합니다. 우리의 입술에서 예수님의 이름의 권세를 가지고 믿음의 말, 명령하는 말, 고백하는 말, 기도하는 말이 나가는 순간 하나님께서 '그 기도의 말에 따라' 천사들을 보내십니다.

바울도 영적 권세를 사용하므로 '주의 손'에 대한 기적을 체험했습니다. 1차 선교 여행 중 바보라는 섬에 이르렀을 때 바예수라 하는 유대인 거짓 선지자 박수 엘루마를 만났는데 그가 총독 서기오 바울과 함께 있었습니다. 서기오 바울은 지혜로운 사람으로 바나바와 바울을 불러 하나님의 말씀을 듣고자 했습니다. 이때 엘루마가 저희를 대적하여 총독으로 믿지 못하게 힘썼는데 바울이 성령이 충만하여 그를 주목하고 권세를 가지고 명령했습니다.

"모든 궤계와 악행이 가득한 자요 마귀의 자식이요 모든 의의 원수여, 주의 바른 길을 굽게 하기를 그치지 아니하겠느냐? 보라, 이제 '주의 손'이 네 위에 있으니 네가 소경이 되어 얼마 동안 해를 보지 못하리라."(행 13:10, 11)

그러자 깜짝 놀랄 일이 벌어졌습니다. 어디서 왔는지 즉시로 안개와 어두움이 몰려와 그를 덮으므로 그가 즉시 보지 못하게 되었습니다. 이 기적을 보고 총독이 믿고 주께로 돌아오게 되었습니다. 바울이 "주의 손이 네 위에 있으니"라고 했을 때 주의 손과 같이 역사하는 천사들이 안개와 어두움을 몰고 온 것입니다. 주의 손은 곧 천사입니다. 다시 말해, 하나님의 종 바울의 입에서 떨어진 말에 대해 하나님께서 응답하시므로 천사를 보내신 것이었습니다.

바울은 그 무당을 제거해 달라고 하나님께 엎드려 사흘을 금식하며 울부짖지 않았습니다. 대신 영적 권세를 가지고 입술로 명령을 하자 순식간에 천사들이 움직이기 시작했던 것입니다. 이것이 그리스도의 특명 전권대사의 큰 권세입니다. 우리는 복음을 전하라고 만왕의 왕으로부터 특별히 부르심을 받은 특명 전권대사입니다. 예수님께서는 "하늘과 땅의 모든 권세를 내게 주셨으니 너희는 가라"고 명하셨습니다.

빌리 그래함도 고백하기를 "내가 구원받는 순간 천사들은 기뻐했으며 그 이후로부터 사탄과 그의 악령들과 더불어 수많은 싸움을 해 왔는데 하나님은 그때마다 천사들로 산과 같이 울타리를 두르셨다. 나는 전도자로서 큰 광장에 가득 모여든 수많은 사람들에게 설교를 하면서 극도의 피로를 느꼈을 때 천사가 나를 도우므로 순간적으로 그런 피로가 사라지고 새로운 힘이 주어졌었다. 많은 경우 하나님은 하늘의 방문자를 보내셔서 나의 지친 몸을 만지시고 잃은 영혼들에게 복음을 전하고 있는 내가 그리스도의 대사로서의 사명을 다하도록 하셨다"고 했습니다. 그는 계속해서 말하기를 "천사들은 실질적으로 나타나는 힘에 있어 하나님의 다이너마이트이다"라고 했습니다. 당신이 성령님을 인격적으로 존중히 모시고 다닐 때 성령님의 기름 부음은 자연스럽게 나타날 것이며, 천사와 천군이 당신을 적극적으로 도와줄 것입니다.

영적 참체의 터널을 지날 때

하루는 저에게 이유를 알 수 없는 영적 침체가 왔습니다. 마음이 힘들고 몸은 지쳐 있는데 하나님이 꿈속에 천사를 보내셨습니다. 그 천사는 금발에 금빛 옷을 입고 있었으며 몸에는 광채가 나고 있었습니다. 그 광채는 제 온몸에 비추었는데 지치고 피곤한 제 육체가 떨면서 순식간에 회복되었습니다. 그 천사가 가까이 다가와 말했습니다.

"당신이 하고 있는 일은 매우 중요한 일이니 절대 포기하지 마세요. 그리고 기억하세요. 이 모든 일은 당신이 하고 있는 것이 아니라 당신 속에 계신 성령님께서 당신을 통해 하고 계신 것입니다."

이로 인해 저는 큰 용기를 얻게 되었습니다. 때로 당신에게 영적 침체가 올 때가 있습니다. 큰 승리감을 맛보았을 때나 큰 좌절감을 맛보았을 때 영적 침체가 찾아옵니다. 그러나 우리가 일상생활 속에서 끊임없이 성령님을 인격적으로 존중히 모시고 생활한다면 지치고 힘들 때 성령님께서 우리를 붙들어 주십니다. 성령님께서는 여러 가지 방법으로 우리를 감동시키시며 새 힘을 불어넣어 주십니다.

"내가 항상 주와 함께 하니
주께서 내 오른손을 붙드셨나이다."(시 73:23)

당신에게 영적 침체가 온 적은 없습니까? 그때가 언제였으며 어떻게 이겨냈습니까? 특별히 영적 사령관에게 다가오는 무서운 좌절, 깊은 정신적 의기소침, 우울증 등을 어떻게 감당할 수 있습니까?
　당신이 하나님의 일을 하다 보면 질그릇 같이 연약한 우리 인간에게 눈물이 마를 날이 없을 지도 모릅니다. 정신적 스트레스나 긴장으로 인한 질병의 위협이 항상 있습니다. "고통이 천재를 낳는다"는 말도 있긴 하지만 너무 힘들어서 빨리 천국으로 가고 싶은 마음이 들 때도 있습니다. 좌절과 낙심으로 힘들어질 때 어떻게 해야 할까요?

저도 시시로 시련의 기간은 끝이 안보이고 하나님은 낯을 가리고 그분이 팔짱을 끼고 있는 듯이 느껴질 때, 주위의 사람들이 차갑게 대하고, 죄인들이 더욱 축복을 받는 것처럼 보일 때, 피곤과 우울한 마음이 겹쳐 있을 때, 도대체 어떻게 해야 할지 몰라서 힘들어 할 때가 많습니다. 이때 휴식이 필요함을 느끼며 모든 것을 손에서 놓고 며칠씩 쉬어 줍니다. 그러나 쉬는 것만으로도 부족할 때가 있습니다. 어떤 은혜로운 집회에 가서 강력한 동기를 부여하는 메시지를 들어도 아무 효력이 없을 때가 있습니다. 그 어떤 위로의 말도 안 통할 때 마지막으로 저를 회복시켜 주는 한 가닥 희망은 성령님이십니다. 성령님께서 저를 붙들어주심을 체험할 때가 이 때인 것입니다. 제 영혼 깊은 곳에서 탄식이 터져 나옵니다. "성령님, 제발 좀 어떻게 해주세요" 하면 성령님께서 제 곁에서 세미한 음성을 들려주시는 등 여러 가지 방법으로 저를 감동시키십니다. 그때 저는 이런 감사의 고백을 합니다.

"주께서 내 오른손을 붙드셨습니다. 내 육체와 마음은 쇠잔하나 하나님은 내 마음의 반석이십니다."

이처럼 아삽은 악인이 잘되는 것을 보고 영적 침체가 왔을 때 주님이 붙들어주셨다고 고백했습니다.(시 73:12~14, 시 73:26)
당신이 24시간 매사에 성령님을 존중히 모시고 다닌다면, 때로 당신의 삶과 사역에 여러 가지 이유로 인해 탈진 상태까지 간다 할지라도 성령님께서 당신을 굳게 붙들어 주실 것입니다.

아삽은 과거 역사를 돌이켜보면서 "주를 멀리 하는 자는 망하고 음녀같이 주를 떠난 자를 주께서 다 멸하셨다"라고 했습니다. 온 천하는 순간적으로 우리의 마음을 만족시킬지 모르지만 하나님은 우리의 영원한 분깃이십니다. 진정한 복은 큰 건물, 돈, 명예, 숫자, 학벌, 권력 등이 아닙니다. "하나님께 가까이함이 내게 복이라"(시 73:28)고 그는 진심으로 고백을 했습니다.

에녹은 65세에 므두셀라를 낳고 300년 동안을 성령 하나님과 동행하는 삶을 살았습니다. 노아도 성령님과 동행하는 삶을 살았고 하나님께서 물로 세상을 심판하실 때 노아를 기억하시고 그와 온 가족에게 구원을 허락하셨습니다. 일상생활에서 성령님을 항상 인정하며 존중히 모시고 다니십시오. 늘 성령님을 모시고 다니십시오. 다윗의 고백이 다시 제 귀에 쟁쟁히 들려오는 듯합니다.

"내가 여호와를 항상 내 앞에 모심이여……."

제 4 부

성령님께 도움을 구하라

당신은 성령님께 도움을 구하고 있습니까?

성령님은 전지전능하신 절대 주권자이십니다. 또한 창조주 여호와의 신이시며 부활의 권능으로 오신 그리스도의 영이십니다. 성령님은 엄청난 하늘의 지혜와 권능을 가지고 구원받은 왕의 자녀인 당신을 실제로 돕기 위해 오셨습니다.

앞에서 우리는 인격이신 성령님의 얼굴을 보고 성령님과 대화를 나누며 성령님을 존중히 모시고 다니며 친교를 나누는 것의 중요성과 그 방법에 대해 자세히 알아보았습니다. 이제 마지막으로 보혜사로 오신 성령님께 도움을 구하고 동업하는 비결에 대해 살펴보고자 합니다.

저는 지금까지 저 혼자의 힘으로 무엇을 해낸 것이 하나도 없습니다. 모두 전지전능하신 성령님과 동업한 결과입니다.

약속하신 능력은 어디에

고등학생 때부터 저는 하나님께서 믿는 자에게 약속하신 능력이 어디에 있는지를 간절히 찾고 있었습니다. 성경 전체를 볼 때 하나님께서는 그의 능력을 신자들에게 나타내 주실 것을 거듭 약속하고 있었습니다. 그 대표적인 경우가 예수님께서 부활하시고 승천하시기 직전에 약속하신 말씀입니다. 예수님께서는 지상 대 명령을 내리셨습니다.

"너희는 온 천하에 다니며 만민에게 복음을 전파하라.
믿고 세례를 받는 사람은 구원을 얻을 것이요
믿지 않는 사람은 정죄를 받으리라."(막 16:15, 16)

곧이어 예수님께서는 권세와 능력을 약속하셨습니다. 이것은 어떤 특정인에게만이 아닌 '모든 믿는 자들'에게 주신 약속이었습니다.

"믿는 자들에게는 이런 표적이 따르리니
곧 저희가 내 이름으로 귀신을 쫓아내며
새 방언을 말하며 뱀을 집으며
무슨 독을 마실찌라도 해를 받지 아니하며
병든 사람에게 손을 얹은즉 나으리라."(막 16:17, 18)

많은 사람들이 이것을 믿지 않고 예수님을 떠나 일상생활로 돌아가 버렸습니다. 그러나 이 약속을 붙든 120명의 제자들은 마가의 다락방에 모여 성령이 오시기를 간절히 기도하며 기다렸고 오순절이 되자 그들은 모두 '성령의 충만함'을 받게 되었고 그때부터 하늘의 큰 권능이 나타나기 시작했습니다. 그들은 담대하게 복음을 전하는 권세 있는 일꾼들이 된 것입니다. 이것을 마가는 계속해서 아주 생생하게 기록을 하고 있습니다.

"주 예수께서 말씀을 마치신 후에
하늘로 올리우사 하나님 우편에 앉으시니라.
제자들이 나가 두루 전파할 새
주께서 함께 역사하사 그 따르는 표적으로
말씀을 확실히 증거하시니라."(막 16:19, 20)

무기력했던 제자들, 두려움과 불안 속에 떨고 있던 그들이 주께서 영으로 오사 그들 속에서 역사하심으로 죽음도 불사하고 복음을 외치는 확신 있고 담대한 그리스도의 대사가 된 것입니다.

이와 같이 주님께서는 분명히 능력을 약속하셨건만 저는 그것을 어디에서 찾아야 할지 모르고 크게 고민하였습니다. 저는 하늘을 바라보면서 마음속으로 미친 듯이 외쳤습니다.

'하나님, 도대체 당신이 약속하신 그 권세와 능력은 어디에 있습니까? 왜 저에게는 그것이 없습니까? 왜 능력을 보장하는 수많은 언약들이 저하고는 아무 상관없는 것처럼 느껴집니까?'

나도 방언만 받았으면

그러던 어느 날, 저는 가까운 교회에서 열리는 부흥 집회에 참석하게 되었습니다. 강사 목사님의 열띤 설교가 끝나고 모든 성도들이 큰 소리로 합심해서 기도하였습니다. 저도 목이 터져라 크게 부르짖었습니다.

"하나님, 저의 죄를 용서해 주세요. 저에게 성령 충만을 주시고 큰 능력을 주세요."

그렇게 한참을 기도하다가 저는 이상한 소리에 눈을 뜨고 앞을 보았습니다. 앞자리에 앉은 한 성도님이 방언으로 크게 기도하고 있는 것이었습니다. 신기했습니다.

저는 속으로 생각했습니다.

'저분은 어떻게 해서 저렇게 방언 기도를 유창하게 할까? 나도 저렇게 방언을 받기만 하면 소원이 없겠다.'

그분은 아마도 그날 말씀 듣고 기도하면서 성령이 임하고 방언을 받은 것 같았습니다. 그분의 방언으로 기도하는 소리는 유난히 크게 제 귀를 울렸습니다. 너무나도 부러웠지만 저에게는 아득한 미래의 일을 보는 것처럼 막연하게 느껴졌습니다.

저는 십대의 고등학생 시절, 모태 신앙이라는 간판만 달고 학생부에서 여러 가지 임원직을 맡으면서도 연약하고 무력한 저의 신앙 상태에 대해 염증을 느끼고 있었습니다. 갈급한 저는 신앙 서적을 탐독하면서 그 능력을 발견하려고 애를 썼습니다. 이미 강력한 성령의 권능

을 체험하고 누리다가 지나간 시대적인 믿음의 거성들의 행로를 추적
해 나가기 시작했습니다.

그 결과, 저는 우리의 신앙 선배들의 성령의 능력으로 화려한 인생
을 장식한 것을 보게 되었습니다. 그들은 모두 힘 있게 살았습니다.
초자연적인 성령님의 강한 역사를 통해 온 세상의 불신자들에게 하나
님의 살아 계심을 증명해 주었습니다. 지친 성도들에게 생기를 찾아
주었습니다.

그들에 비해 저는 너무나 초라하고 한편으로는 비참해 보였습니다.
그러면서도 저는 한줄기 희망을 가지게 되었는데 그것은 얼마 안 되어
하나님께서는 저에게도 반드시 성령의 권능을 나타내실 것이라는 작
지만 확고한 기대감이었습니다. 저는 거울을 보면서 혼자 소리 내어
외쳤습니다.

"김열방! 너는 하나님의 자녀이다. 너는 말씀으로 전 세계를 뒤흔들
것이다. 하나님께서 너를 붙드시고 너를 세워 힘과 능을 주실 것이다.
하나님께서 너에게 지혜의 말씀, 지식의 말씀, 병 고치는 은사, 믿음,
예언, 영분별, 능력 행함, 방언, 방언 통역의 은사를 풍성히 채워 주실
것이다."

계속해서 제가 똑똑히 들을 수 있을 정도로 소리 내어 믿음의 고백
을 했습니다.

"김열방! 너는 병든 자를 고치며 죽은 자를 살리며 문둥이를 깨끗케
하며 귀신을 쫓아내게 될 것이다. 성령님께서 다이내믹한 능력으로 네

가 상상도 못할 기적을 일으키실 것이다!"

그때부터 저는 몇 개월 동안 이러한 고백을 거울 앞에서 했습니다. '오늘은' '오늘은 틀림없이'하면서 매일 매일을 큰 기대 속에서 설레는 마음으로 지냈습니다.

우주적인 대 혁명이 일어나다

1989년 11월. 저는 또 죄를 짓고 마음이 어두워졌습니다.

저는 나름대로 교회 생활을 한다고 생각했었습니다. 모태 신앙이라는 자부심과 많은 교회 봉사로 최선을 다해 종교 생활을 했었습니다. '이 정도면 나는 천국에 들어갈 수 있어'라고 생각했었고 무엇 하나 부족한 것이 없는 것처럼 보였습니다.

그러나 성경을 읽어도 깨달음이 없었고 찬송을 불러도 감동이 없었으며 기도를 해도 응답은 오지 않았습니다. 저는 하나님을 섬길 수 있는, 또한 진정 하나님 앞에서 올바르게 살아갈 수 있는 '능력'이 없다는 것을 알게 되었습니다.

그러던 중, 하루는 형이 이렇게 말하는 것이었습니다.

"너 아무나 천국에 가는 것이 아니란다. 진정 물과 성령으로 거듭나지 않으면 그 누구도 천국에 들어갈 수 없단다."

그때 저는 마음속으로 '누가 뭐래도 나는 천국에 갈 수 있어. 내 목에 칼이 들어와도 나만큼은 확실해'라고 대구를 했지만 그때 저는 형이 말하는 것의 진정한 의미를 몰랐습니다.

> "예수께서 대답하여 가라사대
> 진실로 진실로 네게 이르노니
> 사람이 물과 성령으로 나지 아니하면
> 하나님 나라에 들어갈 수 없느니라."(요 3:5)

그 당시 저는 크고 작은 습관적인 죄 가운데서 빠져 나올 줄 몰랐고 어떻게 해야 저를 휘어잡고 있는 죄 문제를 해결할 수 있는지 도무지 알 길이 없었습니다. 자책감과 정죄 의식에 눌려 있던 제가 또 죄를 짓고 힘들게 생활하다가 집으로 오는 길에 버스에서 내려서 교회로 발걸음을 옮겼습니다.

'아! 나는 안 돼, 나 같은 죄인이 어떻게 하나님께 나아갈 수 있단 말인가. 이제는 도저히 안 되겠어. 하나님은 나를 받아 주시지 않을 거야'라고 생각을 하면서도 제 연약한 마음과는 달리 발걸음은 하나님께로 나아가고 있었습니다.

> "여호와께서 말씀하시되
> 오라 우리가 서로 변론하자!
> 너희 죄가 주홍 같을지라도 눈과 같이 희어질 것이요
> 진홍같이 붉을지라도 양털같이 되리라."(사 1:18)

한 걸음 한 걸음 천천히 무거운 발걸음을 떼고 있을 때 갑자기 저의

온 가슴은 마음과 온 몸을 얼룩지게 한 죄로 인하여 마음이 뭉클해지면서 걷잡을 수 없는 슬픔에 사로잡혔습니다. 제 영혼은 하나님께 나아가면서 깊은 슬픔에 잠겨 흐느끼고 있었습니다. 드디어 교회에 도착해서 저는 마룻바닥에 무릎을 꿇었습니다. 거룩하신 하나님 앞에 고개를 떨어뜨린 채 뜨거운 눈물을 한없이 흘리며 통회하였습니다.

"하나님, 저를 용서해 주세요. 저를 긍휼히 여겨 주세요. 저는 죄인입니다. 이제는 도저히 저도 어떻게 할 수가 없습니다. 제 힘으로는 아무것도 할 수가 없고 올바르게 살아갈 수가 없습니다. 제발 저를 도와주세요. 살려 주세요. 하나님!"

저는 지은 죄로 인해 심히 슬퍼하면서 하나님께 어린아이와 같이 엎드려 용서를 빌었습니다.

"제가 잘못했습니다. 저를 용서해 주세요."

그날 저는 못난 자아, 죄로 상처받은 자아를 골고다 언덕에 내려놓고 피 묻은 십자가를 붙들었습니다. 십자가를 온 맘으로 부둥켜안고 회개의 눈물을 흘리자 죄를 사하고 새 생명을 부어 주는 예수의 보혈이 제 온 가슴을 적셨고, 저는 거듭나서 새로운 피조물이 되었습니다. 공허하고 허무한 제 인생에 영적인 거대한 변화가 다가왔습니다. 완전히 새로운 피조물이 된 것입니다. 이전과는 완전히 달라진 새로운 피조물! 제 운명이 바뀌었습니다. 우주적인 대 혁명이 제 영혼에 다가왔던 것입니다. 저는 그날을 결코 잊을 수가 없습니다.

제 생애 최고의 날!

가장 큰 기적의 날!

이제 저는 더 이상 죄만 짓는 쓰레기 같은 인생이 아닙니다. 저는 예수의 피로 하나님과 화목하게 되었고, 죄 사함 받고 거듭나서 하나님의 자녀가 되었습니다. 하늘과 땅의 창조주, 만왕의 왕이신 하나님의 자녀가 된 것입니다.

생수의 강이 흘러 나리라

저는 계속해서 기도했습니다. 두 손을 높이 들고 외쳤습니다.

"하나님 아버지 저는 제 힘으로는 도저히 살아갈 수 없습니다. 저에게 능력을 주십시오. 위로부터 내려오는 하늘의 능력을 주십시오. 저 혼자서는 거룩하게 살려고 아무리 애써도 도저히 할 수 없습니다. 제 손을 하나님께 바칩니다. 눈과 입술과 마음과 온몸과 의지를, 제 머리 끝부터 발끝까지, 제 인생 전체를 하나님께 드리오니 저를 받아 주시고 다스려 주십시오. 성령을 부어 주세요. 힘을 주세요. 저를 도와주세요."

"나의 책망을 듣고 돌이키라!

보라. 내가 나의 신을 너희에게 부어 주며

나의 말을 너희에게 보이리라."(잠 1:23)

그 순간, 저에게 이상한 일이 벌어졌습니다.

제 얼굴이 붉어지면서 갑자기 제 혀가 떨리고 안으로 말려 들어가면서 지금까지 제가 한 번도 해 보지 못한 이상한 말이 한마디씩 흘러나오기 시작했습니다. 방언이 터져 나온 것입니다.

저는 너무나도 큰 감격과 감동에 기뻐서 어쩔 줄을 몰랐습니다. 저에게 거룩한 하나님의 신이 임하셨고 그분이 제 혀를 다스리기 시작한 것이었습니다. 성령께서 제 대신 말할 수 없는 탄식으로 기도를 도와주시므로 그동안 제 마음에 쌓였던 모든 근심과 염려와 상처를 다 하나님께 아뢰게 해주셨습니다. 제 속에서 생수의 강물이 흘러 나고 있었던 것입니다.

"누구든지 목마르거든 내게로 와서 마시라.
나를 믿는 자는 성경에 이름과 같이
그 배에서 생수의 강이 흘러 나리라."(요 7:37, 38)

몇 시간이 지나갔는지 모르지만 저는 평온히 잠자리에 들었습니다.

왕의 자녀로 다시 태어나다

다음 날 아침 눈을 떴을 때 제 인생은 이전과는 완전히 달라졌습니다. 저는 길거리를 걸으면서 하나님의 사랑의 숨결을 느꼈습니다. 쌀쌀히 부는 바람 속에 하나님의 포근한 사랑이 배여 있음을 알게 되었고, 길거리의 돌에도 나무에도 지나가는 사람의 모습에도 하나님의 사랑이 가득했습니다. 한없는 하나님의 사랑이 만물을 부드럽게 감싸고 있음을 느끼게 되었습니다.

'지난밤에 내 인생에 무슨 일이 있었던 걸까?'

길을 걷고 있을 때 갑자기 제 속에서 이전에는 들어보지 못했던 세미한 음성이 똑똑히 들려 왔습니다. 저는 그것이 성령님의 음성임을 금방 눈치 챌 수 있었습니다.

"사랑하는 내 아들아, 내가 너를 얼마나 사랑하는지 아니? 너는 나의 소중한 아들이란다. 강하고 담대하라. 나는 네가 항상 기뻐하기를 원한단다. 내가 너를 진심으로 사랑한다. 내가 너와 함께 있단다. 이제는 아무것도 염려하지 마라."

만왕의 왕이신 창조주 하나님께서 저에게 "사랑하는 아들아" 하고 부르신 것이었습니다. 거지같은 제가 예수의 보혈로 말미암아 하나님의 자녀가 된 것입니다. '왕의 자녀' 말입니다. 전능하신 하나님께서는 저의 죄만 용서하신 것이 아니라 신분까지 완전히 바꾸어 주셨습니다.

"영접하는 자 곧 그 이름을 믿는 자들에게는
하나님의 자녀가 되는 권세를 주셨으니
이는 혈통으로나 육정으로나 사람의 뜻으로
나지 아니하고 오직 하나님께로서 난 자들이니라."(요 1:12, 13)

저는 새사람이 되었습니다. 이 글을 쓰고 있는 지금도 하나님은 제 곁에 계시고 저는 하나님의 부드러운 사랑을 느끼고 있습니다. 감사와 감격의 눈물이 제 뺨을 적시고 있습니다.

저를 새로운 피조물로 만들고 만왕의 왕이신 하나님의 자녀로 다시 낳기 위해 예수님께서는 해산의 고통을 치르셨습니다. '골고다'라는 산부인과에서 여섯 시간 동안 피와 물을 다 쏟으며 해산의 고통을 다 치르시고 성령의 능력으로 저를 하나님의 자녀로 낳으셨습니다. 만왕의 왕이신 '하나님의 씨'가 제 속에 거하고 있으며 저는 왕이신 예수의 피가 흐르고 있으므로 '왕족'이 된 것입니다.

> "하나님의 사랑이 우리에게 이렇게 나타난바 되었으니
> 하나님이 자기의 독생자를 세상에 보내심은
> 저로 말미암아 우리를 살리려 하심이니라.
> 사랑은 여기 있으니 우리가 하나님을 사랑한 것이 아니요
> 오직 하나님이 우리를 사랑하사 우리 죄를 위하여
> 화목제로 그 아들을 보내셨음이니라."(요일 4:9, 10)

죄의 종으로 습관적으로 죄를 먹고 마시며 살던 불쌍한 인생, 영혼이 하나님의 생명에서 떠나서 사망의 그늘에서 어둡게 살던 인생, 우상을 숭배하며 육체적인 쾌락만을 탐하던 서글픈 인생, 하나님과 원수가 되어서 영원히 멸망할 수밖에 없었던 이 죄 많은 인간을 하나님은 한없이 사랑하셨습니다. 그 크신 사랑으로 저를 사랑하시고, 오랫동안 저를 기다리신 하나님은 저를 구원하시기 위해 외아들 예수 그리스도를 이 땅에 보내셨습니다.

사랑의 하나님께서는 제가 죄인이었을 때, 즉 제가 의도적으로 불순종하며 반역을 일삼았을 때 저를 사랑하셨습니다.

> "우리가 아직 죄인 되었을 때에
> 그리스도께서 우리를 위하여 죽으심으로
> 하나님께서 우리에게 대한
> 자기의 사랑을 확증하셨느니라."(롬 5:8)

부족하고 벌레만도 못하고 지렁이만도 못한 저, 꺼져 가는 등불의 심지와도 같이 겨우 살아 있었던 저를 큰 죄악에서 건지시기 위해 예수님께서는 제 대신 십자가에 못 박히신 것이었습니다. 죄인 중에 괴수인 제가 당해야 하는 모든 멸시와 천대를 죄 없는 하나님의 아들 예수님께서 제 대신 십자가에서 죄의 대가를 치르시고 못 박혀 피 한 방울 물 한 방울 남김없이 다 흘리셨던 것입니다.

죄 없는 예수님께서 저의 죄를 지고 가는 어린양으로 제 대신 모든 저주와 죄의 짐을 지셨습니다. 제가 죄의 값으로 하나님의 진노와 심판을 받아야 함에도 불구하고 하나님의 아들 예수님께서 제 대신 죄값을 지불하셨습니다. 죄 지은 저를 대신하여 예수님께서 정죄를 받으시고 묶이시고 채찍에 맞고 침 뱉음을 당하시고 발에 채이고 수염이 뽑히고 온갖 멸시와 천대와 조롱과 놀림과 욕을 당하셨습니다. 부끄러움과 수치를 개의치 아니하시고 벌거벗긴 채로 제 대신 나무에 달리셔서 피 흘려 죽으시므로 저의 모든 죄를 대신 담당하신 예수님, 그 예수님은 죄와 사망의 권세를 깨뜨리고 삼 일만에 부활하셨습니다.

"예수님, 억만 번이나 감사합니다."

내게 다가온 거대한 변화

예수님을 구주로 믿고 영접하는 순간 저에게는 최소한 열두 가지 이상의 변화가 찾아왔습니다. 이 은혜는 저뿐 아니라 모든 믿는 자에게 주시는 하나님의 선물입니다. 과연 어떤 것일까요?

1) 예수의 피로 정결케 되었습니다.

2) 예수의 피로 하나님의 심판을 면하고 의롭다 함을 얻었습니다.

3) 예수의 피로 하나님과 저 사이에 막힌 죄의 담이 무너지고 화목케 되었습니다.

4) 예수의 피로 마귀의 종에서 해방되어 하나님의 친 백성이 되었습니다.

5) 예수의 피로 제 온몸과 영혼이 치료되었고 건강과 생명을 누리게 되었습니다.

6) 예수의 피로 저주에서 해방되어 하나님의 복을 누리고 있고 제 장래가 그리스도 안에서 완전히 보장되었습니다.

7) 예수의 피로 사망의 두려움에서 벗어나 부활의 생명이 넘쳐 나고 있습니다.

8) 예수의 피로 말미암아 하나님의 보호하심 안에 있습니다.

9) 예수의 피로 말미암아 사탄과 죄와 운명의 매임에서 해방되어 자유를 누리고 있습니다.

10) 예수의 피로 말미암아 메마르고 갈급했던 제 마음이 성령의 생수의 강물이 넘쳐흐름으로 만족합니다.

11) 버림받고 쓸모없는 자였지만 이제는 하나님과 세상에서 존귀한 자가 되었습니다.

12) 거지와 같이 살았으나 이제는 무엇 하나 부족함이 없는 부요한 자입니다.

예수님은 저를 살리셨습니다.

예수님은 당신도 살리십니다.

오늘이 바로 기적의 날입니다. 바로 지금, 이 세상에서 가장 큰 기적은 당신의 영혼이 죄 사함 받고 거듭나 하나님의 자녀가 되는 것입니다. 예수님께서 말씀하셨습니다.

"건강한 자에게는 의원이 쓸데없고
병든 자에게라야 쓸데 있느니라.
내가 의인을 부르러 온 것이 아니요
죄인을 부르러 왔노라."(막 2:17)

당신이 만약 하나님의 사랑을 받아들이고 예수님을 구주로 믿고 새 생명을 얻기 원하신다면 이 기도를 소리 내어 따라 하기 바랍니다.

"사랑하는 하나님.
저는 부족한 죄인입니다.
저는 변화 받고 싶습니다.

저의 모든 죄를 용서해 주시고

제 마음의 상처와 제 육체의 병을 모두 치료해 주세요.

예수님께서 제 대신 십자가에 못 박혀 죽으시고 부활하신

하나님의 아들이신 것을 믿습니다. 저를 구원해 주세요.

저를 받아 주시고 용서해 주셔서 감사합니다.

저는 이제 하나님의 자녀가 되었습니다.

저는 이제부터 하나님만 섬기고 예수님만 따르겠습니다.

예수님. 사랑합니다.

예수님의 이름으로 기도합니다. 아멘."

와, 축하합니다. 이제 당신은 예수의 피로 죄를 씻음 받고 '용서받은 의인'이 되었습니다. 성령으로 거듭난 하나님의 자녀가 되었습니다. 당신 안에 성령님이 가득히 들어와 계십니다.

그 성령님은 예수의 영이시며 의와 성령 충만과 건강과 부요와 지혜와 평화와 생명을 가지고 오셨습니다. 그리고 그분은 지금 당신 안에 큰 구원자, 큰 권능자, 큰 치료자, 큰 공급자, 큰 지혜자, 큰 평화자, 큰 생명자로 가득히 거하고 계십니다.

성령님을 힘입어 귀신을 쫓아내다

1990년도에 저는 사도행전4장 29, 30절을 펴놓고 기도했습니다. 성령의 강력한 나타남을 허락해 달라는 기도였습니다.

"주여, 이제도 저희의 위협함을 하감하옵시고
또 종들로 하여금 담대히 하나님의 말씀을 전하게 하여 주옵시며
손을 내밀어 병을 낫게 하옵시고 표적과 기사가
거룩한 종 예수의 이름으로 이루어지게 하옵소서."

그 당시 매주일 마다 우리 집에서 주일학교 아이들과 청년들, 교사들이 모여 기도회를 하고 있었습니다. 참석한 사람들은 어린아이이건 노인이건 모두 성령의 은사를 체험하고 돌아가곤 했습니다.

저와 함께 계신 성령님께서는 아주 강하게 역사하셨고 사람들은 은혜를 받아 얼굴에 기쁨이 가득했습니다. 먼 곳에서 다른 교회 선생님이 자기 반 아이들을 여러 명 데리고 와서 회개하며 성령의 은사를 받았습니다.

그때가 마침 겨울방학 기간이어서 중. 고등학생들이 매일 교회에 와서 탁구를 치거나 공부를 하고 있었는데 저는 그들을 모두 불러 모아 함께 기도했습니다.

"모두 모여라! 교회는 기도하는 집이다. 교회에 오면 무엇보다도 기도에 힘써야 한다."

합심해서 성령의 은사를 체험하기 위해 기도하는데 간구의 영이 역사하셔서 모두들 간절한 마음으로 부르짖기 시작했습니다. 모인 학생들 모두에게 홀연히 성령이 임하셨고 그들은 모두 방언을 말하며 하나님을 높였습니다. 어떤 여학생은 등에 불이 붙었다며 뜨거워서 뒹굴기도 했습니다. 제 안에 계신 예수 그리스도께서 역사하심으로 모인 사

람들은 누구나 회개하고 성령의 은사를 체험하게 되었던 것입니다. 하나님을 찬양합니다.

하루는 이상한 일이 벌어졌습니다. 기도하는 중에 갑자기 한 자매가 소리를 지르는 것이었습니다. 고통 가운데 몸부림치며 눈을 질끈 감고 괴이하고 흉악한 인상을 쓰면서 "안 가! 안 가!"라고 말하는 것이었습니다. 이런 일은 처음이라 무척 당황스러웠고 어떻게 해야 할지를 몰랐습니다. 순간 제 안에 계신 성령님께서 담력과 지혜를 주셨습니다. 저는 벌떡 일어나 큰 소리로 귀신을 향하여 꾸짖으며 쫓아내는 명령을 하였습니다.

"이 더럽고 저주받은 귀신아! 내가 예수 그리스도의 이름으로 명하노니 이 딸에게서 지금 즉시 나가라!"

그러나 더욱 소리 지르며 주먹을 불끈 쥐고 발작을 했습니다.

"안 간다. 안 가!"

저는 용기를 내어 그녀의 머리에 손을 얹고 더 강하고 담대히 단호한 명령을 내렸습니다.

"예수님의 이름으로 명하노니 나가!"

그 순간 그 자매를 괴롭히던 귀신은 그녀를 넘어뜨리며 즉시로 떠나갔습니다. 그리고 눌림에서 자유를 얻은 그녀는 마음의 평강과 기쁨으로 충만했고 그 자리에 모인 모든 사람들과 함께 살아 계신 하나님을 찬양했습니다.

교회는 모일 때 합심 기도에 힘써야 한다

우리는 개인적으로 항상 성령님과 친밀한 대화를 나누는 '대화기도'에 힘써야 하며 또한 교회 공동체가 모였을 때 합심으로 뜨겁게 기도하므로 모든 성도가 하나님을 바라보며 그분께 마음을 토해야 합니다.

기도는 그리스도의 이름으로 우리의 기원을 하나님께 간구하며, 죄를 자복하며, 하나님의 뜻을 찾는 것이며, 하나님의 자비하신 모든 은혜를 감사하는 것입니다.(요 16:23, 빌 4:6, 요일 1:9, 5:14, 시 10:17, 62:8, 145:19)

교회에서는 모일 때마다 합심으로 기도하기를 힘써야 합니다.

오순절 날 성령 강림이 있은 지 얼마 지나지 않아 교회에 엄청난 핍박이 일어났습니다. "너희 중에 고난당하는 자가 있느냐? 저는 기도할 것이요"(약 5:13)라고 했습니다. 여기서 말하는 "고난"은 '육체의 질병'이 아닌 '전도를 위한 핍박'을 의미합니다.

이에 성도들은 다시 기도하기 위해 모였고 소리 높여 합심으로 간절히 기도하자 그들 모두에게 어마어마한 성령의 나타남이 있게 되었고 이로 인해 담대히 말씀을 증거하게 되었습니다.

"빌기를 다하매 모인 곳이 진동하더니
무리가 다 성령이 충만하여

담대히 하나님의 말씀을 전하니라."(행 4:31)

이와 같이 교회는 예배하기 위해 함께 모였을 때는 단 3분이라도 하나님께 탄원하는 기도, 빌기를 다하는 기도를 드려야 합니다. 빌기를 다하는 기도는 온 교회가 모여 드리는 합심기도입니다. 이를 통해 성령의 나타남이 더욱 커지게 됩니다.

그렇다고 해서 하루에 몇 시간씩 시간을 채우는 기도를 해야 한다는 말은 아닙니다. 그렇게 해야 더 큰 권능이 임하는 것은 절대로 아닙니다. 이미 성령의 큰 권능이 우리 안에 가득히 거하고 있기 때문입니다. 초대 교회 성도들이 빌었던 것은 더 큰 권능이 임하게 해 달라는 기도가 아닌, 단지 핍박 가운데 굴하지 않고 더욱 성령의 나타남을 통해 담대히 복음을 전하게 해 달라고 기도한 것이었습니다.

이에 비해 성령님과의 인격적인 교제는 쉬지 않고 기도하는 무시기도라 할 수 있습니다. 이런 공동체 모임의 빌기를 다하는 짧은 '합심기도'와 개인적으로 24시간 대화하는 긴 '무시기도' 중 어느 것도 무시할 수가 없습니다. 둘 다 소중합니다.

당신은 "우리의 방패이신 하나님이여! 주의 기름 부으신 자의 얼굴을 살펴보옵소서!"(시 84:9)라고 담대히 말할 수 있을 정도로 믿음으로 기도하며 성령님과 함께 움직여야 합니다.

성령님과만 있는 시간을 가지라

우리는 매일 한 시간 또는 몇 시간씩, 스스로 정한 시간을 채우기 위해 피와 땀과 눈물을 흘리는 기도를 할 필요가 없습니다. 그렇게 울며 빈다고 해서 더 큰 권능이 오는 것이 결코 아니며, 땀을 흘리며 기도 시간을 채운다고 해서 성령 충만해지는 것도 아니기 때문입니다.

성령님은 하나님이며 우리가 땀과 피와 눈물로 대가를 지불한다고 더 많이 얻게 되는 것이 아닙니다. 우리는 이미 믿음으로 큰 구원을 얻었듯, 이미 믿음으로 큰 성령을 받았습니다. 의와 성령에 부족함이 없고, 잔이 넘칩니다.

그러나 우리는 성령님과 대화하기 위해 따로 한적한 곳을 찾고 그분과만 얼굴을 맞대고 앉아 있는 시간을 낼 필요가 있습니다. 저는 오전에 30분에서 한 시간 정도 조용히 그분과만 얼굴을 맞대고 앉아 성경과 신앙 서적을 읽으며 그날 있을 중대한 문제들에 대해 의논을 합니다. 그분은 제게 말씀하시고 저는 그분의 음성을 듣습니다.

당신도 하루에 단 5분이라도 이런 혼자만의 시간을 가지십시오. 이를 위해 시간을 떼고, 분주한 업무와 시끄러운 사람들과 따로 떨어져 성령님과만 대화를 나누십시오.

하나님께서는 우리에게 많은 것을 주셨습니다. 가정, 돈, 시간, 재능 등을 우리에게 맡겨 주셨습니다. 우리는 이 모든 것의 청지기입니다. 부요하신 하나님께서는 우리가 이 땅에서 살면서 하나님의 뜻을 이룰 수 있도록 충분한 시간도 주셨습니다. 특히 하나님은 당신에게 기도하고 성경을 연구할 수 있는 시간을 분명히 주셨습니다. 그런 영혼을 위한 시간을 소중히 여기십시오.

예수님은 이 세상에서 가장 유명하셨고 바쁜 스케줄 속에 움직이신 분이셨습니다. 그러나 기도할 수 없을 만큼 바쁘게 다니지는 않으셨습니다. 아니 예수님은 기도를 가장 중요한 사역으로 여기셨고 그 무엇에도 기도를 양보하지 않으셨습니다.

마가는 새벽 오히려 미명에 예수께서 일어나 나가 한적한 곳으로 가사 거기서 기도하셨다고 기록했고(막 1:35) 마태는 예수님께서 무리를 떠나신 후 기도하러 따로 산에 올라가셨다고 기록했습니다.(마 14:23) 주님은 때로는 밤이 새도록 기도하셨고 중요한 일이 있을 때마다 기도하셨습니다. 이것은 정한 시간을 채우는 기도를 했다는 말이 아니라 하나님과만 단둘이 있는 시간을 가졌다는 말입니다.

누가는 예수님이 기도하는 장면을 구체적으로 묘사했습니다.(눅 22:39~46) 여기서 우리는 기도에 대한 몇 가지 중대한 교훈을 얻을 수 있습니다. 무엇일까요?

첫째, 예수님은 기도하기 위해서 일어나 나가셨습니다.

저는 주님과만 따로 혼자 있는 시간을 많이 가집니다. "나 혼자만의 시간이 필요해요"라고 아내에게 말한 후 혼자 집을 나섭니다. 그 후 교회건 공원이건 한적한 곳을 찾아 주님과 많은 대화를 나눕니다.

둘째, 예수님은 습관을 좇아 기도하셨습니다.

기도하는 습관을 만들어야 합니다. 어떤 일이 있을 때마다 사람들에게 하소연할 것이 아니라 습관적으로 중얼거리며 주님께 마음을 토해야 합니다. 입을 열어 주님께 일상적인 것들을 말씀드리는 것이 처음에는 좀 낯설어도 습관이 되면 쉬워집니다.

셋째, 예수님은 가끔씩 무릎을 꿇고 기도하셨습니다.

그렇다고 예수님이 항상 무릎을 꿇고 기도하신 것은 아니었습니다.

우리는 항상 겸손한 마음으로 하나님께 기도해야 합니다.

넷째, 예수님은 하나님 아버지의 뜻을 구했습니다.

기도는 아버지의 뜻을 구하는 것입니다. "내 뜻대로 마옵시고 아버지의 뜻대로 하옵소서"라고 말하므로 내 뜻을 포기하고 아버지의 뜻을 받아들이는 것이 기도의 절정이라고 할 수 있습니다.

사실 주기도문의 내용도 전부 더 많은 소유를 위한 기도라기보다는 나와 하나님과의 올바른 관계를 위한 기도라고 볼 수 있습니다. 즉 내 뜻, 내 나라, 내 권세, 내 영광, 내 이름을 포기하고 모든 것의 주인이 하나님이시며 나는 청지기임을 고백하는 것이 주님이 가르쳐 주신 기도의 내용인 것입니다.

다섯째, 예수님께서 기도하실 때 천사가 도왔습니다.

기도할 때 천사가 하나님의 자녀를 돕습니다. 당신은 왕의 자녀입니다. 왕족에게는 그를 돕는 천군 천사가 항상 배치됩니다. 눈에 보이지 않지만 실제로 불 말과 불 병거가 당신을 둘러싸고 있으며 당신을 지키고 보호한다는 사실을 믿어야 합니다.

그러므로 교회나 골방에서 또는 산에서 혼자서 기도할 때 당신은 전혀 두려워할 필요가 없습니다. 사탄은 타락한 천사 중의 하나에 불과하며, 권능 있는 천군 천사가 당신을 지켜 준다는 믿음을 가지고 평안한 마음으로 기도해야 합니다.

여섯째, 예수님은 때로 힘쓰고 애써 간절히 기도했습니다.

어떤 큰 문제를 놓고 기도할 때는 힘쓰고 애써 기도해야 할 때도 있습니다. 그렇다고 해서 매일 한 시간씩 엎드려 겟세마네 동산의 기도를 해야 하는 것은 아닙니다. 예수님은 온 인류의 죄를 짊어지기 위해 하나님께 순종하는 기도를 드렸던 것입니다.

이러한 겟세마네의 기름을 짜는 듯한 기도는 예수님의 생애 33년 동안 단 한 번 있었던 특별한 경우였습니다. 많은 경우 예수님은 일상 속에서 아버지와 대화를 나누셨고 나사로를 살리실 때도 서서 눈을 들어 믿음의 기도를 하셨습니다.

이러한 기도 생활을 통해 예수님은 눈에 보이는 돈이나 명예, 또는 군중을 따라 움직이시지 않으셨고 오직 눈에 보이지 않지만 더욱 실제적이신 분 곧 성령님을 좇아 행하시므로 아버지의 뜻을 이루셨습니다.

예수님은 항상 성령 충만한 가운데 움직이셨고 아버지와의 긴밀한 관계를 유지하고 계셨습니다. 이렇기 때문에 병자를 치료하거나 귀신들을 쫓고 죽은 자를 살리실 때 성령님의 인도를 받으며 아버지의 일을 순조롭게 잘 이루어 낼 수 있었습니다.

당신은 어떤 중요한 사람을 만나는 것보다도 기도하는 시간을 중요하게 여기도록 하십시오. 많은 일을 하기 위해 분주히 돌아다니는 것보다 기도하는 것을 소중히 여겨야 합니다. 저는 제가 있는 곳이 어디든 그곳을 골방으로 여기며 항상 은밀히 하나님께 기도하며, 모든 업무를 기도 가운데 진행하고 있습니다.

하나님의 사람인 당신에게 있어서도 사실 다른 것은 좀 부족하더라도 기도의 골방에서 하나님과 단 둘이 보내는 비결은 잘 터득하고 있어야 합니다. 사도들은 "우리는 기도하는 것과 말씀 전하는 것을 전무하리라"(행 6:4)고 했습니다. 이처럼 성령님과 친밀하게 교제하는 것과 사람들에게 복음을 전파하는 것, 이 두 가지를 다른 무엇보다 귀하게 여겨야 합니다.

어떤 기도는 한 번 만에 즉각 응답이 옵니다. 그러나 때로는 여러 번을 부르짖어야 할 때도 있습니다. 엘리야가 바알 선지자와 대결할 때 하늘에서 불이 떨어진 것은 한 번의 기도로 가능했지만 비를 내리게 하는 것은 일곱 번을 간구해야 했습니다. 하지만 중요한 것은 횟수나 시간이 아닌 '믿음의 기도'입니다. 믿음의 기도가 산을 옮기고 병든 자를 구원합니다. 무엇이든지 기도하고 구하는 것은 받은 줄로 믿고 마음에 의심치 말아야 합니다. 그러면 기도한 그대로 됩니다. 오직 믿음으로 구하고 조금도 의심하지 마십시오.

응답 못 받는 소망의 기도를 하지 말고 응답 꼭 받는 믿음의 기도를 하십시오. 믿음의 기도를 하면 30년 기도해도 응답 못 받던 것을 3분 만에 응답받을 수도 있습니다. 여기에 대한 자세한 내용은 제가 쓴 〈김열방의 기도응답비결〉이란 책에 모두 담겨 있습니다. 꼭 구입해서 읽어보십시오. 수십 년 잘못된 기도 생활이 완전히 바뀔 것입니다.

하나님은 당신의 모든 기도에 응답하십니다. 첫째도 기도, 둘째도 기도, 셋째도 기도, 쉬지 말고 기도하십시오. 제 삶은 기도입니다. 당신도 이렇게 말씀드리므로 모든 일을 주님과 함께 하기 바랍니다.

"주님, 제 생각이 기도가 되게 하시고 제 말과 눈빛, 제 손짓과 몸짓, 제 발걸음과 오늘 제가 하는 모든 일이 기도가 되게 하소서."

성령님의 인도를 받는 삶이 참된 성공

당신은 보혜사이신 성령님과 친밀한 교제를 통해 당신을 향한 하나님의 깊은 뜻을 발견하고, 이분의 인도를 받아야 합니다. 당신이 인간적으로 볼 때 아무리 잘 나가고 성공을 거두는 것처럼 보인다 하더라도 성령님의 정확한 인도를 받지 않고 자신의 야망을 위해서 달려왔다면 당신은 성공한 자 같으나 실패한 것입니다. 진정으로 참된 성공이 무엇인지 예수님의 고백을 들어봅시다.

"아버지께서 내게 하라고 주신 일을 내가 이루어
아버지를 이 세상에서 영화롭게 하였사오니……."(요 17:4)

예수님은 우리와 똑같은 인간으로 오셔서 전적으로 성령님의 인도를 받으며 짧은 생애 동안에 아버지께서 하라고 시키신 일을 이루심으로 성공적인 삶을 사셨습니다. 당신도 철저하게 성령님의 인도를 받으며 성령님을 통해 아버지께서 보여 주시고 그분이 하라고 시키신 일만 해야 합니다.

모든 그리스도인은 그들의 일상적인 삶과 특별한 사역 속에 적극적인 성령님의 인도를 받아야 합니다. 성령님의 인도하심을 놓치고 혼자서 인생을 달려가는 사람은 자기 생각의 한계를 넘지 못하고 주저앉게 됩니다. 다른 것은 다 놓치더라도 성령님의 인도는 붙들어야 합니다.

예수님께서는 성령님이 오시면 우리에게 장래 일을 알려 주시고 우리를 인도하실 것이라고 약속하셨습니다.(요 16:8~13) 우리는 육의 요구를 좇지 말고 철저하게 성령님의 인도를 따라 살아야 합니다. 성경은 우리가 다른 것은 좀 부족하더라도 결단코 성령님의 인도만큼은 확실히 받아야 한다고 말씀합니다.

"무릇 하나님의 영으로 인도함을 받는
그들은 곧 하나님의 아들이라."(롬 8:14)

우리는 다시는 무서워하는 종의 영을 받지 아니하였고 양자의 영을
받았습니다. 그래서 창조주 하나님을 향하여 "아바 아버지"라고 부를
수 있게 된 것입니다. 성령님이 친히 우리가 하나님의 자녀인 것을 증
거하고 있습니다. 당신이 하나님을 아버지라 부를 때 지상 최고의 자
존감(自尊感)을 갖게 됩니다. 한 번 불러 보세요.

"아버지, 나의 하나님 아버지!"

우리는 고난을 받든 영광을 얻든 반드시 성령님의 인도를 받으며
꿋꿋이 나아가야 합니다. 때로는 힘들고 어려워도 하루에도 몇 번씩
포기하고 싶은 마음이 들어도 성령님의 인도하심을 따라야 합니다. 성
령님께서는 날마다 순간순간마다 하나님의 뜻대로 살도록 우리의 연
약함을 도우시며 우리가 마땅히 빌 바를 알지 못할 때도 말할 수 없는
탄식으로 우리를 도우십니다.(롬 8:26)

우리가 성령님의 인도 가운데 살아가면서 사명을 감당해 나간다면
아무리 어렵고 힘든 시기가 와도 우리를 사랑하시는 애인이신 성령님
의 도우심으로 이 모든 것을 넉넉히 이길 수 있습니다. 환난이나 핍박
이나 기근이나 위험이나 적신이나 칼도 성령님께서 도우시면 아무것
도 아닌 것처럼 되어 버립니다.

성령님은 우리의 마음을 감찰하실 뿐만 아니라 하나님의 마음 속
깊은 것까지라도 통달하십니다. 그러므로 성령님의 인도를 받아야 정

확하게 법대로 경기하여 하나님의 뜻을 성취하게 되므로 영광스러운 승리의 면류관을 받게 되는 것입니다. 담대하게 성령님께 나아가서 당신을 인도해 달라고 부탁을 드리십시오. 오늘 밤 사이에 당신의 인생에 무슨 일이 벌어질 지 누가 알 수 있겠습니까? 한계에 부딪쳤을 때마다 자주 이렇게 말씀드리십시오.

"성령님, 저를 인도해 주세요."

오직 인격이신 성령님이 임하시면

당신이 승리하는 삶을 살고 온 세상을 살리는 방법은 오직 성령의 권능으로 충만할 때 이루어지는 것입니다. 다른 프로그램과 방법으로는 조금의 유익과 도움을 가져오기는 하지만 예수 그리스도의 지상 명령을 이루지는 못하며 이 땅에 진실로 하나님의 나라를 가져오지는 못하는 것입니다. 오직 천지를 창조하실 때 운행하셨던 하나님의 신, 오직 성령님만이 죄와 저주로 물들어 지옥으로 달려가고 있는 이 세상을 구원할 수 있는 능력이요 하나님의 계획인 것입니다.

성령 충만하지 않은 사람은 창세기 1장 2절의 "땅이 혼돈하고 공허하며 흑암이 깊음 위에 있고"라는 말씀처럼 제 마음도 이와 같이 같은 상태에 놓여 무엇을 어떻게 해야 할지 모르며 모든 것이 힘들어집니다. 그러나 성령의 운행하심이 있으면 모든 것은 질서가 잡히며 창조적인 권능을 통해 세상을 지배하고 정복하고 다스릴 수 있게 됩니다.

특별한 재능보다 더 중요한 것은 특별한 능력입니다. 예수를 구주로 영접한 사람은 이미 성령님이 그 사람 안에 내주해 계시며 믿음으로 행할 때 성령님의 능력이 나타나게 됩니다.

사탄의 세력을 꺾으신 분은 오직 예수 그리스도 한 분 외에는 없습니다. 그의 부활의 능력만이 사탄과 온갖 미혹의 영과 귀신의 세력에 묶여 종노릇하는 세상에 희망을 줄 수 있습니다. 예수님께서는 3년 동안 인류의 죄를 대속하기 위한 삶을 완벽히 사신 후에 부활 승천하셨습니다. 그때 예수님께서는 제자들에게 놀라운 새 언약을 주셨습니다.

"오직 성령이 너희에게 임하시면 너희가 권능을 받고
예루살렘과 온 유대와 사마리아와 땅 끝까지 이르러
내 증인이 되리라."(행 1:8)

이 말은 다음과 같은 의미였습니다.

"나와 똑같은 한 인격이신 성령님이 오실 것이다. 요한은 물로 너희에게 세례를 주었지만 나는 너희에게 성령으로 세례를 줄 것이다. 다른 보혜사 성령님이 오시면 너희를 진리 가운데로 인도하실 것이다. 그뿐 아니라 삶의 전반에 걸쳐 너희를 인도하실 것이며 능력을 부어 줄 것이다. 그러므로 너희는 예루살렘을 떠나지 말고 아버지의 약속하신 성령이 오실 때까지 기다려라. 성령님은 좌절 가운데 있는 너희에게 승리를 줄 것이며 하늘나라의 기쁨을 회복시킬 것이다. 너희는 세상을 큰 권능으로 정복하게 될 것이다."

제자들은 마가의 다락방에 모여 이 약속의 말씀을 붙들고 간절히 기도하며 기다렸습니다. 그러자 예수 그리스도의 인격과 성품을 가지신 하나님의 신이 하늘의 횃불을 가지고 강림하셨습니다.

"오순절 날이 이미 이르매 저희가 다 같이 한 곳에 모였더니 홀연히 하늘로부터 급하고 강한 바람 같은 소리가 있어 저희 앉은 온 집에 가득하며 불의 혀같이 갈라지는 것이 저희에게 보여 각 사람 위에 임하여 있더니 저희가 다 성령의 충만함을 받고 성령이 말하게 하심을 따라 다른 방언으로 말하기를 시작하니라."(행 2:1~4)

오순절에 성령님이 강림하셨습니다. 그 이후로 이 땅에 계신 성령님은 이제 예수를 구주로 믿는 모든 사람들 속으로 들어가십니다. 성령님을 모신 사람이 믿음으로 행할 때 성령의 기름 부음이 나타나게 되며 이로 인해 삶과 사역은 풍성해지게 됩니다.

그러면 성령님은 어떻게 역사하십니까? 오순절 성령 강림 사건은 역사적으로 단회적인 사건이지만 여기에는 열두 가지의 놀라운 현상이 있으며 이런 현상은 얼마든지 교회 가운데 재현될 수 있습니다.

"오순절 날이 이미 이르매……."

성령님은 하나님의 때에 정확하게 일하십니다. 때에 맞춰 하나님의 섭리와 계획을 이루십니다.

"저희가 다같이 한 곳에 모였더니……."

성령님은 성도들이 모여 합심으로 기도할 때 강하게 역사하십니다.

"홀연히……."

성령님은 홀연히 주권적으로 역사하십니다.

"하늘로부터……."

성령님은 하늘로부터 역사하십니다. 땅의 힘으로 아무리 발버둥 쳐도 안 됩니다. 당신에게 하늘의 능력과 지혜가 임해야 승리할 수 있습니다. 예수님을 영접한 사람은 하늘의 권능이신 성령님이 들어와 계시므로 믿음으로 살 때 세상을 능히 이깁니다.

"급하고……."

성령님은 급하게 역사하십니다. 우리는 스스로 서두르지 말아야 합니다. 주님은 저에게 "네가 서두르지만 않으면 네 꿈과 소원을 모두 이루어 주겠다"고 경고하셨습니다. 우리가 아닌 성령님이 서두르십니다. 우리가 볼 때 더딘 것처럼 보여도 성령님은 서두르고 계시므로 모든 것을 성령님께 맡기고 순종해야 합니다.

"강한……."

성령 충만 받으면 강해집니다. 갈대와 같은 시몬도 반석 같은 베드

로가 되었습니다. 성령님은 강한 분이시며, 그의 백성들을 강하게 하
시는 조교와도 같습니다.

"바람 같은……."

성령님은 바람처럼 역사하십니다. 바람은 임의로 동에서 서로 부는
것처럼 성령님은 당신을 임의로 인도하시며, 깨끗한 바람이 불어 대기
중의 더러운 공기를 몰아내는 것처럼 성령님은 당신의 영혼의 더러운
공기를 시원하게 청소하십니다.

"소리가 있어……."

성령님의 역사는 비둘기처럼 조용히 임하시기도 하지만 때로 큰 소
리를 내기도 합니다. 성령 충만 받으면 조용한 사람도 큰 소리를 내게
됩니다. 큰 소리 내어 기도하며, 큰 소리 내어 찬송하며, 큰 소리 내어
말씀을 전하게 됩니다.

"저희 앉은 온 집에 가득하며……."

성령님은 가득하게 역사합니다. 때론 건물 안에까지 가득히 자신의
임재를 나타내십니다.

"불의 혀같이 갈라지는 것이 저희에게 보여……."

성령님이 임재 하시면 당신의 가슴속에 불의 혀같이 뜨거운 사랑의 불이 타오르게 됩니다. 예수님과 영혼을 뜨겁게 사랑하게 됩니다.

"각 사람 위에 임하여 있더니……."

성령님은 각 사람에게 임하시고 떠나시지 않습니다. 하나님의 소원은 각 사람과 인격적인 사랑의 친교를 나누는 것입니다.

"저희가 다 성령의 충만함을 받고 성령이 말하게 하심을 따라 다른 방언으로 말하기를 시작하니라."

성령님께서는 당신 안에 충만히 임재해 계시며 기도의 언어인 방언을 선물로 주십니다.

여기서 가장 중요한 사실은 불같은 성령, 바람같이 계신 성령님이 인격으로 제자들에게 임하셨다는 것입니다. 그들이 모든 것을 다 버리고 좇았던 예수 그리스도가 승천하시고 다른 보혜사이신 성령님이 예수님과 같은 인격으로 그들에게 오셨다는 감격적인 사실이었습니다.

여기서 '다른 보혜사'라는 것은 예수님과 똑같은 자리에서 똑같은 능력과 권세로, 예수님의 인격과 성품을 가지고 계신 분이라는 말입니다. 주위의 사람들은 눈에 보이는 현상들만 보고 있었지만, 베드로를 비롯한 120명의 제자들은 자기의 생애에 얼마나 엄청난 기적이 일어났는지를 잘 알고 있었습니다.

자기들과 3년 동안 먹고 마시며 함께 생활했던 예수님은 올라 가셨지만 다른 보혜사, 곧 성령님께서 예수님과 똑같은 지, 정, 의를 가지신 인격으로 오셨다는 것을 깨달아 알게 된 것입니다. 이것은 눈에 보이지 않는 조용한 것이었습니다. 예수님의 약속의 말씀이 이루어진 것이었습니다.

> "조금 있으면 너희가 '나'를 보지 못하겠고
> 또 조금 있으면 '나'를 보리라."(요 16:16)

그때부터 세미한 성령의 음성이 들려오기 시작했고 그들은 이분과 부드럽고 친밀한 사랑의 속삭임을 나누면서 살게 되었습니다. 인격으로 오신 성령님과 대화를 나누면서 새롭게 그리스도를 알아 갈 때 제자들에게 있어서 성령님의 인도를 받는다는 것은 그리 어려운 일이 아니었습니다. 성령님과 함께 살아가는 것을 점차적으로 배워 나가면서 그들은 정확한 성령님의 인도하심과 역사하심에 눈을 뜨게 되었으며 온 마음을 다해서 이분을 인격적으로 사랑하게 되니 자아는 죽고 그들 안에 오직 영이신 그리스도만 살게 된 것이었습니다.

그 대표적인 예로 사도 바울의 생활 방식을 우리는 잘 알고 있습니다. 그는 온 마음을 다해서 영으로 계신 그리스도를 사랑했기 때문에 삶 속에서 자신은 없고 그리스도만 살아 계신다고 고백했던 것입니다.

> "내가 그리스도와 함께 십자가에 못 박혔나니
> 그런즉 이제는 내가 산 것이 아니요
> 오직 "내 안에 그리스도"께서 사신 것이라.
> 이제 내가 육체 가운데 사는 것은
> 나를 사랑하사 나를 위하여 자기 몸을 버리신

하나님의 아들을 믿는 믿음 안에서 사는 것이라."(갈 2:20)

바울은 복음 전파 사역을 할 때에도 전적으로 성령님의 인도하심을 받았으며, 모든 일에 성령님과 동행하면서 이분을 인정하고 도움을 구했습니다. 그 결과 그는 절망적인 로마 감옥의 어두운 현실 속에서도 전 세계를 복음으로 정복할 수 있는 지혜와 계시를 얻게 되었습니다.

성령님, 저를 도와주세요

가장 음란하고 죄 많은 세대를 살고 있는 당신은 그 무엇보다도 당신의 삶 가운데 계신 성령님의 도움을 구하면서 살아가야 합니다. 당신이 성결한 그리스도인의 삶과 복음으로 세상을 정복하는 일을 하고자 할 때 성령님의 도움이 없으면 절대로 불가능합니다.

우리는 걸어가거나 사람을 만나거나, 어떤 중대한 일을 할 때 순간마다 성령님의 인도하심을 구해야 합니다. 아무도 당신을 돌아보는 이 없을 때도 보혜사 성령님께서는 당신을 돕기 위해 당신 곁에 서 계신 것입니다. 당신이 눈을 돌려 성령님을 바라보면서 "성령님, 저를 도와주세요"라고 말씀드리면 친절하신 성령님께서는 당신의 길을 인도하시고 큰 능력으로 도움을 주시리라 믿습니다.

당신은 매사에 성령님과 함께 일해야 합니다.

사도 바울은 "우리는 하나님과 함께 일하는 자"라고 했습니다.(고후 6:1) 요나단도 하나님과 함께 일하는 자였으며, 다윗도 하나님과 함께 전쟁터에 나갔습니다.(시 18:29) 요셉이 그러했으며, 다니엘도 마찬가지입니다. 당신은 언제 어디서 무엇을 하든지 성령님을 전적으로 의지하며 이분과 함께 뛰어야 합니다. 매순간 이렇게 말씀드리십시오.

"성령님, 저를 도와주세요."

그림을 그릴 때나 글을 쓸 때, 운동을 할 때나 기도를 할 때 성령님과 함께 합니다. 주부들은 특히 요리를 할 때 성령님을 의지해야 합니다. 시장에서 물건을 고를 때나 백화점에서 쇼핑할 때도 성령님께 도움을 구해야 합니다. 특히 설교를 할 때와 전도를 할 때는 전폭적으로 성령님께 매달려야 합니다.

우리는 언제나 보혜사이신 성령님을 의지해야 합니다. 성령님은 전지전능하신 여호와의 신이십니다. 또한 지혜와 총명의 신이요 모략과 재능의 신이요 지식과 여호와를 경외하는 신이십니다.(사 11:2) 이러한 성령님께 도움을 구하면 일곱 가지 성령님의 천재적인 기름 부음이 당신의 머리부터 발끝까지 강력하게 나타날 것입니다.

순간마다 이렇게 말씀드리십시오.

"지혜의 신이신 성령님, 제가 전도, 공부, 요리를 잘 할 수 있도록 지혜를 부어 주세요."

"총명의 신이신 성령님, 성경을 잘 깨닫게 하시고 하나님과 그분의 뜻을 깨달을 수 있도록 총명을 주세요."

"모략의 신이신 성령님. 저의 문제를 해결해 주시고 어려운 사람에게 상담을 잘 할 수 있도록 모략을 주세요."

"재능의 신이신 성령님. 저에게 각양 은사를 주시고 사업을 잘하고 그림을 잘 그리고 운동을 잘 할 수 있도록 재능을 나타내 주세요.”

“여호와를 경외하는 신이신 성령님. 신령과 진정으로 예배를 잘 드리고 성령님과 동행하며 경건히 살 수 있도록 도와주세요.”

성령님은 당신을 돕기 위해 부름을 받아 곁에 와 계신 보혜사이십니다. 당신의 약함을 돕기 위해 부름을 받아 곁에 와 계신 거룩한 하나님의 영이십니다. 그러므로 당신은 적극적으로 도움을 청하고 매달려서 성령님께 도움을 구해야 합니다.

“내가 아버지께 구하겠으니 그가 또 다른 보혜사를 너희에게 주사 영원토록 너희와 함께 있게 하시리니 저는 진리의 영이라. 세상은 능히 저를 받지 못하나니 이는 저를 보지도 못하고 알지도 못함이라. 그러나 너희는 저를 아나니 저는 너희와 함께 거하심이요 또 너희 속에 계시겠음이라. 내가 너희를 고아와 같이 버려두지 아니하고 너희에게로 오리라.”(요 14:16~18)

하늘과 땅의 모든 권세를 가지신 통치자 예수 그리스도가 영으로 당신 안에 임재해 계십니다. 바울이 말한 “너희 안에 계신 그리스도”(골 1:27)는 바로 죽음을 이기고 승리하신 부활의 주님이십니다.

예수님은 이미 그의 피로 사탄의 정사와 권세를 다 깨뜨리시고 승리하신 분이십니다. 예수님은 사탄과 모든 어두움의 세력을 제압하시는 주권자이십니다. 예수님은 만왕의 왕이시며 만군의 주이십니다. 전 우주를 다스리시는 분이십니다. 이분은 당신과 함께 계십니다.

"예수께서 우리를 위하여 죽으사
우리로 하여금 깨든지 자든지
자기와 함께 살게 하려 하셨느니라."(살전 5:10)

이분은 지금 당신 안에 계십니다.

"예수 그리스도께서 너희 안에 계신 줄을
너희가 스스로 알지 못하느냐?"(고후 13:5)

이분은 당신 속에서 능력으로 역사하시는 분이십니다. "내 속에서 능력으로 역사하시는 이"(골 1:29)라고 성경은 말씀하고 있습니다.

전지전능하신 능력으로 역사하시는 이가 당신 속에 계시는 데 왜 당신은 모든 것을 혼자 해결하려고 합니까? 자세히 살펴보면 당신은 무엇 하나 제대로 해낼 수 없는 연약한 존재임을 알게 됩니다.

세계 모든 민족 위에 뛰어난 삶을 살려면 절대 당신 혼자의 힘으로는 불가능합니다. 그러나 성령님과 함께라면 모든 것이 쉽습니다.

당신은 어떤 일을 하든지 마음을 다하여 성령님을 의지해야 하며 자신의 명철을 의지하지 말아야 합니다. 모든 일에 성령님을 인정해야 합니다. 그리하면 지혜로우신 성령님께서 당신의 모든 길을 지도하실 것입니다. 그렇다고 당신의 명철과 재능을 완전히 무시하라는 말은 아닙니다. 그것을 의지하지 말라는 것입니다.

당신이 자신을 부인하고 전적으로 성령님을 의지할 때, 늦은 것처럼 보이지만 가장 빠른 첩경입니다. "그러나 먼저 된 자로서 나중 되고 나중 된 자로서 먼저 될 자가 많으니라"(마 19:30)고 주님께서 말씀

하셨습니다. 하나님은 교만한 자를 물리치시고 겸손한 자에게는 은혜를 주시는 분이십니다.(약 4:6)

하나님의 역사하심은 거의 동일합니다. 하나님은 당신을 선택하시고, 당신에게 '언약'(그리스도와 개인적 사명)을 주시고, 당신이 믿고 순종할 때, 하나님의 전능하신 능력과 절대 주권적인 섭리로 당신이 품고 있는 '그 언약'을 이루어 나가십니다. 이것이 바로 성령님의 인간 역사 속에서의 운행하심입니다.

하나님께서는 당신에게 무엇을 하기를 요구하시기 이전에 하나님께서 친히 당신을 '통해' 무엇인가를 하시겠다고 말씀하십니다. 이렇게 해서 하나님의 '언약'을 받고 나서 인간 편에서 순종으로 담대한 믿음의 거보를 내딛게 될 때, 하나님께서는 전능하신 능력으로 역사의 새로운 장을 열어 나가시는 모습을 우리는 성경에서 발견하게 됩니다.

> "너희 안에서 행하시는 이는 하나님이시니
> 자기의 기쁘신 뜻을 위하여
> 너희로 소원을 두고 행하게 하시나니……."(빌 2:13)

언약을 가슴에 품은 당신이 성령님을 전적으로 의지하고 순종할 때 성령님께서는 당신에게 놀라운 지혜와 모략을 베푸시고 길을 여셔서 상상조차 할 수 없는 일들을 당신의 생애 속에 이루어 나가십니다. 그러므로 당신은 "우리 가운데서 역사하시는 능력대로 우리의 온갖 구하는 것이나 생각하는 것에 더 넘치도록 능히 하실"(엡 3:20) 성령님을 생생하게 삶의 현장 속에 모시고 전적으로 의지하며 동업해야 합니다.

하나님의 자녀인 당신은 모든 일에 "일을 행하는 여호와 그것을 지어 성취하는 여호와"이신 성령님을 의지하고 당신의 모든 행사를 이분께 전폭적으로 맡겨야 합니다. 그러면 성령님이 이루십니다. 성령님께서 당신에게 특별한 지혜와 총명과 건강과 능력을 주셔야만 당신의 생애 속에 하나님의 영광을 드러낼 수 있습니다.

그렇지 않고 당신이 우두머리가 되어서 독단적으로 무엇인가 해내려고 한다면 항상 실패를 거듭하게 됩니다. 당신 편에서 하나님을 위해서 인본주의적인 방법으로 무엇인가 해내겠다고 앞장서서 설친다면 언제나 죄와 실패로 얼룩진 발자국만 남기게 될 것입니다.

하나님은 부지런히 자기를 찾는 자들에게 상 주시는 분이십니다. (히 11:6) 당신이 하나님께서 주신 사명을 감당함에 있어 부지런히 성령님을 찾고 이분을 의지한다면 반드시 성공할 것입니다. 당신에게 주어진 언약은 정확히 성취될 것입니다.

"말세에 내가 내 영으로 모든 육체에게 부어 주리니 너희의 자녀들은 예언할 것이요 너희의 젊은이들은 환상을 보고 너희의 늙은이들은 꿈을 꾸리라"(행 2:17)는 말씀대로 성령님께서 당신에게 임하실 때 당신의 영속에 꿈과 환상과 예언을 심어 주십니다. 아무리 불가능해 보여도 어떤 환경이나 어떤 사람도 그 꿈을 죽이도록 허용해서는 안 됩니다. 제 책상 앞에는 이런 글이 붙어 있습니다.

"아들아, 결코 환경이 하나님이 주신 말씀 곧 환상, 예언, 꿈을 죽이도록 허용하지 말라."

크고 위대하신 성령님이시여

모든 것을 성령님과 먼저 의논해야 하며 이분의 인도하심을 받아야 합니다. 성령님은 그분의 자녀인 당신을 정확하고 섬세하게 인도하시며 기적을 베푸실 것입니다.

당신은 성령님의 세미한 음성에 귀를 기울여야 하며 성령님께 모든 것을 내어 드려야 합니다. 성령님을 당신의 삶과 사업 터의 주인으로 모셔야 합니다. 이렇게 말씀드리면 되겠지요.

"성령님. 저는 성령님의 것입니다. 저를 받아 주십시오. 저를 사용해 주십시오."

그리고 상점이나 공장, 회사에 성령님과 함께 출근하면 이렇게 말씀드리십시오.

"만유의 주이신 성령님. 이 모든 것이 제 것이 아니라 성령님의 것입니다. 성령님께서 직접 운영해 주시고 다스려 주십시오. 자, 함께 일하시지요."

성령님을 모든 삶의 자원으로 삼고 이분의 인도를 받으며, 전적으로 성령님을 인정하고 존중하며 모든 것을 내어 드리면 천지를 창조하실 때 운행하신 성령님께서는 당신의 가정과 사업터에 역사하셔서 무에서 유를 창조하시고 오병 이어의 기적 즉, 5천 배의 기적을 베풀어 주실 것입니다. 저는 이렇게 말하기를 좋아합니다.

"크게 생각하십시오!

크게 말하십시오!
크게 행동하십시오!
크게 기도하십시오!
우리에게 크신 하나님이 계시기 때문입니다.”

보혜사 성령님이 당신의 삶의 현장에서 전지전능하신 능력으로 당신을 도와주시면 못할 일이 없습니다. 성령님께서 도와주시면 망하던 사업은 다시 일어서고, 썩어져 가는 육체는 건강과 생명으로 충만케 되며, 마음에는 기쁨과 평강이 넘치게 됩니다.

특별히 당신이 성령님께 도움을 구해야 할 것이 있다면 예수 그리스도의 인격으로 충만케 해 달라는 것입니다. 언젠가 성령님께서는 제가 하루 일과를 마치고 샤워를 하고 있을 때 이렇게 말씀하셨습니다.

“사람들이 업적은 대단하게 여기지만 삶은 시시하게 여긴다.”

저는 깜짝 놀랐습니다. 그것은 분주한 현대인의 삶의 목적을 정확하고 예리하게 지적하는 말씀이었습니다. 이때부터 저는 성령님께 저를 비롯한 모든 삶을 변화시켜 달라고 도움을 구하기 시작했습니다.

당신은 위대한 업적을 이루기 위해서만 성령님의 도움을 구해서는 안 됩니다. 온 천하를 얻는 것보다도 당신의 삶이 변화되는 것이 더 큰 것입니다. 당신이 온 천하를 소유하기 위해 성령님께 도움을 구하는 동안도 성령님께서는 온 천하보다 더 귀한 당신의 영혼을 소중히 여기시며 그 무엇보다도 당신의 삶이 그리스도의 인격으로 변화되기를 원하고 계십니다.

성령의 은사를 하나라도 더 얻기 위해 기도하는 이들은 많으나 성령의 열매를 풍성히 맺기 위해 기도하는 이들은 그리 많지 않습니다. 진정으로 자신의 삶의 변화를 위해 성령님을 전적으로 의지해야 하겠습니다. 우리는 성경 고린도전서 13장을 펴놓고 이와 같이 성령님께 도움을 구해야 하겠습니다.

"보혜사 성령님, 제발 저를 도와주세요. 제 삶에 사랑이 풍성하도록 저를 도와주세요. 제가 오래 참을 수 있도록 도와주세요. 제가 온유할 수 있도록 도와주세요. 남이 잘되는 것을 보며 투기하는 자가 되지 않도록 저를 도와주세요. 자랑하지 않게 도와주세요. 교만하지 않게 도와주세요. 무례히 행치 않게 도와주세요. 제 자신의 유익을 구하지 않게 도와주세요. 성내지 않게 도와주세요. 악한 것을 생각지 않게 도와주세요. 불의를 기뻐하지 않게 도와주세요. 진리와 함께 기뻐하게 도와주세요. 주안에서 모든 것을 참을 수 있도록 도와주세요. 주안에서 모든 것을 믿을 수 있게 도와주세요. 주안에서 모든 것을 바랄 수 있게 도와주세요. 주안에서 모든 것을 견딜 수 있게 도와주세요."

나아가 당신의 생활 전반을 도우시는 보혜사 성령님께서는 왕의 자녀들의 사업이 흥왕하게 하셔서 나눠주며 살게 하시고 모든 착한 일을 넘치게 할 수 있도록 하십니다. 지역 사회에 하나님의 영광스러운 이름을 드러내고 온 천하에 복음을 전하는데 당신을 사용하실 것입니다.

크고 위대하신 성령님께서는 지금도 당신 곁에 서 계시며 당신을 돕기를 원하십니다. 모든 일에 전적으로 성령님을 의지하십시오. 매순간 입을 열어 이렇게 말씀드리십시오.

"크고 위대하신 성령님, 역사해 주세요."

"성령님, 저와 함께 일하시지요."

"놀라우신 성령님, 저를 도와주세요."

"성령님, 저에게 기적을 베풀어주세요."

학문의 주인이신 성령님과 함께 공부하라

잠언에는 여호와를 경외하는 자를 진정한 지혜자라고 말씀합니다. 우리 그리스도인들은 무식한 자처럼 보일지라도 결코 무식하거나 어리석은 자가 아닙니다. 여호와께서 지혜로 땅을 세우셨으며 명철로 하늘을 굳게 펴셨고 그 지식으로 해양이 갈라지게 하셨으며 공중에서 이슬이 내리게 하셨습니다.(잠 3:19, 20)

우리가 세상 만물의 일부분에 대해 깊은 연구를 하여 박사 학위를 몇 개 가졌다고 해서 모든 것을 아는 것은 아니지 않습니까? 우리가 먼저 천지 만물을 지으신 하나님을 만나고 이분을 인격적으로 사귀며 개인적으로 알아 나갈 때에야 비로소 진정한 학문 연구가 시작되는 것입니다.

"여호와를 경외하는 것이 지식의 근본이어늘……."(잠 1:7)

인간과 천지 만물을 지으신 창조주 여호와 하나님을 만나지 못한 사람은 아무리 그가 학위를 많이 가지고 있어도 그는 무식한 자입니다. 그러나 하나님을 만난 사람은 그에게 지식과 지혜의 문이 근본적으로 이미 열렸다고 할 수 있습니다.

우주를 창조하신 하나님의 신이신 성령님과 사는 사람은 비록 영어 단어, 수학 공식 몇 개가 부족해도 그는 우주 만물의 근본원리를 알고 있으며 학문의 뿌리를 가지고 있습니다. 그리고 이런 사람은 지혜와 총명의 신이신 성령님의 도움을 받고 있으므로 조금만 노력하면 해박한 자가 되는 것입니다.

성령님을 의지할 때 지혜와 총명의 문이 열립니다. 성령님의 기름부음으로 인해 당신에게 있는 150억 개 이상의 뇌세포는 윤활유를 친 기계처럼 최대한의 기능을 발휘하며 가동될 것이며 기억력과 집중력과 이해력과 창의력은 수천 수백 배로 증가하게 될 것입니다. 학생들은 학업에서 승리하므로 수업 시간이 재미날 것이며 예술가들의 작품 속에는 하나님의 숨결이 스며들게 될 것입니다.

전 세계 언어의 주인도 하나님이시므로 선교사로 나가려고 준비하는 사람들은 언어 분야에 있어 더욱 적극적으로 성령님을 의지해야 합니다. 그럴 때 이해력과 기억력이 탁월해지고 어학에 재능이 생겨 쉽게 말문이 트이게 될 것입니다.

"모든 학문의 주인은 창조주 성령님이십니다."

저는 신학교 4학년 때 어느 장로교회에서 학생회와 청년부를 맡아 섬기고 있었습니다. 그때 교회 안의 사택에 있으면서 새벽 기도회를 인도하고 바쁠 때는 일주일에 설교를 열두 번 한 적도 있었습니다. 졸업논문에 많은 과제물로 쉴 새가 없었습니다. 아내와 함께 학교를 가기 위해 아기를 어머니께 맡겨 놓고 수업이 끝나면 다시 집으로 데리고 오는 생활을 하고 있었습니다.

그런데 이런 암담한 상황 속에서 성령님의 인도로 교회를 개척하기 위해 경기도 안산으로 이사를 오게 되었습니다. 교회 장소를 구하러 여러 날을 돌아다녀야 했고 낯선 환경에 적응하느라 마음의 부담도 컸습니다. 그러는 가운데 총신대학교 신학대학원 입시일은 다가왔고 공부를 거의 못했으므로 제 마음은 크게 긴장되었습니다.

안산은 신도시라서 집 근처를 살펴봐도 도서관이 없었고 독서실조차 눈에 잘 띄지 않았습니다. 겨우 찾아 낸 곳이 안산1대학 도서관이었는데 시험을 한 달 앞두고 저는 처음부터 공부를 해야 했습니다. 제 친구가 시흥으로 이사를 왔는데 그는 거의 정리를 끝내고 마지막으로 점검해 나가고 있었으며 그의 해박한 철학과 성경 지식에 저는 기가 죽을 수밖에 없었습니다. 저는 용기를 잃고 겨우 책상에 앉아 공부하는 시늉만 내다가 급기야는 기독 서점에 가서 책을 열 권 정도 사서 정신없이 탐독했습니다. 그런데 성령님께서 저를 감동하시고 시편 1편 3절 말씀을 제 마음에 심어 주셨습니다.

"복 있는 사람은, 그 행사가 다 형통하리로다"는 말씀이 제 영혼을 사로잡았습니다. 제 연약한 마음은 힘과 용기를 얻고 대학원에 합격하는 것이 저를 향한 하나님의 뜻이요 저는 반드시 합격할 것이라는 새 희망이 제 마음을 휘감았습니다.

사실 저는 몇 달 전에 꿈을 꾸었는데, 총신대학원 합격자 발표 명단에 제 이름이 없었습니다. 저는 제가 잠자는 사이에 잠재의식 속에 심겨진 그 꿈의 내용으로 의욕을 많이 잃어버린 상태였습니다. 나중에 저는 사탄도 우리가 잠자는 사이에 가라지를 뿌리므로 파괴적이고 부정적인 이미지를 심을 수 있다는 사실을 알게 되었습니다.

그러나 저는 "복 있는 사람은 그 행사가 다 형통하리로다"는 말씀을 통해 그 꿈의 이미지를 박살내고 새로운 환상을 가졌으며 그 말씀을 온 마음을 다해 꽉 붙들었습니다. 공부가 잘 안되고 졸리면 밖에 나와서 커피를 마시며 거울을 보면서 다시 "복 있는 사람은 그 행사가 다 형통하리로다!"는 말씀을 입술로 고백했습니다.

저는 걸어가거나, 차 안에서, 일어나면서 항상 그 말씀을 입으로 시인하고 제 인생의 방향을 '합격'으로 고정시켰습니다. 그리고 저와 함께 계신 지혜와 총명의 신이신 성령님께 끊임없이 도움을 구했습니다. 책을 찢어 생소한 철학자의 이름과 복잡한 내용을 확실히 외웠고 성경 전체를 요약했습니다. 그리고 순간마다 이렇게 말씀드렸습니다.

"성령님, 저를 도와주세요.
지혜와 총명의 신이신 성령님."

저는 생각하기를 '이것은 학교에서 치루는 학기말 시험과 다를 바가 없고 기본적인 수학 능력을 테스트하는 것이므로 바짝 공부하면 충분히 합격할 수 있다'는 믿음으로 공부를 했습니다. 시험 치는 전날까지 핵심적인 뼈대와 줄거리를 점검하며 완전히 시험공부 위주로 준비했는데 성령님께서는 제 속에 있는 잠재능력을 끄집어내셨고 저는 80% 정도만 이해되면 계속 진도를 나갔습니다. 시험 전날까지 정말 공부답게 해본 것은 보름 정도밖에 되지 않았습니다.

저는 '학문의 주인이신 성령님의 도우심'으로 비록 많은 문제에서 틀리고 실수했지만 합격의 영광을 얻었습니다. 저는 아내와 함께 기뻐서 뛰었고 어떤 사람은 어이가 없다는 듯이 고개를 갸우뚱거리면서도

축하해 주었습니다.

최권능 목사님이 하신 "성령님도 시험에는 맥을 못 추신다"라는 재미있는 말이 시험 기간만 되면 믿는 학생들의 입에 오르내리고 있는데 저는 그것을 적극 부인합니다. 그 목사님이 무식하거나 어리석은 것도 아니었습니다. 오직 하나님의 최고 지혜인 예수님을 전하는데 열심을 내느라 공부에 신경 쓰지 않고 시간을 투자 하지 못했을 뿐입니다. 성령님은 우리의 현실 속에 임하셔서 구체적이고 실질적으로 우리가 당하고 있는 일을 도우십니다. 저는 자주 이렇게 말합니다.

"학문의 세계에서 불가능한 일을 가능케 하시는 성령님을 초청하고 의지하십시오. 그러면 저처럼 천재적인 지혜를 발휘하게 됩니다."

당신과 함께 계신 성령님은 모든 학문의 주인이십니다. 과학은 말할 것도 없고 예술과 문학의 주인이십니다. 당신은 성령님을 인정하고 의지해야 합니다. 그리고 부지런하고 맡겨진 일에 최선을 다해야 합니다. 당신이 성실하게 생활하면서 성령님을 인정하고 의지하면 이분은 반드시 당신이 천직이라고 여기는 일 속에 찾아오셔서 모략과 재능으로 도와주시고 하나님의 이름을 빛나게 하십니다. 지금 당장 이렇게 말씀드리십시오.

"성령님, 저를 도와주세요.
모략과 재능의 신이신 성령님."

두 가지 사명과 성령님의 도우심

우리 그리스도인들에게는 두 가지 사명이 있습니다.

그 첫째로는 '일반 사명'인데 이것은 예수님의 지상 명령을 가리키는 것입니다. 먼저 구원받은 우리 그리스도의 대사들은 세상 끝 날까지 온 천하에 다니며 만민에게 복음을 증거해야 합니다.

다음은 '특별 사명'으로 개개인에게 주어지는 달란트로 그 사람만이 가야 하는 천직의 길을 가리킵니다. 하나님께서는 우리가 살고 있는 사회에서 재물을 얻을 수 있는 능을 주셨고 직업을 가지므로 그 속에서 하나님의 영광을 드러내기를 원하시며 하늘나라 사역 중에서 특별히 개인에게 독특한 은사를 주셔서 사역하게 하십니다. 교사, 목사, 전도자, 찬양 리더, 선교사, 사업가, 예술가, 건축업 등……

사도 바울은 이 사실을 명확하게 구분하면서 생명까지 바쳐서 이 두 사명을 감당하겠다고 결심했습니다. 그의 굳은 결심이 귀에 쟁쟁하게 들리지 않습니까?

"오직 성령이 각 성에서 내게 증거하여
결박과 환난이 나를 기다린다 하시나
나의 달려갈 길과 주 예수께 받은 사명
곧 '하나님의 은혜의 복음 증거하는 일'을 마치려 함에는
나의 생명을 조금도 귀한 것으로 여기지 아니하노라."
(행 20:23, 24)

바울에게 있어서 나의 달려갈 길은 '이방인의 사도'였으며 주 예수

께 받은 사명은 모든 신자에게 동일하게 주어진 '복음 전파'였습니다. 바울은 이 두 가지 막중한 사명을 성령님의 능력과 큰 확신으로 이루었다고 고백하고 있습니다. 성령님의 나타남과 능력만이 사명을 감당하는 원동력이 될 수 있습니다.(고전 2:4)

당신은 먼저 자신의 달려갈 길인 당신의 전문 분야에 성령님의 도우심을 받으면서 최대한 소질을 살리고 천직 의식을 가지고 성실히 노력해야 합니다. 그럴 때 당신에게 주어진 각 분야에서 세계 모든 민족 위에 뛰어난 자가 될 수 있습니다. 성령님께서 당신의 특정 분야에 천재적인 기름을 부어 주시도록 도움을 구하시기 바랍니다.

또한 당신은 주 예수께 받은 사명인 온 천하에 다니며 복음을 전하는 이 지상명령도 인간의 지혜가 아니라 성령님의 도우심을 전적으로 의지하여 이분의 나타남과 권능으로 감당해야 하는 것입니다.

한 번은 집회에서 말씀을 전파하는데 모인 500여 명 중에서 200명 정도가 예수님을 구주로 영접하겠다고 일어났으며 그들 중에 많은 사람들이 앞으로 나와 안수를 받고 성령을 체험하게 되었습니다. 저는 그날 이렇게 말씀드리므로 성령님을 전적으로 의지했던 것이지요.

"성령님, 제 설교에 기름 부음이 나타나게 해주세요."
"성령님, 지금 이 시간에 강하게 역사해 주세요."

그러자 저와 함께 계신 성령님께서 성도들 위에 강하게 역사해 주셨습니다. 당신도 성령님을 의지하고 담대히 행할 때 당신의 모든 사역에 강력한 성령님의 권능이 나타날 것입니다. 예수님께서 요한복음 15장 5절에 말씀하셨습니다.

"나는 포도나무요 너희는 가지니

저가 내 안에 내가 저 안에 있으면

이 사람은 과실을 많이 맺나니

나를 떠나서는 너희가 아무것도 할 수 없음이라."

바울은 많이 배우고 온갖 구색을 다 갖춘 실력 있는 사람이었지만 그리스도를 위하여 모두 배설물로 여겼습니다. 그는 사람들 앞에 설 때 오직 예수 그리스도와 그의 십자가에 못 박히신 것 외에는 알지 않기로 작정했고 실제로 그렇게 했습니다. 그리고 모든 성취한 일에 대해 "오직 나와 함께 하신 하나님의 은혜"라고 사명을 이루게 하신 보혜사 성령님께 영광을 돌렸습니다.(고전 15:10)

당신이 인간의 잡다한 잔재주를 들먹이기 시작한다면 성령님께서는 기분 나빠서 당신과 함께 일하기를 원치 않으실 것입니다. 원래 부족하고 연약했던 당신에게 '사명'을 주신 이도 성령님이시며, 이룰 수 있도록 능력과 지혜를 주신 분도 성령님이십니다. 성령님께서는 단순히 능력만 공급하시는 분이 아니라 실제로 당신과 함께 계시면서 친히 당신을 도우십니다. 그러므로 순간순간 이렇게 말씀드리므로 당신은 보혜사 성령님께 도움을 청해야 합니다.

"사랑하는 성령님, 저를 도와주세요."

성령님이 교회에 운행하시도록 하라

특별히 성령님과 교회 성장은 떼려야 뗄 수 없는 불가분의 관계를 맺고 있습니다. 교회의 생명 되시는 성령님의 역동적인 역사하심이 없으면 교회는 잠자는 거인과도 같습니다. 아무리 좋은 프로그램과 훌륭한 사람들이 많이 있어도 성령님의 생기의 능력이 운행하지 않으면 교회는 잠자는 용장과도 같습니다. 지옥으로 달려가는 세상을 건질 수 없으며, 온 천하를 복음으로 정복할 수도 없습니다.

하나님의 엄청난 재력은 어디 있습니까? 성령님을 통해 당신에게 주어지는 것입니다. 성령님께서 당신을 변화시키고 당신의 개인적인 필요를 채워 주신다면 당신이 섬기고 있는 교회의 필요는 말할 것도 없지 않겠습니까?

당신과 함께 계시는 성령님은 무한한 자원을 가지고 계신 전능자 하나님이십니다. 성령님은 지금 이 순간에도 당신의 부족한 것을 채우시며 그의 한없는 자원을 보여주기를 원하십니다. 당신이 섬기는 교회가 성령님의 능력을 보지 못하고 사람들의 숫자에만 관심을 두고 사역하고 있다면 당신이 주님이 교회의 '주인 되심'(Lordship)을 인정하지 않았기 때문일 것입니다. 저를 따라 시인해 보십시오.

"성령님이 주인이십니다."

우리가 그리스도인이 된다는 것은 성령님의 주권에 복종하며 살아가야 한다는 것을 말합니다. 우리는 성령님이 교회 안에 운행하셔서 우리의 필요를 채우시고 하나님의 원하시는 것들로 넘치도록 채우실 것을 믿어야 합니다. 우리는 성령님과 함께 믿음으로 행해야 합니다.

성령님께서 당신에게 꿈과 환상을 주심으로 일을 시작하게 하시고 능력으로 일을 이루어 나가시면, 당신은 순종함으로 열매를 맺으면 됩니다. 이와 같이 성령님과 당신 사이에 독특한 동역 체계를 이루어 이분과 함께 일할 때 성령님께서는 당신의 교회에 초자연적으로 개입하심으로 교회를 건강하게 하시고 성장시켜 나가십니다. 당신이 성령님을 의지하고 함께 동역하는 방법을 배울수록 하나님은 더욱 풍성하게 축복하실 것입니다.

성령님을 제쳐 두고 제 잘난 멋에 당신 혼자서 마음대로 모든 일을 처리해 버리는 것은 참으로 위험합니다. 당신은 인격이신 성령님을 무시하는 과오를 저지르지 않도록 조심해야 합니다.

우리는 하나님의 모든 교회에 성령님의 탁월한 기름 부음이 나타나도록 기도해야 하겠습니다. 도시마다 강한 성령님의 임재와 역사하심을 위해 간구해야 합니다. 우리가 이와 같이 기도할 때 성령님이 늦은 비와 같이 임하시므로 죄인들은 회개하고 타락한 자들은 주께로 돌아오게 될 것입니다.

하루는 교회에서 예배 중에 간절히 기도하고 있을 때 성령님의 기름 부음이 강하게 역사하고 있었습니다. 열심히 기도하던 한 성도님이 갑자기 휘청거리며 그 자리에서 쓰러졌습니다. 한참 후에 깨어나 "예수님을 사랑하는 마음이 제 가슴속에서 솟구쳐 오르는 것을 느꼈어요"라고 고백하는 것이었습니다.

이처럼 성령님은 충만한 영광의 구름으로 예배당 안에 임재하십니다. 그러므로 모든 교회 목회자와 성도들은 이렇게 말씀드리며 성령님을 인격적으로 환영해야 합니다.

"성령님, 환영합니다."

설교자를 도우시는 성령님

특별히 설교자는 메시지에 성령님의 감동하심이 있도록 성령님의 완전한 지배를 받으며 강단에 서야 합니다. 성령에 감동되지 않으면 아무리 멋있게 폼을 잡아도 그것은 빈껍데기에 불과하며 자신을 속이는 것이나 마찬가지입니다.

설교 원고를 준비하는 것도 철저하게 성령님을 의지해야 합니다. 영생하도록 위하여 있는 양식을 성도들에게 공급하는 것은 인간의 지혜와 힘으로 절대로 안 된다는 것을 당신은 절실하게 느껴야 합니다. 찬양 인도나 성경 공부도 성령님을 의지해야 합니다.

하루는 새벽기도 설교 원고를 준비하기 위해 밤늦게까지 성경 전체를 훑으며 몇 십 권의 책을 다 뒤지고 주석을 펼쳐 봐도 한편의 설교가 나오지 않았습니다. 저는 지쳐서 정말 매일 새벽기도를 인도한다는 것이 보통 일이 아니라는 것을 절감하게 되었고 그때 내일 일은 내일 염려하자는 생각에 모든 것을 접어 두고 잠자리에 들었습니다. 저는 새벽에 일어나 성령님께 도움을 요청했습니다.

"성령님, 오늘 새벽에 무슨 말씀을 전해야 합니까?"

그러자 성령님께서는 제 마음속에 성경 본문을 주셨고 어떻게 설교해야 할지 자세히 보여 주셨습니다. 어떤 날은 갑자기 설교해야 할 때가 생겼는데 성령님을 모시고 단상에 올라가서 즉시로 성령님께서 말씀을 기억나고 생각나게 하셔서 담대하게 전하기도 했습니다.

설교는 사람의 영혼을 살리는 하나님의 아이디어인데 성령님께서

도와주시지 않으시면 절대로 할 수 없습니다. 저는 이 사실을 뼈저리게 느끼고 있습니다.

저는 설교란 말씀대로 사는 사람의 생활이 언어로 표현되는 것이라고 생각합니다. 한편의 설교를 준비하기 위해서는 일주일 동안 성경을 많이 읽고 묵상하며 제 가슴에 와 닿는 구절은 완전히 암송함으로써 제 몸에 배이게 만듭니다. 그리고 그 말씀은 제 생활을 변화시킵니다. 평소에 제 믿음을 북돋워 주는 신앙 서적을 꾸준히 읽으면서 제 신앙을 발전시켜 나갑니다. 또한 생활하면서 성령님께서 여러 가지 방법으로 저를 감동시키신 것을 기억합니다.

"목사님이 나오셔서 마이크를 잡자 회중의 분위기가 순식간에 바뀌어 버렸어요"라고 말하는 이도 있었습니다. 한 성도님은 "예배당 안의 강대상 쪽에 뿌연 안개가 자욱이 끼어 있는 것을 보았어요"라고 말했습니다.

이런 현상은 케네쯔 헤긴(Kenneth E. Hagin)목사님의 젊은 시절 초년 목회 때 가끔씩 있었는데 그는 "내가 설교하고 있을 때 하나님의 권능이 마치 구름처럼 임하여 교회당 안을 가득히 메웠다"고 했습니다. 설교할 때 영광의 구름이 교회당 안에 임했고 모든 성도들이 영광의 구름 속에 싸이게 되었던 것입니다.

평일에는 기도하고 성경을 묵상할 때 성령님께서는 제 마음과 생활을 변화시키는 말씀을 주심으로 저를 감동시키십니다. 그러나 설교 준비를 위해 집중 기도할 때는 성령님께서 말씀을 증거할 수 있도록 제 머리를 움직여 나가시고 엄청난 아이디어를 주십니다.

저는 과거에 몇 년 동안 지혜의 말씀의 은사를 사모하며 구했었습니다. 그런데 어느 때인가 이 기도가 응답이 온 것을 저는 알 수 있었습니다. 성경을 펴놓고 빈 설교 원고를 앞에 두고 기도할 때 성령님께서는 설교 본문을 주십니다. 그러면 저는 이 말씀을 붙들고 계속해서 기도합니다. 그때 성령님께서 제 생각 속에서 말씀을 서론 본론 결론으로 나누게 하시고 합당한 예화를 기억나게 하십니다.

성령님께서 지혜와 모략을 주시기 시작하면 비어 있던 원고가 가득히 차는 데는 몇 분 걸리지 않습니다. 그 다음 저는 제가 해야 할 부분을 합니다. 그것은 주석을 참조하면서 역사적 상황과 지리적 배경, 그리고 참고 되는 성경 사전의 명확한 의미와 중요한 성구를 보충하면 마무리가 됩니다.

이 모든 것을 성령님의 도우심이 없이 혼자의 머리를 짜내어 하려면 며칠이 걸려도 제대로 되지 않습니다. 하지만 골방에서 집중적으로 기도하면 성령님께서 보여주시고 제 마음을 인도하시는데 이 때 솔직히 저는 20~30분 내로 모든 작업이 끝나 버립니다.

저는 절대로 어리석게 혼자 설교를 짜내지 않습니다. 이것은 너무나도 힘들며 사실 거의 불가능합니다. 보혜사 성령님은 설교자를 도우시기 위해 곁에 서 계십니다. 우리는 컴퓨터나 온갖 자료 이전에 성령님을 의지하는 습관을 들여야 합니다.

설교 준비가 끝나면 성령님과 함께 자리에서 일어납니다.

"자, 성령님. 함께 가실까요."

교회에 도착하면 저는 이렇게 말씀드립니다.

"성령님, 들어가시지요."

그 이후로 설교하는 순간까지 저는 끊임없이 성령님과 기쁜 마음으로 친밀한 교제를 나눕니다. 그리고 마지막으로 제 순서가 오면 이렇게 말씀드립니다.

"놀라우신 성령님, 함께 올라가시지요. 성령님과 함께 설교하기를 원합니다. 저를 도와주세요."

그리고 설교를 시작하면서 이렇게 선포합니다.

"성도 여러분, 지금 이곳에 크신 성령님이 실제로 임재해 계십니다. 이 예배당에 하나님의 영광의 구름이 가득하고 여러분 속에 성령님의 기름부음이 흘러넘치고 있습니다. 여러분의 얼굴이 환하게 빛납니다."

설교 중간 중간에 저는 끊임없이 성령님을 의지하는 말을 마음속으로 속삭입니다. 설교가 막히거나 내용이 연결이 잘 되지 않을 때 이렇게 말씀드립니다.

"성령님, 저를 도와주세요."

늦은 비를 주시리라

제가 청소년들을 섬기고 있을 때 1996년 7월에 여름 수련회를 "늦은 비를 주시리라"는 주제 아래 경남 거창의 어인 초등학교에서 가지게 되었습니다.

저는 이 수련회를 열기 전에 한 달 동안 매일 성령님께서 강하게 임해 주시라고 준비 기도회를 가졌었습니다. 이 기간 동안 학생 회원들과 교사 선생님들 거의 모두가 성령의 은사를 체험하게 되었습니다. 이미 성령님께서 불과 같이 임하셨고 기도의 열기는 점점 뜨거워졌습니다.

드디어 수련회가 시작되었고 강사인 저를 비롯한 찬양 인도자, 반주자, 사회자 등 모두가 성령님을 전적으로 의지하며 크게 감동되어 은혜롭게 진행해 나갔습니다. 한 마음으로 성령에 젖어 찬양을 드리며 모두가 성령이 충만하여 말씀을 아멘으로 기쁘게 받아들였습니다.

인생에 큰 획을 그으며 말씀의 불이 청소년들의 가슴을 불타오르게 했습니다. 그들의 인생관과 가치관이 새로워지는 결정적인 순간이었습니다. 저는 성령이 충만한 가운데 전폭적으로 성령님을 의지하며 예수 그리스도가 누구인지에 대해 말씀을 증거했습니다.

"사랑하는 여러분, 예수 그리스도는 우리의 죄를 대속하는 죽음을 당하셨습니다. 예수님은 그리스도시며, 살아 계신 하나님의 아들이십니다. 예수님은 우리를 큰 죄악에서 건져내어 만왕의 왕이신 하나님의 자녀로 삼으신 '큰 구원자'이십니다. 예수님은 우리 대신 채찍에 맞으신 후 부활의 권능으로 우리의 생활과 영혼과 육체를 고치시는 '큰 치료자'이십니다. 예수님은 부활 승천하셔서 모든 만물을 다스리시며 지금 영으로 우리 안에 우리와 함께 계시며 우리 인생을 다스리시는 '큰 권능자'이십니다. 예수님은 우리에게 지혜와 총명을 채워 주시는 '큰 공급자'이십니다. 우리 안에 지혜와 지식의 모든 보화가 되시며 온갖 구하는 것이나 생각하는 것에 넘치도록 채우시는 그리스도가 계십니다. 지금 이곳에 예수님이 임재해 계십니다. 여러분, 예수님을 온 마음을 다해 사랑하십시오.”

모세의 가시덤불을 밝히던 성령님의 불이 수련회에서도 절정을 더해 가며 삼일 째 밤이 되던 날, 그날 온 한 여선생님이 찬양 가운데 감동되어져 얼굴이 붉어지며 눈물을 쏟기 시작했습니다. 불을 토하듯 온 정열을 다해 말씀을 선포하고 있는 중에 갑자기 성령님께서 그녀에게 강하게 임하시며 온몸과 영혼을 어루만지셨습니다.

고넬료 가정에서 베드로가 ‘부활하신 그리스도’를 외치고 있을 때 모든 식구가 성령이 임하시므로 방언을 하며 하나님을 높인 것처럼 그녀가 말씀을 듣고 있는 도중에 성령이 계신 것이었습니다. 말씀을 듣고 있던 그녀에게 갑자기 이상한 느낌과 함께 턱이 떨리고 입술이 움직여지며 생전 처음으로 방언이 주체할 수 없이 흘러나왔습니다. 그녀는 흐느껴 울면서 거룩하신 하나님의 임재하심 앞에서 떨었습니다.

저는 너무나도 강한 성령님의 임재로 계속 설교를 할 수가 없어서 멈추고 그녀를 앞으로 나오라고 했습니다. 그녀는 온몸으로 흐느끼면서 걸어 나왔고 더 큰 소리로 방언을 하면서 격동하며 울었습니다. 이 모습을 생생히 보고 있던 학생들은 신기해하는 한편 다소 거룩한 경외감이 임했습니다. 저는 주님의 임재하심을 의식하며 모두들 무릎을 꿇고 기도하라고 말했습니다.

“여러분, 이곳에 성령님이 계십니다. 거룩하신 하나님 앞에 모두 무릎을 꿇으세요! 성령이 임하고 있습니다. 모두 회개하세요.”

충만한 성령님의 기름 부음 속에 귀신들은 소리를 지르며 떠나갔고 하나님의 나라가 권능으로 임하여 모두들 성령 안에서 의와 평강과 희락이 넘쳐 났습니다. 저와 학생들에게 많은 의미를 준 96년 여름 수련회는 저와 함께 계신 '성령님의 날들'이었습니다.

21세기는 하나님의 마지막 추수기입니다. 정하신 하나님의 심판의 때가 눈앞에 가까이 다가왔습니다. 하나님께서는 말세에 늦은 비를 부어 주신다고 약속하셨습니다. 그때 마당에는 밀이 가득하고 독에는 새 포도주와 기름이 넘치게 될 것입니다. 자비로우신 하나님께서는 사탄에게 당한 모든 신자들의 원한을 갚아 주실 것입니다.

하나님의 자녀들은 예수님의 피에 젖은 십자가의 군기를 높이 들고 부활의 권능이신 성령님의 힘으로 빼앗긴 것들을 다시 찾게 될 것이며 먹되 풍족히 먹게 되므로 우리를 기이히 대접한 하나님께 감사를 드리게 될 것입니다. 또한 하나님께서 우리 가운데 임하여 역사하시므로 그분이 우리의 하나님이 되심을 자랑하게 되며, 우리는 결단코 영영히 수치를 당치 않게 됩니다. 그 후에 하나님께서 성령을 만민에게 부어 주시므로 우리의 자녀들이 장래 일을 말할 것이며, 늙은이는 꿈을 꾸며, 젊은이는 이상을 보게 될 것입니다.(욜 2:21~28)

한 집사님은 오랫동안 은혜를 사모하다가 주일 학생들과 청소년들이 성령 충만을 받고 기도에 힘쓰고 있다는 소문을 듣고 가까운 집사님에게 "어떻게 하면 나도 은혜를 체험하고 방언을 받을 수 있겠어요?"라고 물었습니다.

"전도사님한테 가서 같이 기도해 보세요."

그 집사님은 기도를 한지 몇 분 안 되어 입에서 유창한 방언을 말하기 시작했고 성령의 은사를 체험하게 되었습니다.

"기도하는 것이 이렇게 즐거운 줄 미처 몰랐어요. 너무나 기뻐요."

그리고 며칠 후에는 남편 집사님을 모시고 왔습니다. 이분은 주위 사람들에게 인간관계를 통해 마음의 깊은 상처를 많이 받고 어렵게 교회를 출석하고 있었습니다. 대수술을 하고 난 후라 마음은 더욱 약해져 있었습니다.

성령을 받기 위해 기도하는 순간 이내 입에서 방언이 계속 흘러나오고 온몸에 땀을 비 오듯 쏟으며 기도하는 것이었습니다. 기도가 끝나자 굳었던 얼굴이 성령의 충만으로 부드럽고 환히 빛나고 있었습니다. 성령님께서는 온갖 상처받은 심령을 만져 주셨고 그 집사님은 새 힘을 얻고 기쁨이 넘쳐 나게 되었습니다.

"우리 남편 집사님이 변화된 것이 세상에서 가장 큰 기적이에요. 이런 기적은 있을 수가 없어요."

크고 두려운 여호와의 날이 가까워 오고 있습니다. 대저 물이 바다를 덮음같이 온 세계에 성령이 부어질 것입니다. 이러한 때에 하나님께서는 전 세계를 운행하시며 다스리시는 보혜사 성령님과 인격적으로 교제를 나누며 전적으로 이분을 의지하며 하나님의 뜻을 이룰 자들을 찾고 계십니다.

마지막 영적 전쟁은 단순히 영력과 은사를 받아서 이루어지는 것이 아닙니다. 전쟁에 능하신 만군의 여호와의 신이신 성령님의 직접적인 임재와 싸우심이 절대적으로 필요합니다. 창조의 권세인 말씀과 그 말씀을 이루시는 창조의 신이신 성령님께서 손을 잡고 마음껏 역사하시도록 완전히 그리스도 안에서 죽임 당한 자들이 필요합니다.

이것은 나는 죽고 내 안에 성령님만이 살고 있는 사람을 통해 이루어 질 것입니다. 온 마음을 다해 성령님을 사랑하고 의지함으로 자기가 전혀 없는 사람이 되도록 성령님께 도움을 구해야 합니다.

"존귀하신 성령님, 제가 온 마음을 다해 성령님을 사랑합니다. 살든지 죽든지 예수님만 존귀하게 여기고 겸손히 섬기는 삶을 살 수 있도록 저를 도와주세요!"

우리들의 의장님은 억만장자입니다

'그리스도의 대속의 은혜를 통한 자존감의 회복'이라는 신학으로 전세계인들에게 새로운 희망을 심어 준 미국의 로버트 슐러(Robert H. Schuller)목사님은 성령님과 동업을 하는 것이야말로 성공의 문을 여는 열쇠라고 말했습니다. 그는 "하나님과 한 조를 이루고 신성한 동업의 계약을 맺게 된다면 모든 사람이 통찰력과 영감, 현명한 아이디어와 앞으로 나아가야 할 때 돌진할 수 있는 용기를 얻게 된다"고 확신을 갖고 주장했습니다.

교회의 미래 성장을 위한 사업 토론회 때 사람들로부터 "당신은 어떻게 그토록 엄청난 사업과 계획안을 감히 생각할 수 있었습니까?"라는 질문을 받았을 때 로버트 슐러 목사님은 "당신네 이사회의 의장이 억만장자라면 당신들은 제도판에 어떠한 계획들을 작성할 것이며, 어떠한 안건들을 토의하시렵니까? 우리들의 의장님이 바로 억만장자이십니다"라고 대답해 주었습니다.

그는 부요하신 하나님에 대해 강력하게 전했습니다.

"내가 우리 교회를 예수님께 맡기고 그분께서 직접 교회를 운영해 주시기를 부탁한 이후부터 우리 교회 이사회의 가운데 의자는 비어 있습니다. 내가 이사회의 의장과 교회 법인의 대표로서 앉던 자리가 비어 있는 것입니다. 우리 이사회의 이사들은 예수님께서 그곳에 앉아 계시다는 것을 잘 알고 있습니다. 우리는 교회가 주님의 사업이라고 믿고 있으므로 주님께서 직접 사업을 위한 영감과 현명한 아이디어와 용기를 주시리라 기대하고 있습니다. 언덕 위를 뛰어 다니는 수많은 가축 떼와 아직까지 발견되지 않은 광산은 누구의 것이며, 보잘 것 없는 시골뜨기 소년을 억만장자로 만들려고 기다리고 계신 분은 누구십니까? 그리스도를 동업자로 맞으시고, 그분께 그가 약속하신 기적을 이루시게 하는 기회를 드리십시오."

당신이 한계점에 봉착하기 전에 산더미 같은 문제들을 대신 져 주실 만유의 주님이신 성령님을 사업의 동업자로 모셔야 합니다. 실제로 지나칠 정도로 극적인 행동같이 느껴질지 모르지만 당신은 회전의자에서 일어나서 그 자리를 손으로 가리키면서 실제로 당신과 함께 계신 성령님께 이렇게 말씀드리십시오.

"사업터의 주인이신 성령님, 이제부터는 성령님께서 이 자리에 앉아 주십시오. 저는 이제 성령님께 전적으로 순종하고 따르겠습니다. 제 가슴에 심어 주신 언약과 꿈은 이제 성령님의 손에 달려 있습니다. 성령님께서 모든 것을 인도해 주시고 다스려 주십시오. 성령님, 제가 무엇을 하기 원하시나요? 저에게 말씀해 주세요."

성령님은 우리의 동역자

"성령과 우리는, 하는 것이 가한 줄 알았노니……."(행 15:28)

예루살렘 교회에서 열린 최초의 회의에서 결정한 사항을 공식적으로 발표하는 모습입니다. 사도들과 장로들은 까다로운 의식주의 문제를 의논한 후 최종적인 판결을 전하는 공문서를 보내면서 담대하게 '성령님을 그들의 동역자'로 인정하고 있는 것입니다.

마치 성령님께서 그들과 함께 앉아서 숙고하고 모사가로서 상담하고 공식적인 의견에 함께 가담하여 그 결론에 동의하고 인 치신 장면을 보는 듯 합니다. 성령님의 임재하심과 교통하심이 생생하게 있었던 것처럼 표현하고 있습니다.

성령님은 하나님의 사업을 하는 당신의 실제적인 동역자이십니다. 성령님께서는 당신의 사역 현장에 실제로 임재 하시고 모든 것을 주재하십니다. 이분은 자신을 인정하고 존중하는 자리에 실제로 모든 것을 인도하시고 다스리십니다.

당신은 성령님의 활동과 인도하심에 대해 무지해서는 안 됩니다.

성령님은 우주의 주재자로서 당신과 동역하기를 원하십니다. 성령님은 스스로 계신 영원하신 분이십니다.

천산의 생축이 모두 만물의 주인이신 성령님의 것입니다.(시 50:10) 성령님은 당신의 온갖 구하는 것이나 생각하는 것에 더 넘치도록 능히 채우시는 분이십니다.(엡 3:20) 이분은 거지 왕초가 아닙니다. 우주의 재벌 그룹 총수이십니다.

성령님은 여호와의 신이시며 창조적인 권능을 가지고 당신을 도우시기를 원하십니다. 많은 그리스도인들은 성령님을 특별나게 의지하려고 하지 않습니다. 그 이유는 그들이 필요로 하고 소원하는 것들 중에 많은 것들이 자기 스스로의 힘과 단순한 노력으로 얻어질 수 있기 때문입니다.

당신은 안일한 사람이 되어 편안하고 조용하게 살기만을 원해서는 안 됩니다. 성령님께서는 당신을 때때로 당신 혼자서는 감당할 수 없는 상황에 처하도록 인도하십니다. 불행하게도 어떤 사람은 이런 불가능한 상황에 처하면 몹시 힘들어합니다. 그러나 성령님께서는 당신이 눈에 보이지 않는 이분을 보는 것처럼 하여 믿음으로 함께 살게 하신 것같이 당신이 하나님의 사업을 "믿음으로 행하고 보는 것으로 하지 않도록"(고후 5:7) 인도하십니다.

당신은 자신에게 없고 부족한 것에 대해 감사하며 오히려 하나님이 주신 신앙 모험의 기회로 알아야 합니다. 전적으로 성령님을 모시고 다니며 의지하고 도움을 구하십시오. 그러면 당신과 함께 계신 성령님께서 기적적으로 일을 처리하실 것입니다. 당신은 성령님의 명령을 받고 오직 믿음으로 달려가야 합니다. 미가처럼 겸손하게 "오직 나는 여호와의 신으로 말미암아 권능과 공의와 재능으로 채움을 얻고"(미

3:8) 하나님의 사업을 담대하게 추진해 나가야 하는 것입니다.

'이 일은 내 힘으로는 불가능하다. 오직 하나님만이 하실 수 있고 일이 성취된 후에도 하나님의 이름으로만 설명되어 질 수 있는 일이다'라는 생각이 정상적인 생각입니다. 일을 시작하신 성령님께서 그리스도 예수의 날까지 마치실 것입니다. 당신은 혹시 낭패와 두려움에 싸여 있지 않습니까?

"주님의 교회는 하늘과 땅의 모든 권세를 가지신 주님이 세우신다"는 믿음 안에 당신은 다시금 내적 확신과 평안을 찾아야만 합니다. 그리고 당신은 성령님과 동역자이므로 모든 일을 당신 혼자서 감당하려고 애쓸 필요가 없다는 것을 기억해야 합니다. 당신은 오직 성령님께서 인도하시는 만큼만 일을 추진해 나가면 되는 것입니다.

당신은 계속해서 내 앞에 계신 동업자 성령님을 바라보며 기뻐할 수 있어야 합니다. 하나님께서는 "너의 길을 여호와께 맡기라. 저를 의지하면 저가 이루시고……"(시 37:5)라고 말씀하셨습니다. 성령님을 의지하고 이분의 큰 행하심을 지켜보십시오.

지금도 당신 안에 계신 성령님은 일하고 계십니다. 당신은 이제껏 모든 것을 결코 당신 혼자서 해 온 것이 아니었고 앞으로도 그럴 필요가 없다는 것을 믿으십시오.

당신이 교회를 세우고 당신의 힘으로 부흥시키는 것이 아닙니다. 당신이 일을 성취하는 것이 아니라 성령님을 의지하면 '저가' 이루시는 것입니다. 전적으로 성령님을 바라보고 의지하며 이분에게 당신의 길을 맡기는 것이 당신이 해야 할 일의 전부인 것입니다. 당신과 함께 계신 성령님은 정확하십니다. 완벽하게 일을 처리하십니다. 아주 섬세하고 전체적으로 일을 이루어 가십니다.

성령님은 당신의 동역자이시며, 당신 안에 살아 계시고 실제로 함께 계십니다. 지금 당신은 친히 그의 능력과 권세로 교회를 세우시고 모든 필요를 채워 주시며 일을 행하시는 성령님, 그것을 지어 성취하시는 성령님에 대한 기대와 흥분으로 가득 차 있습니까?

"만군의 여호와께서 맹세하여 가라사대 나의 생각한 것이 반드시 되며 나의 경영한 것이 반드시 이루리라, 만군의 여호와께서 경영하셨은즉 누가 능히 그것을 폐하며 그 손을 펴셨은즉 누가 능히 그것을 돌이키랴?"(사 14:24, 27)라고 했습니다.

하나님께서 성령님을 통해 당신에게 무엇을 하실 것인지를 보여주셨다면 그 일은 벌써 성취된 것이나 다름이 없습니다. 당신의 '온전한 순종'과 '인내의 시간'이 그것을 해결할 것입니다. 당신은 성령님께 자리를 내어 드리고 참아 기다려야 합니다. 그러면 모든 것을 '역전시키는 기적의 성령님'께서 완벽하게 이루어 나가실 것입니다.

저기 예수님이 계세요

시대마다 하나님께서 사용하신 사람들에게서 공통적으로 두드러지게 나타나는 한 가지 사실이 있는데 그것은 바로 인격이신 그리스도와의 깊은 교제 속에서 생활하며, 전폭적으로 성령님을 의지하고 도움을 구하며 사명을 감당해 나가고 있다는 것입니다.

당신이 전능하신 성령님께 자리를 내어 드리고 세상에서 가장 실제적이신 이분을 존중히 모시면 수많은 불가능한 일들을 거뜬히 성취해 낼 것이며, 당신 주위의 수많은 사람들이 하나님의 영광스러운 손길을 체험하게 될 것입니다. 성령님께서는 사역의 현장에 초자연적으로 임하시고 친히 역사하실 것입니다.

캐더린 쿨만(Kathryn Kuhlman)의 집회에서도 신유와 기적의 기름부음이 자주 나타나곤 했습니다. 네 살 난 여아인 어멜리나가 팔과 다리에 반점의 발진이 나기 시작해서 한 주간도 채 안되어 온몸으로 번졌는데 약으로는 고칠 수가 없었습니다. 날이 갈수록 그 발진 위에 피부가 벗겨지고, 피가 나기 시작했습니다. 그리고 그의 몸 전체를 붕대로 감아야 했습니다. 머릿속 피부에까지 발진이 모두 퍼져서 그의 머리를 빗길 수 없었습니다. 그의 눈썹은 전혀 없었고 그의 눈꺼풀은 모두 벗겨졌습니다. 그의 귀는 썩어 문드러졌고 한쪽 귀는 거의 떨어지게 되었습니다. 이렇게 그 병은 이 아이를 먹어 가고 있었습니다.

그때 그의 할머니와 함께 캐더린 쿨만의 집회에 참석해서 강당 뒤편에 자리를 잡고 있었습니다. 이 집회가 거의 끝나게 되어 마지막 찬송을 부를 때 그 소녀가 할머니에게 "할머니, 보세요. 저기 예수님이 계셔요!"라고 큰 소리로 외쳤습니다.

"어디?" 하고 할머니는 조용히 물었습니다.

어멜리나가 말하는 편으로 할머니는 머리를 돌렸습니다.

"저 강대상 위에예요! 쿨만 선생님 옆에 계세요! 저 위에 계신 예수님을 보세요! 예수님이 손을 들고 계시네요."

할머니는 어멜리나를 내려다보고 깜짝 놀라고 말았습니다. 그리고 그의 가슴은 뛰기 시작했습니다. 이 아이의 얼굴에 벗겨진 피부의 상처는 전부 말라붙었고 이제는 피와 고름을 조금도 볼 수 없었던 것입니다. 그의 마음은 감사와 기쁨으로 넘쳤습니다. 어멜리나는 그 순간 완전히 나아 버린 것이었습니다.

캐더린 쿨만은 그 아이를 위해서 손을 얹어 기도를 해 준 적도 없었습니다. 그 아이가 고침 받은 것은 "할머니, 저기 보세요. 저기 예수님이 계셔요"라고 큰 소리로 외쳤을 때였습니다.

캐더린 쿨만은 성령님을 그녀의 사역 가운데 존중히 모셨고 성령님과 함께 동역하면서 집회를 인도하였습니다. 그로 인해 수많은 사람들이 집회가 시작되기도 전에 예수 그리스도의 영이신 성령님의 임재와 기름 부음으로 인해 밖에서 줄을 서서 기다리는 동안에도 불치의 병들이 고침 받기 시작했습니다. 어떤 때는 쿨만이 비행기 안에서 집회 장소로 오고 있는 중에도, 또는 집회가 시작되기를 기다리고 있던 사람들에게 성령님께서 역사하셔서 치유의 역사가 곳곳에서 일어나곤 했습니다. 이처럼 성령님과 함께 일하는 사람에게 주어지는 하나님의 능력과 권세는 인간의 이성과 지식으로는 상상할 수 없습니다.

복음 전도자이자 저술가이며, 신학 교수로 한 시대의 교회 부흥에 많은 영향을 끼친 찰스 피니(Charles G. Finney)도 그의 생애 말년에 이것을 깨닫게 되었고 성령님의 위대한 기름 부으심이 그의 설교 사역에 몇 갑절이나 더해지게 되었습니다. 비록 그의 몸은 늙었지만 삶은 영광스러웠고, 영적 생활은 항상 활기가 넘쳤습니다.

그의 이러한 신비는 그의 회고록에서 밝혀지고 있는데 그에게 그런 하나님의 축복이 임한 것은 바로 '그 안에 함께 거하시는 하나님과의 인격적인 교제'로 말미암았던 것입니다. "하나님과 함께 거하는" 이러한 인격적인 체험은 그의 생이 끝 날에 가까워지면서 더욱 깊어만 갔습니다.

부활의 권능이신 성령님

예수 그리스도를 죽음 가운데서 일으키신 분은 성령님이십니다. 당신은 아무런 능력이 없습니다. 오직 당신 안에 계신 성령님이 부활의 권능으로 역사하시는 것입니다.

하나님께서는 당신 안에 계신 성령님의 능력이 얼마나 위대한지를 알게 되기를 원하십니다. 많은 그리스도인들이 엄청난 능력의 근원을 모시고 살면서도 그것을 모르고 있습니다. 바울은 성령에 감동되어 에베소 성도들에게 편지하면서 이것을 강조하고 있습니다.

> "그의 힘의 강력으로 역사하심을 따라
> 믿는 우리에게 베푸신
> 능력의 지극히 크심이 어떤 것을
> 너희로 알게 하시기를 구하노라."(엡 1:19)

그렇다면 이 능력은 도대체 무엇일까요?

> "그 능력이 그리스도 안에서 역사하사
> 죽은 자들 가운데서 다시 살리시고……."(엡 1:20)

예수님께서 우리 죄로 인하여 십자가에서 고난을 받으시고 아리마대 요셉의 무덤에 뉘어졌습니다. 그분의 온몸은 채찍에 맞아 찢어진 걸레처럼 되어 버렸고 뼈까지도 드러난 상태였습니다. 양손과 양발의 못 박힌 자국과 옆구리가 창에 패인 그분의 몸, 갈대와 주먹에 맞아 얼굴은 그 모양을 알아볼 수도 없을 정도로 일그러졌습니다. 이처럼 만신창이가 된 예수님의 시체가 캄캄하고 습기 찬 무덤 속에서 썩어 가고 있었습니다. 하루가 지나고 이틀이 지나매 계속해서 더욱 썩어 들어갔고 무덤 속은 나사로의 그때와 같이 썩는 냄새가 진동을 했습니다. 완전히 절망적인 상황이었습니다.

당신의 현실이 혹시 이러한 예수님의 무덤과 같지 않습니까? 동서 남북 다 막히고 전혀 희망의 빛이 보이지 않는 완전히 어두운 상태, 당신의 마음은 습기가 차서 칙칙한 무덤의 내부와 같이 우울하고 답답 하지 않습니까?

그리스도인의 향기가 샤론의 꽃 냄새처럼 은은하게 퍼지는 것이 아 니라 썩는 냄새가 당신의 생활 속에 진동하지 않습니까? 아무리 생각 해보아도 이젠 더 이상 희망은 없는 것처럼 느껴지고 '이젠 모든 것이 끝났다'라고 생각되지 않습니까? 그러나 끝까지 포기하지 마십시오.

당신이 끝난 지점이 곧 하나님의 시작 지점이기 때문입니다.

인류 역사상 가장 절망적인 사망의 그늘 아래 놓여 지옥의 먹구름 이 가득한 무덤 속에, 사흘이 되자 갑자기 이상한 기운이 일어나기 시 작했습니다. 가장 좁다고 생각되는 무덤 속에서 우주적인 전쟁이 벌어 진 것입니다. 천지를 창조할 때 운행하셨던 하나님의 신이 무덤 속을 운행하더니 예수님의 몸에 전류처럼 흐르기 시작했습니다. 썩어 가던 뼈와 살과 힘줄이 에스겔 골짜기의 마른 뼈들이 살아난 것처럼 생기의 영으로 말미암아 빠르게 소생하고 있었습니다. 예수님은 갑자기 두 눈 을 떴습니다. 숨을 "후" 내쉬면서 사망 권세를 걷어치워 버리고 그분 이 일어나셨습니다. 예수님께서 부활하셨습니다.

당신 안에 계신 성령님이 누구십니까? 바로 예수 그리스도를 죽음 가운데서 일으키신 '부활의 권능'이라고 성경은 말씀하고 있습니다. "그 능력이 그리스도 안에서 역사하사 죽은 자들 가운데서 살리시고"(엡 1:20) 지금 당신 안에 운행하고 계십니다.

> "예수를 죽은 자 가운데서 살리신 이의
> 영이 너희 안에 거하시면……."(롬 8:11)

부활의 권능이 당신 안에서 역사하고 있습니다. 하나님께서는 "우리 가운데서 역사하시는 능력대로 우리의 온갖 구하는 것이나 생각하는 것에 더 넘치도록 능히 하신다"고 말씀하셨습니다.(엡 3:20)

당신 안에 임한 하나님의 나라는 타락한 세상에서 가장 무서운 힘인 '사망 권세'를 깨뜨리신 부활의 권능으로 '진동치 못할 나라'입니다. 그 어떤 힘도 당신 안에 계신 성령님의 권능보다 강한 것은 없습니다.

하나님의 나라는 권능으로 임하셨고 당신은 그 나라 안에서 살고 있습니다. 하나님의 나라가 여기 있다 저기 있다고 하지 마십시오. 당신 안에 부활의 권능으로 계신 '성령님의 통치'가 바로 하나님의 나라인 것입니다.

당신의 영혼에는 예수님의 보혈이 흐르고 있고, 이를 믿음으로 거듭나서 당신의 신분은 하나님의 자녀가 되었으며, 성령님이 내주해 계심으로 하늘의 통치를 받는 천국 시민으로서 살아가고 있는 것입니다.

당신은 보배롭고 존귀한 자입니다. 당신은 예수 그리스도로 말미암아 은혜와 의의 선물을 넘치게 받았으며 성령님의 부활의 생명 안에서 왕 노릇 하는 자들입니다.(롬 5:17) 죄와 사망의 권세가 더 이상 당신을 끌고 다닐 수 없고, 당신은 모든 것을 성령 안에서 다스리게 되었습니다.

부활의 권능이신 성령님을 모시고 다니는 권세 있는 하나님의 자녀인 당신에게 있어 '절대 절망'이란 없습니다. 제가 귀여운 아내에게 자주 이야기하듯 '성령님은 역전시키시는 하나님'이십니다. 당신이 판단하기에 모든 것이 끝났다고 결론 내리고 손을 뗄 때, 그때가 성령님의 출발인 것입니다.

성령님은 썩는 냄새가 진동하는 무덤과 같은 당신의 마음과 가정, 사업, 교회를 살리고 축제의 팡파르를 터트리시는 부활의 권능이십니다. 당신이 성령님께 항복하고 모든 것을 전폭적으로 맡기고 의지하면 그때부터 성령님께서 운행하시며 기적적으로 일하시는 것을 보게 될 것입니다.

"예수를 죽은 자 가운데서 살리신 이가
너희 안에 거하시는 그의 영으로 말미암아
너희 죽을 몸도 살리시리라."(롬 8:11)

예수 그리스도를 죽음 가운데서 일으키신 부활의 권능이신 성령님은 예수를 구주로 영접한 사람이면 누구에게나 실제로 함께 계십니다.

어떤 사람들은 성령님을 무시한 채 자기 능력만을 의식하면서 살아가고 있습니다. 이렇게 해서는 성령님이 아무리 큰 권능을 가지고 오셨다 하더라도 그 사람과는 상관이 없습니다. 그러나 당신이 창조와 부활의 권능이신 성령님께 이렇게 말씀드리기만 하면 당신의 삶은 완전히 변화될 것입니다.

"성령님, 저를 도와주세요!"

여호와의 산이신 성령님

저는 기도할 때 어떤 날은 기도 시간 내내 제 마음에 새겨져 있는 14가지의 하나님의 이름을 하나씩 구체적으로 찬양하기도 합니다. 이때는 제 방에 하나님의 영광이 가득하게 되고 저는 성령에 크게 감동되어 일어서서 걸어 다니면서 손을 높이 들고 "거룩하다 거룩하다 주 만군의 여호와여, 아버지의 이름이 거룩히 여김을 받으시옵소서"라고 기쁨으로 외칩니다. 여기 제가 알고 있는 하나님의 이름을 소개하고자 합니다.

엘 엘리온, 절대 주권자 하나님
엘로이, 감찰하시는 하나님
엘로힘, 창조주 하나님
엘 샤다이, 전능하신 하나님
여호와 살롬, 평강의 하나님
여호와 로이, 목자 되시는 하나님
여호와 이레, 준비하시는 하나님
여호와 닛시, 승리의 깃발 되시는 하나님
여호와 삼마, 거기 계시는 하나님
여호와 찌드케누, 나의 의가 되시는 하나님
여호와 마카데쉬, 거룩케 하시는 하나님

여호와 라파, 치료하시는 하나님

여호와 아도나이, 주인 되시는 하나님

여호와 체바오트, 모든 천사를 다스리시는 만군의 하나님

성령님은 여호와의 신이십니다. 그러므로 여호와의 이름을 기리고 찬양하는 것은 당신과 함께 계신 성령님을 찬양하는 것과 동일한 것이므로 성령님의 임재하심이 충만케 됩니다.

제가 처음에 성령님을 인격적으로 대하고 난 후 저와 함께 계신 성령님이 어떠한 분인지에 대해 너무나 궁금해서 다시 성경을 읽고 여러 가지 책을 읽었습니다. 그러는 가운데 성령님께서는 저에게 이전에 모르던 놀라운 깨우침을 주셨는데 그것은 곧 '성령님이 여호와'이시라는 사실이었습니다.

성경 히브리서 9장 14절은 '영원하신 성령님'이라고 소개하고 있는데 이것은 '스스로 계신 여호와 하나님'이라는 말씀입니다. 또한 이사야 11장 2절에는 성령님의 호칭을 '여호와의 신'이라고 표현하고 있는데 여호와의 신은 곧 여호와 하나님을 가리키는 말이란 것을 저는 깨닫게 되었습니다.

"우리와 함께 계신 영원하신 성령님은 스스로 계신 여호와의 신이시고 하나님이시다."

이 큰 비밀을 알고 난 다음 저에게 새로운 궁금증이 발동했습니다. 그렇다면 여호와 하나님은 어떠한 분이시란 말인가? 그래서 저는 성경 전체에서 말하는 '하나님의 이름'에 대해 연구하기 시작했습니다.

이러한 노력은 결코 헛되지 않았고 저에게 엄청난 영적 자원이 되었습니다.

"여호와의 이름은 견고한 망대라.
의인은 그리로 달려가서 안전함을 얻느니라."(잠 18:10)

여호와의 이름을 통한 성령님에 대한 지식이 하나씩 늘어 가면서 저는 그리스도인에게 임한 성령님이 얼마나 대단하신 분인가에 대해 놀라지 않을 수 없었습니다.

하나님의 이름과 성령님

저의 개인적인 최고의 선생님이신 성령님께서 저에게 가르쳐 주신 '여호와의 신이신 성령님'에 대한 지식을 함께 나누기를 원합니다. 당신과 함께 계신 성령님이 누구인지를 살펴보십시오. 다음에서 말하는 내용이 지금 당신과 함께 계신 성령님과 동일하신 분이라는 것을 기억하시기 바랍니다.

1) 당신과 함께 계신 여호와의 신이신 성령님은 당신의 모든 생사화복을 주장하시고 만유의 주재와 머리가 되시며 손에 권세와 능력이 있어 모든 자를 크게 하기도 하고 강하게 하기도 하시는 '절대 주권자 엘 엘리온 하나님'이십니다.

2) 당신과 함께 계신 성령님은 사랑에 빛나는 불꽃같은 눈동자로

24시간 인자하게 당신을 감찰하시며 당신에게 지극한 관심을 가지신 '감찰하시는 엘로이 하나님'이십니다.

3) 당신과 함께 계신 성령님은 당신을 하나님의 사랑의 형상을 따라 만드시고 생기를 불어 넣으시고 당신을 위해 모든 경이로운 천지만물을 창조하시고, 당신을 구속하시기 위해 그리스도의 피의 언약을 주신 '창조주 엘로힘 하나님'이십니다.

4) 당신과 함께 계신 성령님은 죽은 자를 살리시며 바랄 수 없는 중에 바라게 하시며 안 되는 것을 되게 하시며 사람이 할 수 없는 것을 능히 하시는 '전능하신 엘 샤다이 하나님'이십니다.

5) 당신과 함께 계신 성령님은 모든 것이 흔들려도 내 마음을 굳게 지키시고 불안과 두려움과 공포의 시간 속에서도 넘치는 평강으로 함께 하시는 영원히 흔들리지 않는 '평강의 왕 여호와 살롬의 하나님'이십니다.

6) 당신과 함께 계신 성령님은 마른 곳에서도 당신의 영혼을 만족케 하며, 당신의 뼈를 견고케 하시기 위해 당신을 푸른 초장 맑은 시냇물 가로 인도하시며 모든 것에 부족함이 없게 하시며 당신이 하는 행사가 다 형통하도록 인도하시는 '나의 목자 여호와 로이 하나님'이십니다.

7) 당신과 함께 계신 성령님은 앞서 가시며 당신을 위해 하나님이 예비하신 눈으로 보지 못하고 귀로도 듣지 못하고 사람의 마음으로도 생각지 못한 놀라운 은혜를 깨닫게 하시고 이러한 비밀의 길로 당신을 인도하십니다. 그리고 친히 당신이 만나야 할 사람을 준비하시고 장소나 물질이나 환경까지도 당신을 위해 '준비하시는 여호와 이레의 하나님'이십니다.

8) 당신과 함께 계신 성령님은 사탄에게 패배함으로 그의 종이 되어 그가 세워 놓은 눈에 보이지 않는 '패배의 백기'를 십자가의 보혈과 부활의 권능으로 뽑아 찢어서 태워 버리시고 예수님의 보혈이 흠뻑 젖은 '승리의 붉은 깃발'을 당신 인생의 터전에 대신 세워 놓으신 분이십니다. 그리고 "너는 이제 승리의 백성이다. 예수의 승리를 너의 삶 속에서 늘 선포하며 담대하게 살아라!"고 말씀하시며 영적 전쟁에 앞서 나가 싸우시므로 이김을 주시는 '승리의 깃발 되시는 여호와 닛시의 하나님'이십니다.

9) 당신과 계신 성령님은 당신이 있는 곳에는 어디든지 함께 계시는 가장 좋은 친구이십니다. 당신이 산에 있거나 바다에 가거나 도서관이나 집에 있을 때 어디나 언제든지 당신과 함께 '거기 계시는 여호와 삼마 하나님'이십니다.

10) 당신과 함께 계신 성령님은 예수의 보혈로 당신의 모든 죄를 씻으시고 당신 안에 계시며 그 누구도 당신을 참소하거나 정죄할 수 없도록 진정한 의를 주신 '나의 의가 되시는 여호와 찌드케누 하나님'이십니다.

11) 당신과 함께 계신 성령님은 당신의 힘으로는 성결한 삶을 살아갈 수 없음을 잘 아시고 지혜와 능력을 주시며 세밀하게 당신을 인도하심으로 당신이 죄의 습관과 세속의 유혹을 이기고 거룩한 삶을 살아가게 하시는 '나를 거룩케 하시는 여호와 마카데쉬 하나님'이십니다.

12) 당신과 함께 계신 성령님은 당신을 지으시고 당신의 모든 것을 가장 잘 아시는 최상의 능력 있는 위대한 의사로서 당신의 영혼과 범사와 육체를 치료하심으로 전인격적으로 건강한 삶을 살아가도록 도우시고 죄와 저주로 병든 온 인류를 끊임없이 '치료하시는 여호와 라

파 하나님'이십니다.

13) 당신과 함께 계신 성령님은 당신이 누리고 있는 가정과 교회와 국가와 세계 모든 민족과 우주 만물의 주인으로 광대하심과 권능과 영광과 이김과 위엄이 다 그에게 속하였으며 '내 삶의 주가 되시는 여호와 아도나이 하나님'이십니다.

14) 당신과 함께 계신 성령님은 하늘의 천천만만 모든 천군 천사를 다스리시며 구원 얻을 후사인 당신을 돕도록 부르시고 움직이시는 '만군의 여호와 체바오트 하나님'이십니다.

이와 같이 위대하신 여호와 하나님께서 성령으로 당신과 함께 계십니다. 그러므로 힘들고 어려운 상황 속에서 당신은 여호와의 이름을 부르며 성령님의 임재를 사모하십시오. 성령님은 여호와의 신이십니다. 성령님은 여호와의 이름을 가지고 당신에게 오셨습니다. 성령님은 여호와의 이름과 함께 역사하시는 것입니다.

아브라함은 '영생하시는 하나님'의 이름을 불렀습니다. 또한 이삭을 바칠 때는 '여호와 이레'의 하나님을 시인했습니다. 이사야는 성전에서 하나님의 영광을 보면서 '거룩하신 여호와'를 찬양했습니다.

에스겔은 '거기 계시는 여호와'를 말했고, 이삭과 야곱에게는 '전능하신 하나님'으로 나타나셨습니다.(출 6:3) 성경에 나오는 모든 인물들은 하나님의 이름과 함께 일했습니다. 전능하신 하나님께서는 이름을 통해 자신을 나타내셨습니다.

모세가 소명을 받을 때 하나님께서는 떨기나무 불꽃 가운데 나타나셔서 그와 변론하십니다. 모세가 물었습니다.

"내가 이스라엘 자손에게 가서 이르기를 너희 조상의 하나님이 나를 너희에게 보내셨다 하면 그들이 내게 묻기를 그의 이름이 무엇이냐 하리니 내가 무엇이라고 그들에게 말하리이까?"

하나님께서는 모세에게 이렇게 말씀하셨습니다.

"나는 스스로 있는 자니라. 또 이르시되 너는 이스라엘 자손에게 이 같이 이르기를 스스로 있는 자가 나를 너희에게 보내셨다 하라."(출 3:13, 14)

하나님께서는 "내가 정녕 너와 함께 있으리라"고 약속하시면서 '여호와'의 이름을 말씀해 주셨습니다. 하나님께서는 잊을 수 없는 매우 중요한 계시를 모세에게 주셨습니다.

"이는 나의 영원한 이름이요
대대로 기억할 나의 표호니라."(출 3:15)

이 여호와의 이름을 가지고 당신에게 오신 분이 바로 지금 당신과 함께 계신 성령님이십니다. 이사야 선지자는 이 엄청난 사실에 대해 다음과 같이 기록했습니다.

"여호와의 신 곧 지혜와 총명의 신이요
모략과 재능의 신이요 지식과 여호와를 경외하는 신이
그 위에 강림하시리니……."(사 11:2)

이 여호와의 신이 이새의 줄기에서 나온 한 싹 곧 예수 그리스도에게 임하실 것이며 또한 그의 피로 정결케 된 모든 하나님의 백성들에게 부어질 것이라고 예언했습니다. 그때는 물이 바다를 덮음같이 여호와를 아는 지식이 세상에 충만하게 될 것이며 열방이 높이 들리신 그리스도에게로 돌아올 것입니다.(사 11:10) 그때가 바로 지금입니다.

이 여호와의 이름은 그의 신으로 당신 가운데 이미 임하셨습니다. 예수님을 구주로 영접한 당신 안에 성령님이 한강처럼 넘치게 들어와 계십니다. 당신에게 생수의 강이 흘러넘치고 있습니다.

이러한 때에 당신은 여호와의 이름을 기억하고 사모해야 합니다. 어떻게 사모할 수 있습니까? 이사야 선지자는 말합니다.

"주의 이름, 곧 주의 기념 이름을
우리 영혼이 사모하나이다."(사 26:8)

그리고 이 위엄하신 이름이 거룩한 인격이심을 선지자는 9절에 계속해서 말합니다.

"밤에 내 영혼이 주를 사모하였사온즉
내 중심이 주를 간절히 구하오리니……."(사 26:9)

여기서 여호와의 이름은 임마누엘 성령님을 가리킵니다.

이 세상 모든 문제의 산은 여호와의 이름 곧 성령님의 임재 앞에 평지가 될 것입니다. 스가랴 선지자는 유대인들이 성전을 재건하는 동안 원수들의 방해가 있을지라도 그 모든 문제의 장벽 위에 하나님의 신이 강림하시므로 그 장벽이 무너지는 환상을 보고 큰 희망을 갖게 되었습니다. 여호와께서는 스가랴를 통해 스룹바벨에게 말씀하시므로 성전 재건을 격려하셨습니다.

> "이는 힘으로 되지 아니하며 능으로 되지 아니하고
> 오직 나의 신으로 되느니라.
> 큰 산아! 네가 무엇이냐?
> 네가 스룹바벨 앞에서 평지가 되리라."(슥 4:6, 7)

여호와의 이름을 인한 승리를 셀 수 없을 정도로 성경에서 자주 발견하게 됩니다. 시편에서 시인은 이렇게 노래했습니다.

> "열방이 나를 에워쌌으니
> 내가 여호와의 이름으로 저희를 끊으리로다.
> 저희가 나를 에워싸고 에워쌌으니
> 내가 여호와의 이름으로 저희를 끊으리로다.
> 저희가 벌과 같이 나를 에워쌌으나
> 가시덤불의 불같이 소멸되었나니
> 내가 여호와의 이름으로 저희를 끊으리로다."(시 118:10~12)

어떻게 여호와의 이름으로 고통 중에서 빠져나오며 환란 속에서 승리하며 두려움을 이기고 담대해질 수 있겠습니까? 이는 당신이 여호와의 이름을 부를 때에 그의 신이 홍수위에 좌정하시고 바닷물이 넘침과 같이 밀려오셔서 강한 능력으로 통치하시므로 당신의 모든 문제의 산들을 걷어 치워 버리시는 것입니다.

"여호와의 오른손이 높이 들렸으며
여호와의 오른손이 권능을 베푸시는도다.
내가 죽지 않고 살아서 여호와의 행사를 선포하리로다."
(시 118:16, 17)

그러므로 여호와의 신이신 성령님과 함께 사는 당신은 인생 최대의 거대한 삶의 자원을 모시고 있으므로 금방 높은 산에 오르게 될 것입니다. 저는 지금까지 그렇게 모든 일을 하나씩 성공했습니다.

요셉은 여러 번 눈에 보이는 자기 삶의 터전이 바뀌었지만 눈에 보이지 아니하는 하나님과 함께 살므로 젊은 나이에 애굽의 국무총리가 되었습니다. 당신도 가능합니다.

"여호와께서 요셉과 함께 하시므로
그가 형통한 자가 되어 그 주인 애굽 사람의 집에 있으니
그 주인이 여호와께서 그와 함께 하심을 보며
또 여호와께서 그의 범사에
형통케 하심을 보았더라."(창 39:2, 3)

성령님과 함께 사는 사람에게는 환난이나 핍박이나 칼이나 위험도 하나님의 도구가 되어 정금 같은 믿음의 소유자로 다시 태어나도록 도와줍니다. 그때 그 시대에는 특정한 사람만 꿈이나 계시를 통해 언약을 받고 그에게 여호와의 신이 강림하셨지만, 이제는 하나님이 부르시

는 모든 육체에게 성령이 임하십니다.

"그리하면 성령을 선물로 받으리니 이 약속은
너희와 너희 자녀와 모든 먼 데 사람 곧, 주 우리 하나님이
얼마든지 부르시는 자들에게 하신 것이라."(행 2:38, 39)

주님께서 우리에게 약속하셨습니다.

"우리가 저에게 와서 거처를 저와 함께 하리라."(요 14:23)

당신을 구속하시고 만왕의 왕이신 하나님의 자녀로 삼으신 사랑의 하나님께서는 이런 위대하신 분을 당신을 돕기 위해 당신 곁에 보혜사로 보내셨습니다. 그런데 이분이 바로 당신과 인격적으로 교제하기를 원하시는 인격자 하나님이시라는 사실을 당신은 꼭 기억해야 합니다.

당신이 부요하고 권세와 재능이 많은 사람을 잘 알고 있다 하더라도 그와의 인격적인 관계가 매끄럽지 못하면 당신은 그에게서 도움을 얻을 길이 없습니다. 마찬가지로 성령님께서 엄청난 권능을 가지고 당신에게 오셨다 하더라도, 당신이 이분을 인격적으로 무시해 버리고 혼자 잘난 것처럼 설치면 당신은 과부나 버려진 고아처럼 메마른 삶을 살 수밖에 없습니다.

하나님은 그분의 자녀들인 당신이 고아처럼 혼자서 떠돌아다니거나 과부처럼 외로움에 슬퍼하기를 원치 않으십니다. 삼위일체 하나님은 당신과 함께 인생의 동반자가 되기를 원하실 뿐 아니라 당신의 몸을 성전 삼고 함께 살기를 원하십니다.(요 14:23, 고전 3:16) 이처럼 위

대하신 여호와 하나님이 보혜사로 내 안에 오셨습니다. 이로 인하여 당신은 기뻐하고 즐거워해야 하며 인생에게 기이한 일을 행하신 하나님을 찬양해야 합니다.

> "여호와가 너의 형벌을 제하였고
> 너의 원수를 쫓아내었으며
> 이스라엘 왕 여호와가 너의 중에 있으니
> 네가 다시는 화를 당할까 두려워하지 아니할 것이라.
> 그날에 사람이 예루살렘에게 이르기를 두려워하지 말라.
> 시온아 네 손을 늘어뜨리지 말라.
> 너의 하나님 여호와가 너의 가운데 계시니
> 그는 구원을 베푸실 전능자시라.
> 그가 너로 인하여 기쁨을 이기지 못하여 하시며
> 너를 잠잠히 사랑하시며
> 너로 인하여 즐거이 부르며 기뻐하시리라 하리라. (습 3:15~17)

당신은 당신 앞에 계신 성령님을 바라보고 전적으로 의지해야 합니다. 오직 여호와의 신이신 성령님을 앙망하는 자의 영혼은 날마다 새 힘을 얻게 됩니다.

당신이 자신의 완전한 무력(helplessness)을 인정하며, 당신 앞에 계신 전능하신 성령님의 얼굴을 보면서 전적으로 이분을 모시고 의지하며 살아가는 삶이 바로 하나님의 자녀다운 삶입니다.

당신이 여호와의 이름을 부르면서 "성령님, 저를 도와주세요"라고 말씀드리기만 하면 흑암과 사망의 그늘에서 건지시고 곤고와 쇠사슬을 풀어 주실 것입니다. 당신은 성령님께서 기이한 일을 행하시므로 예수의 피가 가득 담긴 구원의 잔을 높이 들고 하나님의 영광을 온 세상에 선포하게 될 것입니다.

성령님과 함께 일하려면

광주 상무대에서 군복무 시절, 내무반 방문을 매주 신우회 주최로 가졌었는데 저는 이 행사를 몇 번 참석한 후 제의를 했습니다.

"이렇게 해서는 안 됩니다. 우리가 간식과 선물을 주고 그들을 즐겁게 하는 것도 중요하지만 부대가 넓어서 1년에 한 번 정도 겨우 만나는 그들에게 기도로 준비하고 '복음'을 전해야 합니다."

하나님께서는 군종 장교와 상급자가 있었음에도 일병인 저를 세우셨습니다. 여군들이 나와서 율동을 하면 내무반 전우들은 신이 나서 박수를 치며 흥겨워하였습니다. 저는 담대히 외쳤습니다.

"여러분, 하나님께서는 여러분을 진심으로 사랑하십니다. 예수님께서 여러분의 죄를 담당하시고 십자가에 못 박혀 돌아가셨습니다. 하나님께서 지금 여러분을 찾고 계십니다. 누구든지 지금 예수를 믿고 영접하면 죄 사함 받고 하나님의 자녀가 됩니다. 그러나 불순종하는 자의 머리에는 하나님의 진노의 손이 놓여 있습니다."

장난삼아 흥겹게 노래하던 그들이 갑자기 숙연해지고 예수를 구주로 영접하겠다고 일어서서 "예수님, 저는 죄인입니다" 하고 눈물을 흘리며 제 기도를 따라 하기 시작했습니다. 성령님께서 친히 역동적으로 일하신 것이었습니다.

우리가 권능으로 계신 성령님과 함께 일하려면 하늘나라 사역의 주동자이신 이분이 친히 모든 일을 하시도록 자리를 내어 드려야 합니다. 제가 사역을 해 나가면서 총지휘관이신 성령님이 앞장서도록 저의 자리를 내어 드리자 이내 성령님은 다이너마이트와 같은 강한 능력으로 역사하셨고, 복음은 성령의 능력과 큰 확신 가운데 증거되었습니다. 순식간에 하나님의 나라는 확장되고 만왕의 왕이신 예수 그리스도의 이름이 높이 들리게 되었습니다.

당신은 성령님의 동역자요 하나님과 함께 일하는 자입니다.(고전 3:9 고후 6:1) 성령님께서는 모든 일을 당신과 함께 하기를 원하십니다. 성령님께서는 당신의 의지와 인격을 최대한 존중하십니다. 또한 당신도 이분의 인격을 존중해 드려야 합니다. 당신이 성령님을 존중히 모시고 이분께서 역사하시도록 인정해 드리면 이분은 언제나 강한 능력으로 역사하실 것입니다.

기름 부음이 나타나는 비결

성령님께서 당신이 사역하는 장소에서 마음껏 일하시게 하려면 몇 가지 갖추어야 할 기본 조건이 있습니다.

첫째로, 담대해야 합니다.

하나님께서 쓰시는 사람은 담대한 사람입니다. 성경에 나오는 위대한 민음의 거성들은 대부분 강하고 담대한 사람들이었습니다. 어떤 사람은 성경에 "강하고 담대하라"는 말이 365번 나오므로 모든 성도들이 1년 365일을 담대하게 살아야 한다고 합니다. 하나님이 당신의 방패이십니다. 두꺼운, 아주 두꺼운 방패가 되시며 당신을 지켜 주시므로 항상 담대하게 행동하십시오.

저는 항상 담대하게 말씀을 전파하고 담대하게 안수합니다. 누가 무슨 말을 하던 상관할 필요가 없습니다. 당신이 두려워하는 대상이 당신이 섬기는 대상임을 기억하십시오. 만약 당신이 사람을 두려워하면 당신은 사람을 섬기고 있는 것입니다.

두려움은 당신의 귀중한 사역과 생명나무의 뿌리를 갉아 먹는 조그마한 벌레와도 같습니다. 바늘구멍 정도의 작은 두려움을 통해 홍수 같은 사탄의 세력이 밀려들어옵니다. 두려움이 얼마나 무서운 적인지 욥은 그가 환난을 당하기 전에는 미처 몰랐습니다. "나의 앓는 소리는 물이 쏟아지는 것 같구나. 나의 두려워하는 그것이 내게 임하고 나의 무서워하는 그것이 내 몸에 미쳤구나."(욥 3:24, 25)

어떠한 일이 있더라도 절대 담대함을 잃지 말고 하나님만을 섬기기로 선택하십시오. 돈이 없어도, 직장에서 쫓겨나도, 사고가 나고 부도가 나도, 아이가 아프다고 뒹굴어도 두려워하지 마십시오. 하나님은 결코 당신을 버리지 않으시며 떠나지도 않으십니다.

특히 사람의 비난과 핍박하는 말에 두려워 마십시오. 예수 안에서 의롭게 살고자 하는 자는 반드시 그의 등에 핍박의 채찍이 끊이지 않습니다. 모든 비난과 인격적인 모독을 티끌처럼 여기십시오.

“그러므로 너희 담대함을 버리지 말라.
이것이 큰 상을 얻느니라.”(히 10:35)

엘리야는 혼자서 담대하게 바알과 아세라의 선지자 850명과 결투를 선포하고 하늘에서 불이 떨어지게 하므로 우상을 타파하고 하나님의 이름을 나타내었습니다.

주님의 음성을 들은 베드로는 담대하게 물위를 첨벙첨벙 걸었습니다. 그러나 자신과 환경을 바라보는 순간 바다 속으로 그만 빠져 버렸습니다. “주는 그리스도시요 살아 계신 하나님의 아들이시니이다”(마 16:16)라고 고백한 후 “내가 죽기까지 주님을 따르겠나이다”고 말한 그가 담대함을 잃어버렸을 때는 하찮은 여종에게 예수님을 모른다고 세 번이나 부인하며 저주까지 했습니다. 그러나 오순절 성령강림 후 그는 다시 담대해져서 예수님을 증거하므로 3천 명이 회개했고, 앉은 뱅이를 일으키고 관원과 장로와 여러 핍박자들 앞에서 부활의 주님을 담대히 증거하였고, 결국에는 십자가에 거꾸로 못 박혀 순교 당하는 자리에까지 가게 되었습니다. 그러면 세상이 감당치 못하는 이러한 담대함은 어떻게 가질 수 있을까요?

1) 기도 응답과 말씀이 성취된 ‘증거’가 있어야 합니다.

예수님께서 승천하시면서 성령이 오시면 권세와 능력이 나타남으로 ‘증거’를 가지고 ‘증인’이 되라고 말씀하셨습니다. “오직 성령이 너희에게 임하시면 너희가 권능을 받고…… 내 증인이 되리라.”(행 1:8) 확실한 증거가 없는 사람은 그가 아무리 잘났어도 증인은 될 수 없습니다.

신앙 생활한 지 1년, 2년 지나면 뭔가 보고 들은 것이 있어야 합니다. 찬송가에도 "예수 예수 믿는 것은 받은 증거 많도다"라고 했습니다. 사도 요한은 이렇게 고백했습니다. "태초부터 있는 생명의 말씀에 관하여는 우리가 들은 바요 눈으로 본 바요 주목하고 우리 손으로 만진 바라…… 영원한 생명을 우리가 보았고 증거하여 너희에게 전하노니……."(요일 1:1, 2)

베드로와 요한이 성령의 권능으로 앉은뱅이를 일으키고 담대히 복음을 전파할 때 핍박자들이 그들을 불러 엄히 경계하며 "도무지 예수의 이름으로 말하지도 말고 가르치지도 말라"고 했지만 "우리는 보고 들은 것을 말하지 않을 수 없다"고 강력히 답변했습니다.(행 4:18~20)

이 세상에서 가장 위대한 기적이 병 고침이나 태산이 떠나가는 것이 아니라 한 영혼이 거듭나는 것인 것처럼, 가장 크고 중대한 증거는 예수의 피로 말미암아 내 죄가 사함 받고 구원받아 하나님의 자녀가 된 것입니다. 이 핵심적인 증거는 확실히 소유해야 담대해집니다.

> "또 증거는 이것이니, 하나님이 우리에게 영생을 주신 것과
> 이 생명이 그의 아들 안에 있는 그것이니라."(요일 5:11)

2) 당신 앞에 계신 주님의 얼굴을 바라보아야 합니다.

베드로가 예수님의 얼굴을 바라볼 때는 물 위를 신나게 걸을 수 있었지만 주님에게서 눈을 돌리고 풍랑과 거센 바람을 바라보는 순간 순식간에 물속으로 빠져들어 갔습니다.

우리가 지금은 예수님을 볼 수 없습니다. 그럼에도 불구하고 성경은 "믿음의 주요 또 온전케 하시는 이인 예수를 바라보자"(히 12:2)라고 말씀하고 있습니다.

어떻게 우리가 예수님을 볼 수 있는 지 성전 미문에 앉은뱅이를 일
으킨 후 핍박자들 앞에 선 베드로와 요한의 대답을 들어 봅시다.

"하나님 앞에서 너희 말 듣는 것이
하나님 말씀 듣는 것보다 옳은가 판단하라."(행 4:19)

여기서 '하나님 앞에서'(Coram Deo : 코람데오)란 말은 그들 앞에
계신 만왕의 왕이신 성령님을 두고 하는 말입니다. 베드로는 자기에게
계신 '성령님의 얼굴'을 믿음의 눈으로 생생히 보면서 관원과 장로들
과 서기관들 앞에서 그들을 전혀 두려워하지 않고 담대히 그리스도를
외쳤습니다.

당신이 인격이신 성령님을 대면하게 되면 사람을 두려워하지 않게
될 것입니다. 만왕의 왕이신 성령님의 얼굴 앞에서 도대체 당신이 두
려워해야 할 사람이 누가 있습니까? 예수님께서는 십자가에 못 박히
시기 전에 이 사실을 분명히 가르치셨습니다.

"조금 있으면 너희가 나를 보지 못하겠고 또 조금 있으면 나를 보
리라…… 이것을 너희에게 이름은 너희로 내 안에서 평안을 누리
게 하려 함이라. 세상에서는 너희가 환난을 당하나 담대하라. 내
가 세상을 이기었노라."(요 16:16, 33)

당신과 함께 계신 이분이 하늘과 땅의 모든 권세를 가진 예수 그리
스도의 영이시므로 사람이 내게 어찌 하겠느냐는 확신을 가지시기 바
랍니다.

"몸은 죽여도 영혼은 능히 죽이지 못하는 자들을 두려워하지 말고 오직 몸과 영혼을 능히 지옥에 멸하시는 자를 두려워하라. 참새 두 마리가 한 앗사리온에 팔리는 것이 아니냐? 그러나 너희 아버지께서 허락지 아니하시면 그 하나라도 땅에 떨어지지 아니하리라. 너희에게는 머리털까지 다 세신 바 되었나니 두려워하지 말라. 너희는 많은 참새보다 귀하니라."(마 10:28~31)

둘째, 예수님의 이름으로 명령을 내려야 합니다.
예수님이 가이사랴 빌립보 지방에 이르러 제자들에게 물었습니다.

"사람들이 나를 누구라 하느냐?"
"예, 더러는 세례 요한, 더러는 엘리야, 어떤 이는 예레미야나 선지자 중의 하나라고 말합니다."
"너희는 나를 누구라고 생각하느냐?"

시몬 베드로가 대뜸 나서서 대답했습니다.

"주는 그리스도시요 살아 계신 하나님의 아들이십니다."

이 말을 들은 예수님은 얼굴에 희색을 띠며 그를 칭찬하셨습니다.

"요한의 아들 시몬아, 네가 복이 있도다. 이를 네게 알게 한 이는 혈육이 아니요 하늘에 계신 내 아버지시니라. 또 내가 네게 이르노니 너는 베드로라. 내가 이 반석 위에 내 교회를 세우리니 음부의 권세가 이기지 못하리라."

이 말씀은 네 가지의 의미를 나타내고 있습니다.

1) 예수님에 대한 올바른 지식은 혈육을 통해서는 절대 알 수 없고 오직 거룩하신 자에게서 기름 부음을 통해서만 알게 됩니다. "너희는 거룩하신 자에게서 기름 부음을 받고 모든 것을 아느니라"(요일 2:20) 고 했습니다.

2) 우리가 베드로와 같은 '반석 같은 중심의 사람'이 되어야 할 것을 말해 주고 있습니다. 시몬은 '흔들리는 갈대'라는 뜻이며 약하고 쉬 꺾이고 바람 부는 대로 흔들리는 사람이란 말입니다. 이에 반해 베드로는 '바위'란 뜻으로 견고하고 확고하고 확실한 사람이란 말입니다. 하나님은 중심이 견고한 자를 통해 일하십니다. "요한의 아들 시몬이니 장차 게바라 하리라."(요 1:42)

3) "주는 그리도시요"라고 했는데 여기서 베드로는 예수 그리스도의 '주님 되심'(Lordship)을 고백했습니다. 우리 안에 살아 계신 예수님은 실제로 '주님'이십니다. 여기서 주라는 말은 주인님과 왕을 가리킵니다. 예수님은 우주 만물의 주인님이시며 만왕의 왕이십니다. "인자가 왕권을 가지고 온다"(마 16:28)고 말씀하신 것은 예수님이 만왕의 왕으로서 교회에 왕권을 위임하려고 결심하셨다는 의미입니다.

4) 반석 같은 신앙고백 위에 교회를 세우신다는 말입니다. 베드로의 반석 같은 믿음의 고백 위에 교회를 세우시겠다는 뜻입니다. 다시 말해 베드로 위에 교회를 세우는 것이 아니라 베드로가 한 "주는 그리스도시요 하나님의 아들이시니이다"라는 고백 위에 교회를 세우신다

는 말씀이지요.

그 다음에 예수님께서는 매우 놀라운 말씀을 하셨습니다.

“내가 천국 열쇠를 네게 주리니
네가 땅에서 무엇이든지 매면 하늘에서도 매일 것이요
네가 땅에서 무엇이든지 풀면 하늘에서도 풀리리라.”(마 16:19)

“천국 열쇠를 네게 주리니”라는 말씀은 천국 문을 열고 닫을 수 있는 권세를 말합니다. 천국 열쇠를 준다는 말은 예수 그리스도의 이름의 권세를 사용하도록 ‘대행권’을 준다는 의미입니다.

“네가 땅에서 무엇이든지 매면 하늘에서도 매일 것이요”라는 말씀에서 우리가 땅에서 무엇을 맬 수 있다는 말입니까? “우리의 씨름은 혈과 육에 대한 것이 아니요 오직 정사와 권세와 이 어두움의 세상 주관자들에게 대함이라”고 했습니다. 이러한 흑암의 권세를 매는 것입니다. 이는 당신이 “예수 그리스도의 이름으로 명하노니 흑암의 세력은 묶임을 받을찌어다” 하고 명령을 내려야 할 것을 말합니다.

마귀를 꾸짖고 대적하라

더러운 영의 세계에는 크게 세 종류로 나눌 수 있습니다.

첫째, 마귀, 즉 사탄입니다.

둘째, 악의 영들과 미혹의 영들입니다.
셋째, 귀신들입니다.

어떻게 이러한 어두움의 영적 존재들을 묶을 수 있겠습니까? 말로 하는 것입니다. 말로 산과 같은 영적 존재들에게 명령하는 것입니다.

이 세 종류의 영적 존재에 대해 어떻게 명령할 수 있을까요?.

성경은 "마귀를 대적하라! 그리하면 너희를 피하리라"고 했습니다. 마귀는 하나님이 자녀인 당신을 매우 무서워합니다. 그러므로 당신을 찝쩍대는 그 마귀를 향해 입을 열어 꾸짖으며 대적하면 도망갑니다.

마귀는 모든 흑암 세력의 우두머리이며 단수로 한 놈입니다. 하나님의 때가 될 때까지 우리는 마귀를 영원히 이 땅에서 추방할 수는 없습니다. 그러나 일시적으로 그 부분적인 영향력은 묶을 수 있습니다. 이것은 강한 자를 잠시 저지하는 명령인데 이렇게 명령하면 됩니다.

"내가 예수 이름으로 명하노니 악한 마귀의 세력은 모두 묶임을 받고 떠나가라."

다음은 악의 영들과 미혹의 영들입니다. 이들은 수시로 우리의 어깨 위에 앉아 속살거립니다. 거짓을 말하고 악한 감정을 불러일으키고 온갖 다툼과 이단에 빠지게 하는 간사한 영들이므로 "떠나가라"고 명령해야 합니다.

"예수 이름으로 명하노니 악의 영들과 미혹의 영들은 떠나가라."

마지막으로 더러운 귀신들에 대한 명령입니다. 귀신들은 그 수가 많습니다. 그러나 예수님의 이름의 권세 앞에 모두 굴복 당합니다. 담대히 인격적인 모욕을 주며 이렇게 꾸짖을 때 귀신들은 떠나갑니다.

"더러운 귀신아! 예수 이름으로 명하노니 그 사람에게서 나오라. 떠나가라! 다시는 들어오지 말라."

예수 이름으로 명령하라

어느 날 한 사람이 예수님께 와서 꿇어 엎드리며 말했습니다.

"주님, 제 아들을 불쌍히 여겨 주십시오. 저가 간질로 심히 고생하며 자주 불에도 넘어지며 물에도 넘어지는데 제가 주의 제자들에게 데리고 왔지만 능히 고치지 못했습니다."

예수님께서 대답하셨습니다.

"믿음이 없고 패역한 세대여, 내가 얼마나 너희와 함께 있으며 얼마나 너희를 참으리요? 그를 이리로 데려오라."

이 말씀은 "내가 너희에게 이미 음부의 권세를 묶고 푸는 모든 권세를 주었는데 왜 그것을 사용하지 않느냐? 내가 언제까지 너희를 돌봐 주어야 하겠느냐?"는 말씀이었습니다. 이에 예수님께서 꾸짖으시니 귀신이 나가고 아이가 그때부터 나았습니다. 예수님은 권세를 사용해서 귀신을 꾸짖으셨던 것입니다. 비결이 여기에 있습니다.

"꾸짖으시니 귀신이 나가고……."

여기서 예수님이 꾸짖으셨지만 사실 예수님의 근본 의도는 제자들이 꾸짖는 것이었습니다. 그런데 그들은 꾸짖지 않았습니다. 이때에 제자들이 종용히 예수님께 나아와 물었습니다.

"예수님, 우리는 어찌하여 쫓아내지 못하였나이까?"

예수님은 "너희 믿음이 적은 연고니라"(마 17:20)고 대답하셨는데 이 말씀은 너희에게 겨자씨만한 믿음이 있는데 그 믿음을 활용하지 않음으로 묻어 두었기 때문에 아무런 역사가 일어날 수 없었다는 말이었습니다. 믿음을 활용하는 것은 입으로 소리 내어 말하는 것입니다. 간구의 기도가 아닌 명령의 기도만이 귀신을 쫓아낼 수 있습니다. 이 사실에 대해 마가복음에서는 "기도 외에 다른 것으로는 이런 유가 나갈 수 없다"고 예수님이 대답하신 것으로 되어 있습니다. 여기서 기도란 명령의 기도를 말합니다.

"우리는 어찌하여 쫓아내지 못하였나이까?"라는 제자들의 질문에 대한 예수님의 대답으로 마태복음에는 "기도하라"는 말 대신 "명령하라"는 내용으로 기록되어 있습니다.

"진실로 너희에게 이르노니 너희가 만일 믿음이 한 겨자씨만큼만

있으면 이 산을 명하여 여기서 저기로 옮기라 하여도 옮길 것이요
또 너희가 못할 것이 없으리라."(마 17:20)

"이 산을 명하여"에 그 답이 있습니다. 예수님께서 말씀하신 기도는
'명령하는 기도'를 의미했던 것입니다. 다시 말해 "이 산과 같이 굳게
자리 잡고 있는 더러운 귀신을 쫓아내는 것은 강력하고 힘 있게 명령
하는 기도 외에는 다른 방법이 없다"는 것입니다. 예수님은 그 더러운
귀신을 꾸짖어 명령하셨습니다.

"벙어리 되고 귀먹은 귀신아, 내가 네게 명하노니 그 아이에게서 나
오고 다시 들어가지 말라."

그러자 귀신이 소리를 지르며 아이로 심히 경련을 일으키게 하고
나갔습니다.

1996년 10월, 2주 동안 계속해서 제가 섬기던 교회에 성령의 바람
이 불고 있었습니다. 시도 때도 없이 성도들이 사택으로 와서 함께 기
도하기를 원했습니다. 회개의 영이 강하게 역사하셨습니다. 누구든지
기도한 즉시 성령의 강물이 그 배에서 흘러넘쳤고 그들의 영혼이 소생
되었습니다.

끊임없이 저와 함께 계신 성령님은 역사하셨고 저는 성령님의 움직
이심에 보조를 맞추느라 정신이 없었습니다. 교회 안에 성령님의 파도
가 일기 시작하면 우리는 어쩔 수 없이 바빠지게 됩니다. 한 명, 두 명
끊이지 않고 오던 사람들이 꼬리에 꼬리를 물고 15명, 20명으로 계속

불어나고 있었습니다. 하루는 기도가 끝날 즈음에 저는 성령의 감동하심에 모든 사람을 일으켜 세워 놓고 기도했습니다.

"사랑하시는 주 예수님, 우리를 만져 주옵소서. 강력한 성령의 기름부음을 나타내 주옵소서."

그때 갑자기 한 나이 많은 여 집사님이 넘어지면서 발작을 일으키기 시작한 것이었습니다. 나중에 들어보니 친척 장례식으로 절에 갔다가 무당 귀신이 들어와 귀신의 세계를 잘 알고 있었습니다. 만약에 예수를 안 믿었더라면 큰 무당이 될 운명이었다는 것입니다.

모인 성도들은 평생 잊어버릴 수 없는 장면을 목격했습니다. 그녀는 온 방을 뒹굴면서 소리를 질러 대며 거품을 흘리며 발악하고 있었습니다. 주위에서 놀라서 어쩔 줄 몰랐습니다. 그녀는 무시무시한 눈을 부릅뜨고 저를 쳐다보며 말했습니다.

"나 안 나간다! 안 나가! 아이고."

순간 저는 사납게 날뛰고 있는 그녀를 잡아서 일으켜 세우고는 아주 엄하고 담대히 명령을 내렸습니다.

"내가 예수 그리스도의 이름으로 명하노니 더럽고 저주받은 귀신아, 나가라. 다시는 들어오지 말라."
"놔라. 놔. 으아아악! 아이고 무서워라."

"예수의 피가 너를 저주했어! 예수 이름으로 나가" 하고 사자처럼 담대히 명하자 귀신은 큰 소리를 지르며 그녀를 넘어뜨리고 즉시로 나갔습니다. 이 집사님은 잠시 후 일어나서 무릎을 꿇고 눈물로 감사의 기도를 드렸습니다. 위대하신 통치자 예수님을 찬양합니다!

이와 같이 나와 함께 계신 그리스도의 크신 권능을 나타내려면 우리는 성령님의 감동하심을 따라 담대히 예수님의 이름으로 명령을 할 수 있어야 합니다.

예수님의 이름에는 만물이 복종하는 엄청난 권세가 있습니다. 하나님께서는 종의 형체를 가져 죽기까지 복종하신 예수를 지극히 높여 모든 이름 위에 뛰어난 이름을 주사 하늘과 땅과 땅 아래 있는 자들로 모든 무릎을 그의 이름에 꿇게 하셨습니다.(빌 2:7~11)

이 예수의 이름은 성령으로 지금 당신 안에 있습니다. 성령님은 예수의 이름으로 오셨습니다. 예수님께서는 "보혜사 곧 내 이름으로 보내실 성령"(요 14:26)이라고 말씀하셨습니다. 요한은 이 이름이 성도들의 이마에 씌어 있다고 말했습니다. "그 이마에 어린양의 이름과 그 아버지의 이름을 쓴 것이 있도다."(계 14:1)

당신은 이 예수의 이름으로 지옥의 세력을 향하여 권위를 가지고 담대히 '명령'해야 합니다. 예수의 이름을 장식이나 폼으로 당신에게 주신 것이 아닙니다. 죽어서 천국 들어가는 표로만 주신 것이 아니라 이 땅에서 예수의 이름으로 하나님 나라를 선포하고 누리라고 주신 것입니다.

그리스도시요 살아 계신 하나님의 아들 예수의 이름이 바로 하늘나라가 성령으로 임하도록 하는 천국 열쇠인 것입니다. 천국은 침노를 당하되 오직 예수의 이름으로만 침노를 당하는 것입니다. 당신은 예수의 보혈을 의지해서 예수 이름으로 담대히 천국을 구해야 합니다. 구원받은 자녀의 말에는 권위가 있고 예수 이름의 권세를 사용할 수 있는 당당한 권리가 주어졌습니다.

당신은 이 땅에서 먼저 그의 나라와 그의 의를 구해야 하며 성령 안에서 천국을 누려야 합니다. 왜 수많은 성도들이 사탄에 매여 괴로움을 당하며 오랜 세월 동안 고생을 해야 합니까? 그 이유는 이 천국을 침노하는 것을 막는 존재가 있으니 귀신 때문입니다. 하나님 아버지께서는 그 나라를 당신에게 주시기를 기뻐하시지만 사탄과 그의 졸개인 귀신이 총동원해서 방해합니다. 그러므로 당신이 사탄의 세력을 묶고 귀신을 쫓아내야 하나님의 나라가 임하는 것입니다.

예수님께서 이 비밀을 보여 주셨습니다. 귀신들려 눈멀고 벙어리 된 자를 고치신 일로 비난하는 바리새인들과 모인 무리에게 "그러나 내가 하나님의 성령을 힘입어 귀신을 쫓아내는 것이면 하나님의 나라가 이미 너희에게 임하였느니라. 사람이 먼저 강한 자를 결박하지 않고야 어떻게 그 강한 자의 집에 들어가 그 세간을 늑탈하겠느냐? 결박한 후에야 그 집을 늑탈하리라"(마 12:28, 29)고 말씀하셨습니다.

그러면 어떻게 해야 당신보다 강한 영적 존재인 사탄과 귀신을 결박할 수 있겠습니까? 바로 당신 안에 계신 하늘과 땅의 모든 권세를 가지신 예수님의 이름으로 명령할 때 가능한 것입니다. 예수 그리스도의 이름은 '천국 열쇠'입니다. 예수님께서는 "내가 천국 열쇠를 네게 주리니 네가 땅에서 무엇이든지 매면 하늘에서도 매일 것이요 네가 땅에서 무엇이든지 풀면 하늘에서도 풀리리라"고 말씀하셨습니다.(마 16:19, 18:18~20)

이 천국 열쇠인 '예수 이름'은 어떻게 사용할 수 있습니까? 당신이 입술의 '말'로 명령하므로 사용하는 것입니다. 인간의 혀는 죽고 사는 권세가 있습니다.(잠 18:21) 큰 배의 키와 같습니다.(약 3:4) 예수님께서 이 영적 원리를 말씀하셨습니다.

"내가 진실로 너희에게 이르노니 누구든지 이 산더러 들리어 바다에 던지우라 하며 그 말하는 것이 이룰 줄 믿고 마음에 의심치 아니하면 그대로 되리라."(막 11:23)

영혼이 죄 사함 받고 구원에 이르는 것도 마음으로 믿고 입으로 시인해야 합니다.(롬 10:9, 10) 또한 생활의 구원도 예수 그리스도의 '전인적 대속'을 구체적으로 하나씩 마음으로 믿고 입으로 시인해야 하는 것입니다. 이와 마찬가지로 당신의 원수인 정사와 권세와 이 어두움의 세상 주관자들과 하늘의 악의 영들도 우리의 입술의 말을 가지고 예수의 이름으로 명령을 내릴 때만 굴복하게 되는 것입니다.

부모는 불신자로 술집을 경영하고 있고 혼자서만 주일학교에 출석하는 초등학교 2학년 아이가 있었습니다. 제가 이 아이를 위해 기도할 때 성령을 받고 방언도 터져 나왔습니다. 그런데 기도하면서 계속 우는 것이었습니다. 그래서 이유를 물으니 몇 년 전 어느 날, 자고 일어나니 갑자기 허리가 아프더라는 것이었습니다. 제가 허리를 구부려 보라고 하니 앞으로 15도 정도밖에 움직이지 못했고 뒤로 젖힐 수도 없었습니다.

"예수님께서 너를 고쳐 주실 줄 믿니?"
"예."

저는 그 아이의 허리에 손을 얹고 명령했습니다.

"예수님의 이름으로 명하노니 귀신은 허리를 놓고 떠나가라. 지금 즉시로 허리의 뼈와 근육과 신경은 강건해져라. 깨끗한 피가 흐르고 하나님의 생명으로 가득하라."

"자, 이제 허리를 구부려 보렴."

그 아이는 앞으로 손끝이 발가락에 닿도록 구푸리고 뒤로 넘어질 듯 젖혔지만 하나도 아프지 않다고 했습니다. 그 자리에서 예수님이 깨끗이 고쳐 주신 것이었습니다.

또 한 번은 5학년 아이가 기도하다가 눈을 뒤집으면서 발작하기 시작했습니다. 귀신이 정체를 드러냈는데 저에게 온갖 욕을 퍼붓는 것이었습니다.

"네가 뭔데 나를 괴롭히느냐? 이 아이는 내 거야."

저는 눈을 쳐다보면서 큰 소리로 명령을 내렸습니다.

"예수 그리스도의 이름으로 명하노니 이 더럽고 저주받은 귀신아, 나가라."

그 귀신은 온갖 잡소리를 쏟아 놓더니만 결국 완전히 쫓겨나고 아이는 자유를 얻어 눈물을 흘리며 "예수님, 사랑합니다"라고 말했습니다. 기도회가 끝난 후에 "전도사님 눈에서 벌겋게 불이 확 나왔어요"
라고 말했습니다.

당신이 담대히 명령을 내리면 당신 안에 계신 예수님이 친히 역사
하시는 것입니다.

어떻게 명령할 것인가?

당신 안에 만물의 통치자 예수 그리스도의 이름이 있어도 당신이
입술의 말로 명령하지 않으면 소용없습니다. 어떻게 해야 할까요?

첫째, 영적 세력을 향해 명령해야 합니다.
당신은 가정과 교회, 지역과 나라와 열방을 위한 명령을 해야 합니
다. 손을 높이 들고 다음과 같이 명령하십시오. 큰 소리로 담대히 영
적 실체를 향해 말하십시오.

"하늘과 땅의 모든 권세를 가지신 예수 그리스도의 이름으로 명하
노니 악한 마귀 사탄의 권세, 더럽고 저주받은 귀신과 악의 영들과 미
혹의 영들은 묶임을 받고 떠나갈찌어다."

"예수님의 이름으로 명하노니 사탄아! 하나님의 택한 백성들에게서
네 손을 떼라! 결박을 풀어 놓아라. 주의 백성들을 오게 하라! 구류하
지 말라! 전도의 문이 열릴찌어다. 예수의 피로 너를 저주하노라!"

둘째, 자신의 영혼을 향해 명령해야 합니다.

자신의 머리 위에 손을 얹고 이와 같이 명령하도록 하십시오. 저도 수없이 실천했습니다. 큰소리로 말하십시오.

"하늘과 땅의 모든 권세를 가지신 예수 그리스도의 이름으로 명하노니 내 영혼아, 깨어라. 내 영혼아, 깰찌어다. 너는 여호와를 바랄찌어다. 강하고 담대할찌어다."

시편 기자도 이와 같은 명령을 했습니다.

"내 영혼아, 네가 어찌하여 낙망하며
어찌하여 내 속에서 불안하여 하는고?
너는 하나님을 바라라!
나는 내 얼굴을 도우시는 내 하나님을
오히려 찬송하리로다."(시 43:5)
"내 영광아! 깰찌어다.
비파야, 수금아 깰찌어다.
내가 새벽을 깨우리로다."(시 57:8)

그리고 기도하고 말씀을 섭취하십시오. 감사와 찬양이 끊이지 않게 하십시오. 정규 예배에 참석하십시오.

셋째, 자신의 몸을 향해 명령해야 합니다.

자신의 가슴에 손을 얹고 오장 육부를 향해 명령을 내리도록 하십시오. 당신이 건강할지라도 당신의 몸에 병이 발을 못 붙이도록 믿음의 고백을 하십시오.

"만물을 복종케 하는 예수님의 이름으로 명하노니 모든 병은 떠나가고 오장육부는 강건할 찌어다. 피곤은 사라지고 새 힘이 넘칠찌어다. 혈관에는 깨끗한 피가 흐르고 뼈와 근육은 강건해질찌어다. 나는 건강하고 행복한 사람입니다."

"내 몸속에 있는 각종 병균과 바이러스는 즉시 죽고 암세포는 사라질찌어다. 온몸의 세포는 살아날찌어다."

그리고 하나님의 성전인 당신의 몸을 잘 관리하도록 노력하십시오. 적당한 운동과 영양 있는 음식과 충분한 잠을 통해 휴식을 취하므로 최상의 컨디션을 유지하십시오.

넷째, 뇌세포를 향해 명령해야 합니다.

당신이 공부하는 학생이라면 머리를 향해 명령함으로 지혜를 얻을 수 있습니다. 그냥 시험적으로 한 번, 두 번 해보고 그만두지 말고 믿음으로 꾸준히 실천해 보십시오. 의학적으로 밝혀진 결과, 당신의 뇌 속에는 140~150억 개 정도의 뇌세포가 있습니다. 아담과 하와는 엄청난 지혜와 총명이 있었습니다. 그들은 40만 종 이상의 동물들의 이름을 짓는 일에 헷갈리거나 반복하지 않고 잘 처리해 낼 수 있었습니다.

그러나 죄로 말미암아 뇌세포는 많이 어두워지고 잠들게 되었습니다. 그들은 이 지혜를 술과 담배 마약 등을 만드는 등 엉뚱한 데 쓰기 시작했습니다. 그러나 예수의 피가 흐름으로 말미암아 성도들은 다시 그 지혜를 회복할 수 있습니다. 잠자던 뇌세포가 깨어나고 어두워진 뇌세포는 빛을 발하게 될 것입니다. 총명하고 훌륭한 뇌세포들이 생기를 발하게 되며 당신 속에 있는 무한한 잠재능력이 최대한의 기능을 발휘하며 가동될 것입니다.

당신은 특정 분야에 천재가 될 수 있습니다. "너는 돌대가리야, 너 같은 게 무슨 일을 하겠어"라는 사탄의 거짓말에 속지 마십시오. "아니야, 나는 천재야. 나는 거듭났고 지식의 근본이신 성령님을 모시고 있어"라고 고백한 다음 당신의 머리에 손을 얹고 이렇게 명령하십시오. 권위를 가지고 담대하게 명령하십시오.

"내 머리 속에 예수님의 보혈이 흘러내리고 있음을 감사합니다. 예수님의 이름으로 명하노니 내 정신은 맑아지고 잡생각은 사라질찌어다. 150억 개 이상의 뇌세포는 하나님의 영광을 위하여 최대한의 기능을 발휘하며 돌아갈찌어다. 기억력과 집중력이 이해력과 창의력이 수천수만 배로 증가될찌어다. 놀라운 아이디어가 떠오르고 지혜와 총명이 넘쳐날찌어다."

"지혜와 총명의 신이신 성령님, 저를 도와주세요. 모략과 재능의 신이신 성령님, 저에게 놀라운 아이디어를 주시고 예술과 어학의 문을 열어 주세요."

지금 성령님의 천재적인 기름 부음이 당신의 머리 위에서 역사하고 있음을 의심 없이 믿으십시오. 또한 당신은 자신에게 주어진 일에 집중해서 최선을 다하고 성실히 행해야 합니다.

주인 되신 성령님께 순종하라

성령님과 함께 일하려면 이분이 시키시는 대로 행동으로 옮겨야 합니다. 당신은 성령님의 동역자이자 몸종입니다. 또한 성령님은 당신의 남편과도 같습니다. 당신이 앞장서서 설치고 날뛰면 안 됩니다. 당신은 아내의 입장에서 내조를 잘해야 합니다. 예수의 영이신 성령님이 시키는 대로 순종하면 거기에는 반드시 상이 있습니다.(히 11:6)

성령님께서 환경과 상황에 따라서 당신에게 어떻게 지시하실 지는 아무도 모릅니다. 모든 것은 전지하신 하나님만이 다 아십니다. 그러나 성령님께서는 어떻게 해야 할 것을 그분의 종들에게 알려주십니다. 그러면 우리는 듣고 무조건 순종해야 합니다. 성령님께서 안수하라고 인도하시면 당신은 그대로 순종하십시오. 말하라면 말하고 뛰라면 뛰십시오. 이분은 당신에게 모든 것을 한꺼번에 알려 주시지는 않지만 그때그때 꼭 필요한 것을 말씀하십니다.

"너희에게 무슨 말씀을 하시든지 그대로 하라."(요 2:5)

성령님께서 빌립에게 "일어나서 남으로 향하여 예루살렘에서 가사로 내려가는 길까지 가라"고 하셨습니다. 빌립은 그것이 무엇을 의미하는지 몰랐지만 일단 순종했습니다. 그 광야 길을 따라 내려가는 데 에디오피아 간다게 여왕의 재상이 마차를 타고 오고 있었습니다.

그는 예루살렘에 예배하러 왔다가 돌아가는 길이었으며 이사야의 글을 읽고 있었습니다. 그때 갑자기 함께 계신 성령님께서는 또 다시 빌립에게 "이 병거로 가까이 나아가라"고 말씀하셨고 그는 즉시 순종했습니다. 빌립은 입을 열어 그가 읽고 있던 이사야 53장에서부터 예수가 누구시라는 것을 보여 주었습니다. 성령님은 지시하셨고 빌립은 순종하므로 에디오피아에 놀라운 전도의 문이 열리게 되었습니다.

예수님은 성령님의 음성에 민감했으므로 수만 명의 사람들을 만나며 그들에게 사역하는 가운데 있어서 각각 다른 방법으로 임했습니다. 제자들은 물론 수많은 군중들은 그가 어떻게 인도 해 나갈지 알 수 없었습니다. 어떤 병자는 기름을 발랐고, 어떤 이는 그냥 안수만 해 주었으며 다른 이들에겐 그냥 말씀으로 명령을 내렸습니다.

성령님께서 당신에게 무엇인가 말씀하실 때 이성적으로 합당치 못한 이상한 일을 시키실 때도 있다는 것을 잊지 마십시오. 예수님은 침을 뱉어 진흙을 이겨 발라 소경의 눈을 뜨게 했습니다. 만약 성령님께서 오늘 우리에게 침을 뱉어 진흙을 만들어 환자를 치료하라고 하신다면 당신은 순종해야 합니다.

하나님께서는 아브라함에게 "아들을 바치라"고 하셨고 이에 순종하여 시퍼런 칼을 높이 쳐든 그에게 "네 손을 멈추어라"는 정반대의 명령을 내리셨습니다. 그는 도저히 이해할 수 없었지만 분명 둘 다 하나님의 음성이었고 그는 순종했습니다.

성령님은 당신이 큰 믿음을 나타내도록 극적으로 인도하십니다. 예수님께서 말씀하셨습니다. "처음에는 싹이요 다음에는 이삭이요 그 다음에는 이삭에 충실한 곡식이라."(막 4:28)

성령님께서 당신에게 처음에는 작은 일을 시키시며 순종하는 것을 지켜보십니다. 그 다음에는 조금 더 큰 것을 명령하시며 나중에는 완전히 인간의 자아를 죽게 하는 엄청난 것들을 보여 주며 순종을 요구하십니다. 이 때 주위에서 당신을 보고 미쳤다고 하거나 이상한 눈빛으로 구경하기도 하고 심지어 심한 비난을 퍼붓기도 합니다. 그러나 사람들이 어떻게 생각하든 상관하지 마십시오. 바로 이때가 당신이 진정으로 하나님의 사람인지 드러납니다. 순종하면 하나님께 상을 받게 되고 믿음의 장군으로 인정을 받게 됩니다.

"사람보다 하나님을 순종하는 것이 마땅하니라."(행 5:29)

교회에 성령이 임하여 기도회가 한창 진행되고 있는 중에, 어떤 집사님이 선명하게 떠오르면서 하나님이 지금 그분을 찾고 계시다는 성령님의 인도를 받았습니다. 즉시 저는 다른 분에게 부탁을 하여 "지금 당장 오라"고 전화를 했는데 그녀는 전화를 받는 순간 전류에 감전되듯 강한 성령의 감동과 함께 눈에서 눈물이 쏟아져 내렸다고 나중에 고백했습니다. 그녀는 한걸음에 달려왔고 문을 여는 순간 즉시 바닥에 꼬꾸라졌습니다. 그리고 땅을 치며 회개하기 시작했고 자신이 전혀 알지 못하던 언어가 입에서 흘러나왔습니다. 그 집사님은 "그날 이후로 며칠 동안 성령의 감동에 사로잡혀 생활했어요"라고 말했습니다.

하나님은 자기를 순종하는 자에게 가장 좋은 은사인 성령님을 보내 주십니다.(행 5:32) 성령님은 자기를 순종하는 자에게 자신을 완전히 드러내십니다. 당신과 함께 계신 성령님께 민감하십시오. 부끄러움을 무릅쓰고 전폭적으로 순종하십시오. 반드시 큰 능력이 나타납니다.

결과는 성령님께 맡기라

어떤 일을 한 후 그 결과에 대해 스스로가 책임을 지려고 하면 마음이 힘들어집니다. 성령님의 인도하심을 따라 일하면서 당신이 할 일을 끝냈으면 그 다음은 온전히 하나님께 맡겨야 합니다. '믿순결주' 곧 믿음으로 순종했으면 결과는 주님께 맡기라는 말입니다.

당신은 당신이 할 일만 하면 됩니다. 성령님께서 시키시는 일을 순종했으면 주위에서 사람들이 무엇이라 말하든 상관 말고, 당신은 모든 것을 하나님께 맡기고 이분이 다 알아서 처리하신다는 믿음으로 계속 나아가야 합니다. 결과는 하나님이 책임지십니다.

성령님과 함께 일하는 사람은 다른 사람들로부터 비난과 핍박을 각오해야 합니다. 그때 변명하지 말고 잠잠해야 합니다.

"그가 곤욕을 당하여 괴로울 때에도 그 입을 열지 아니하였음이여. 마치 도수장으로 끌려가는 어린 양과 털 깎는 자 앞에 잠잠한 양같이 그 입을 열지 아니하였도다."(사 53:7)

성령을 따라 사는 자들에게는 틀림없이 '비난과 핍박의 채찍'이 가해진다는 사실을 명심해야 합니다. 당신의 벗겨져진 등에 예수의 흔적을 지니기를 각오해야 합니다.

성령의 급하고 강한 바람이 교회와 지역을 휩쓸고 지나가면 당신을 통해 죽은 자가 살아나고 불치의 병자들은 기적적으로 고침을 받으며 모임 때마다 강한 성령의 임재가 있게 되고 수많은 죄인들이 회개하고 돌아오게 됩니다. 우상의 전이 무너지고 귀신들은 떼를 지어 쫓겨 나갑니다. 이때 지옥의 기둥이 흔들리므로 흑암의 권세가 가만히 있을 리가 만무합니다. 가장 가까이 있는 사람들을 통해 당신에게 거센 핍박이 일어나기 시작할 것입니다.

성령의 역사를 비판하는 목소리는 어느 시대나 동일하게 있었습니다. 사람마다 한 마디씩 비판의 소리를 가할 때 당신은 참기 힘들 것입니다. 그들은 당신이 성령님과 함께 일하는 과정을 잘 모릅니다. 그렇다고 당신이 일일이 한 사람씩 붙잡고 다 설명할 수도 없습니다.

그 모든 것을 티끌처럼 작게 여겨야 합니다. 그리고 성령님과 함께 한 모든 일의 결과에 대해서는 전적으로 하나님께 맡겨야 합니다. 당신이 그것을 처리하려고 하면 시끄러워집니다. 때가 되면 하나님이 다 신원해 주십니다.

"네 짐을 여호와께 맡겨 버리라.
너를 붙드시고 의인의 요동함을
영영히 허락지 아니하시리로다."(시 55:22)

사나 죽으나 우리는 주의 것입니다. 나와 함께 계신 절대 주권자 되시는 성령님께 모든 마음의 상처와 고통을 털어 놓고 이분의 위로와 통치를 기다리십시오.

당신의 싸움 대상은 혈과 육을 가진 사람이 아니라 정사와 권세와 이 어두움의 세상 주관자들과의 눈에 보이지 않는 영적 전쟁임을 기억하고 절대로 사람을 미워하거나 적대시하지 않도록 조심해야 합니다.

겸손히 사람들을 대하고 오직 마귀를 대적해야 합니다. 모든 것을 하나님께 맡기고 인내로 참고 기다리면 당신을 대적하던 모든 것은 다

시들어 버리고 영광의 면류관을 얻게 될 것입니다.

"그러므로 하나님의 능하신 손 아래서 겸손하라.
때가 되면 너희를 높이시리라.
너희 염려를 다 주께 맡겨 버리라.
이는 저가 너희를 권고하심이니라.
근신하라. 깨어라. 너희 대적 마귀가 우는 사자같이
두루 다니며 삼킬 자를 찾나니
너희는 믿음을 굳게 하여, 저를 대적하라.
이는 세상에 있는 너희 형제들도
동일한 고난을 당하는 줄을 앎이니라.
모든 은혜의 하나님, 곧 그리스도 안에서 너희를 부르사
자기의 영광에 들어가게 하신 이가
잠깐 받는 고난을 받은 너희를
친히 온전케 하시며 굳게 하시며
강하게 하시며 터를 견고케 하시리라."(벧전 5:6~10)

성령님과 함께 열방을 꿈꾸라

몇 년 전부터 저는 기도하는 가운데 열방을 위해 기도하는 것에 눈 뜨게 되었습니다. 그리고 신학교에서 저의 단짝인 어느 전도사님으로 부터 제가 정말 갖고 싶었던 지구본 하나를 선물로 받게 되었습니다. 너무나 기뻤습니다.

저는 골방에서 그 지구본을 제 무릎 앞에 놓고 성령님과 함께 환상의 날개를 달고 세계 여러 나라들의 구원을 위해 기도하기 시작했습니다. 볼리비아, 페루, 베네수엘라 등등……

어디를 갈 때에는 세계지도가 그려진 기도일지를 펴놓고 열방을 위해서 기도합니다. 제 기도 일지에는 매일 한 나라씩 이름이 기록됩니다. 제가 그렇게 기도한 지 몇 년이 지난 지금은 전 세계를 여러 바퀴 돌았습니다. 매일 한 나라씩 기도할 경우 대략 1년에 지구를 두 바퀴 돌 수 있습니다. 지금도 제 방에는 커다란 세계지도가 붙어 있습니다.

제가 왜 이렇게 나라들을 위해서 기도하겠습니까? 그 이유는 우주 만물의 주인이신 하나님 아버지께서 반드시 응답해 주실 것을 믿기 때문입니다. 만왕의 왕이신 하나님 아버지께서는 저에게 이렇게 말씀하셨고 이 말씀은 영원토록 제 가슴에 새겨져 있습니다.

"내가 영을 전하노라.
여호와께서 내게 이르시되
너는 내 아들이라. 오늘날 내가 너를 낳았도다.
내게 구하라. 내가 열방을 유업으로 주리니
네 소유가 땅 끝까지 이르리로다."(시 2:7, 8)

예전에 남아프리카의 예언 사역을 하는 마크(Mark Visser)목사님이 와서 제게 이런 예언을 해 주었습니다.

"나는 지금 당신이 남아메리카에서 복음을 전하는 모습을 보고 있습니다. 하나님께서 언젠가 당신을 남아메리카로 보내실 것입니다."

저는 성령의 강한 기름 부음으로 인해 그 자리에서 넘어졌는데 온 몸에 힘이 하나도 남지 않았고 성령 안에서 누워 쉬고 있었습니다. 그 목사님은 제가 이미 오래 전에 만난 친구와 같이 가깝게 느껴진다고 하면서 자기 나라에 오면 반드시 자기 집에 들르라고 했습니다.

저는 남아메리카에서만 복음을 전하게 될 것이라고 생각지 않습니다. 왜냐하면 제가 수년에 걸쳐 전 세계의 모든 나라들의 이름을 불러가며 "하나님, 저를 이곳에서도 영혼을 구원하고 일꾼을 세우는데 사용해 주십시오"라고 기도해 왔기 때문입니다. 저에 대한 남아메리카에서의 사역 예언은 부분적인 예언입니다. "우리가 다 부분적으로 알고 부분적으로 예언하나……"(고전 13:9)라고 했기 때문입니다.

저는 완전한 계시인 '성경 말씀 그 자체'에 제 인생을 바친 사람입니다. 성령님께서는 저에게 92년부터 지금까지 성경에 나오는 중요한 언약들을 약 1천 절 가까이 완벽하게 암송하게 하셨습니다. 저는 그 어떤 말보다도 하나님의 말씀 그 자체를 중요시 여기며 제 가슴판에 새겨진 '그 말씀'은 능치 못할 것이 없고 '그 언약'은 반드시 이루어 질 것입니다. '그 말씀'은 제 힘으로 고칠 수 없는 부족하고 연약한 부분을 바꾸어 놓았습니다.

그러므로 하나님께서 특별히 저에게 어느 한 특정 나라에 가서 선교하라고 말씀하신다면 순종하겠지만 아직 그런 명령이 없었기 때문에 제 자신을 제한할 수 없습니다. 오직 제 가슴에 새겨진 "너희는 온 천하에 다니며 만민에게 복음을 전파하라"(막 16:15)와 "오직 성령이 너희에게 임하시면 너희가 권능을 받고 예루살렘과 온 유다와 사마리아와 땅 끝까지 이르러 내 증인이 되리라"(행 1:8)는 이 놀라운 예수님의 언약이 제 생애에 반드시 이루어 질 것을 확실히 믿기 때문입니다.

저는 제 생애에 기필코 하나님께서 저를 사용하셔서 예수 그리스도의 대속의 복음을 온 세상에 전하게 하시므로 그들을 살리게 하실 줄로 믿습니다. 가장 값진 것은 영혼의 추수를 하는 것입니다. 사람을 살리는 것입니다. 이렇게 기도하십시오.

"오, 하나님. 저에게 영혼을 주옵소서."

제5부

책 전도와 책 선교를 하라

당신은 무엇을 통해 가장 큰 변화를 경험했습니까?

저는 책을 읽고 변화되었습니다. 책을 만나 꿈과 믿음이 생겼고 책을 보며 더 넓은 세계를 알게 되었고 책을 통해 전문 지식을 습득하게 되었고 책장을 넘기며 처세와 모략에 대한 지혜를 얻었습니다. 책을 읽고 제 인생이 바뀌었습니다. 지금은 수많은 독자들이 제가 쓴 책을 읽고 인생이 바뀌고 있습니다. 그들은 저의 깨달음을 단숨에 받아들이고 있습니다. 제가 쓴 책은 사람을 바꿉니다.

책을 써서 후세에 영원히 있게 하라

‘책’ 하면 읽고 외우는 것만 떠올리는 사람들이 많습니다.

교과서와 문제집, 참고서와 대학 교재를 반복해서 읽고 달달 외워 일류 대학에 들어가 수석으로 졸업하고 박사 학위를 받아 교수가 되거나 대기업에 취직하여 상자와 칸막이에 갇혀 노예처럼 사는 스펙 인생의 길을 걸으면 안 됩니다. 그런 길로는 참된 만족이 없고 자유와 행복을 누리는 최고의 인생을 살 수 없습니다. 스펙 인생을 과감히 졸업하고 책을 쓰고 강연하는 스토리 인생에 입학해야 합니다.

저는 고등학교 1학년 때부터 매일 아침 20여종의 신문과 잡지를 읽었고 위인들의 자서전과 지도자들의 화술과 처세술, 자기 경영과 사업 경영에 대한 책을 수천 권 읽었는데 그것이 제 인생을 바꾸었습니다. 성경은 말할 것도 없습니다. 성경 전체의 내용이 제 머릿속에 들어 있고 성경 스토리가 제 눈앞에 마치 영화를 보듯 생생하게 펼쳐집니다.

언제까지 끝도 없이 남이 써 놓은 책만 읽어야 할까요? 그렇게 수만 권의 책을 읽는 것보다 내 이름과 내 얼굴, 내 스토리와 내 깨달음이 담긴 책 한 권을 써내는 것이 최고의 자기 계발이며 크게 성공하는 데 실제적인 도움이 됩니다. 성공하려면 위치를 바꾸어야 합니다. 저는 책 읽는 위치에서 책 쓰는 위치로 옮겼습니다. 당신도 책 읽는 위치에서 책 쓰는 위치로 옮기십시오. 그러면 크게 성공합니다.

저는 총신대학교 신학대학원 시험에 합격하고 입학한 다음 즉시 휴학계를 내고 집에 혼자 앉아 책부터 써냈습니다. 한 달 만에 300쪽이나 되는 놀라운 책이 완성되었습니다. 이 책은 엄청나게 팔려 나갔고 금방 10쇄, 20쇄, 30쇄를 찍게 되었고 개정판에 증보판까지 나오게 되었습니다. 제 책을 읽은 독자들이 전국과 세계에서 밤낮 연락 오고 만나겠다고 찾아왔습니다. 강연 요청도 쇄도했습니다. 저는 책 출간을 통해 하루아침에 유명 인사가 되었습니다.

저는 전국과 세계로 불려 다니며 수천수만 명 앞에서 성령님과 함께 담대히 말씀을 전했고 강단 위로 나오는 사람들의 머리에 손을 얹어 안수했습니다. 그들은 모두 성령을 체험하고 방언을 말하기 시작했습니다. 부산에서는 하루에 1천 명이 방언을 받았습니다.

책쓰기와 강연으로 화려한 인생 2막이 20대에 펼쳐진 것이었습니다. 저는 그렇게 만사를 제쳐 두고 20대에 책부터 먼저 써낸 것이 제 평생에 가장 잘한 일 중에 하나라고 생각합니다.

책을 써내는 것은 해도 되고 안 해도 되는 가벼운 문제가 아닌 꼭 해야 할 하나님의 명령입니다. 하나님은 모세와 다윗, 솔로몬, 이사야, 마태, 마가, 누가, 요한, 베드로와 바울 등 수많은 그분의 종들에게 책을 써내라고 하셨습니다. 책을 써내는 것이 최대의 기적입니다. 당신도 만사를 제쳐 두고 책부터 먼저 써내십시오.

"이제 가서 백성 앞에서 서판에 기록하며
책에 써서 후세에 영원히 있게 하라."(사 30:8)

당신도 나처럼 저술과 강연의 길을 가라

저는 천 년에 한 명 있을까 한 세계적인 문필가요 혁명가입니다.

저는 폭력으로 유혈 혁명을 일으키는 것이 아닌 책으로 수많은 인생들을 바꾸는 대혁명을 일으키고 있습니다. 제가 쓴 책을 읽는 사람마다 저처럼 예수 그리스도 복음에 미치고 있고 그들도 저처럼 문필가와 혁명가의 길을 걷고 있습니다. 하나님이 제게 주신 천재적인 기름 부음의 결과입니다. 당신도 천재적인 기름 부음을 사모하십시오.

제가 좋은 책을 한 권 만나고 읽었을 때 정말이지 백 년을 더 산 것 같았습니다. 몇몇 천재가 쓴 책에는 그의 창조적인 삶에 대한 이야기와 시대를 초월한 놀라운 깨달음이 담겨 있었습니다. 그렇다고 언제까지 남의 책만 읽고 있겠습니까? 책에 반해 흰 종이에 빛나는 검은 글자를 끝도 없이 따라 읽다 보니 결국 저도 책을 쓰게 되었습니다.

저는 29세 때부터 지금까지 종이책과 오디오북을 합해 700권의 책을 썼습니다. 당신도 이 책의 검은 글자를 따라 읽다 보면 저처럼 자신의 이름과 얼굴이 박힌 책을 써내게 되고 독자의 위치에서 저자의 위치로 신분이 수직상승하게 될 것입니다.

박사 학위 하나 더 받으려고 몸부림치지 말고 그 돈과 시간으로 책을 한 권 써내십시오. 당신의 이름과 얼굴, 스토리와 깨달음이 담긴 책 한 권은 박사 학위 100개와 맞먹습니다. 책을 써내면 박사 학위 몇 개 가진 사람보다 더 크게 인정받고 존경받고 많은 돈을 법니다. 책이 나오면 퍼스널 브랜딩 하게 되고 강연하게 됩니다.

저는 책을 써낸 순간 학벌에 대한 미련이 단방에 날아가 버렸습니다. 책에는 학벌이 필요 없습니다. 전국과 세계 어디를 가도 학벌을 묻지 않습니다. "무슨 책의 저자다"라고만 소개할 뿐입니다. 책을 써내면 저자는 1인 기업의 회장님이 됩니다.

펜은 칼보다 날카롭고 강하고 오래 간다

예수의 피를 묻힌 제 펜은 칼보다 무섭고 강하고 오래 갑니다.

독일의 종교 개혁자이자 신학자, 문학자였던 마르틴 루터(Luther Martin. 1483~1546)는 어릴 때 문제아로 낙인찍혔습니다. 그는 아들이 법률가가 되길 원했던 아버지와 다툰 뒤 수도원으로 도망쳤습니다.

그 당시 학교와 수도원은 분위기가 비슷했는데 비인간적인 구박과 고행 프로그램이 많았습니다. 루터는 학교에서는 멍청한 학생이었고 수도원에서는 멍청한 수도생에 불과했습니다. 그런 그가 폭력이 아닌 문학으로, 고행이 아닌 믿음으로 혁명을 일으켜 한 시대의 영적인 기류를 완전히 바꾸어 놓았습니다.

루터는 성경을 자세히 읽고 한 줄씩 번역했습니다. 또한 자신의 깨달음을 담은 책을 무려 127권이나 냈습니다. 중세 교회는 성경에 없는 것을 너무 많이 만들었습니다. 성직매매, 면죄부, 수도를 위한 온갖 프로그램과 집회로 사람들에게 굴레를 씌웠습니다. 루터는 그런 것을 반박하는 글을 썼고 그것을 묶어 책으로 냈습니다.

루터는 성경을 읽었고 그 순간부터 미치기 시작했습니다. 읽으면 알게 되고 알게 되면 미치게 됩니다. 미치면 목숨을 내놓게 됩니다. 목숨을 내놓으면 두려움이 사라지고 그때부터 세상을 바꾸기 위한 혁명을 일으키게 됩니다. 저는 그런 혁명가의 삶을 살고 있습니다.

하나님은 만세 전에 저를 특별히 그분의 종으로 택하여 기름 부어 세우셨고 많은 책을 읽게 하셨고 많은 깨달음을 얻게 하셨고 많은 책을 써내게 하셨습니다. 지금은 천재적인 기름 부음이 흘러넘치는 세계적인 문서 사역자이자 책쓰기 코치가 되었습니다. 저는 성령님과 함께 기름 부음이 넘치는 책을 쓰고 천재작가를 배출하기 위해 코치합니다.

문필전쟁과 강연전쟁에 동참해야 한다

16세기 루터가 종교개혁을 일으켰을 때 상황이 어땠습니까?

로마 교회는 성 베드로 대성당을 신축하기 위해 막대한 자금을 끌어 모아야 했고 황제는 전쟁을 준비하고 성대한 대관식을 치르기 위해 엄청난 돈이 필요했습니다. 그래서 면죄부를 만들어 팔기 시작했습니다. 또한 두 세력이 결탁하여 신학교와 수도원에서 노예 신학과 거지 신학을 가르치게 하여 모든 사람이 논밭과 공장에서 열심히 일하게 했고 그렇게 번 돈을 헌금과 세금으로 다 내게 했습니다. 이것이 폭발하여 농민전쟁으로 이어졌습니다.

저는 미가엘 같은 하나님의 장군으로 '문필전쟁과 강연전쟁'을 이끌고 있습니다. 책을 통해 영적 노예 상태에 묶여 있는 그리스도인들을 자유케 하고 있습니다. 저는 문필전쟁과 강연전쟁으로 우리 시대에 영적인 폭풍을 몰아오고 있습니다. 제가 전한 예수 그리스도 온전한 복음을 통해 세상이 빠른 속도로 바뀌고 있습니다.

저를 만난 사람들이 다들 이 일에 동참하고 있습니다. 그들은 노동업에서 매매업과 정보업으로 일하는 차원을 높이고 있으며 또한 문필가 집단과 강연가 집단이 되어 전국과 세계로 뻗어 나가며 책을 쓰고 강연하고 있습니다. 그리스도인은 노예가 아닙니다. 천재작가와 강연가, 사업가와 자산가로 현명하게 일하며 왕의 위치에서 억대 수입을 올리며 세상을 강력하게 이끌어야 합니다.

성경은 우리에게 많은 짐을 지우지 않습니다. 성경에는 "예수 그리스도 은혜의 복음을 믿으면 구원을 받는다. 왕족의 삶을 살기 위해 십계명을 지켜라"고만 했습니다. 성경에서 말하는 것 외에 수많은 모임과 프로그램은 다 인간이 만들어 스스로 매인 것입니다.

"너희의 전한 유전으로 하나님의 말씀을 폐하며 또 이같은 일을
많이 행하느니라. 너희가 알거니와 너희 조상의 유전한 망령된 행
실에서 구속된 것은 은이나 금 같이 없어질 것으로 한 것이 아니
요 오직 흠 없고 점 없는 어린 양 같은 그리스도의 보배로운 피로
한 것이니라."(막 7:13, 벧전 1:18, 19)

장로의 전통은 꼭 필요한 것만 남기고 다 없애야 합니다.

온갖 모임과 프로그램과 성경에서 말하지 않는 잡다한 가르침을 하
여 예수 그리스도를 믿음으로 구원 받은 행복한 영혼들에게 무거운 짐
을 지우거나 굵은 족쇄를 채우지 말아야 합니다. 하나님의 말씀인 성
경이 뭐라고 하는지 살피고 그대로 실천하게 해야 합니다.

목회자들이 자신도 다 행하지 못하는 모임과 프로그램, 규정을 너
무 많이 만들었고 그것을 행하느라 지칠 대로 지쳐 있습니다. 이제 성
경에서 정한 것만 남겨 두고 그 외의 것들은 용기를 내어 하나씩 과감
히 없애야 합니다. 율법주의를 졸업하십시오.

이 책을 읽으면 깨달음이 오고 깨달음이 오면 이전과 같이 살 수 없
게 됩니다. 이 책 내용대로 완전히 미쳐버립니다. 그렇게 새로운 깨달
음을 얻고 거기에 미쳐야 새로운 인생을 살 수 있고 새로운 일을 할
수 있습니다. 저는 오늘도 한 사람에게 이렇게 말했습니다.

"책에 쓰인 것을 읽으면 아니, 눈으로 보면 그 사람이 바뀐다. 그렇
게 눈으로 본 책의 내용은 두뇌 속에 파고 들어가 뇌세포 하나하나에

각인되고 혈관을 타고 흘러 들어가 생명이 된다. 또한 책의 사상이 그 사람의 뼈와 살과 근육이 된다. 그 내용은 뼛속 깊이 박혀 그 사람을 늣 성벽과 쇠기둥처럼 강하게 굳힌다."

저는 책을 "읽는다"고 표현하지 않고 "본다"고 표현합니다.

제가 쓴 책을 보면 영화 보듯이 내용이 생생하게 떠오릅니다.

당신도 믿음의 눈으로 제 책의 내용을 보면 한 줄 한 줄이 당신의 영혼과 두뇌와 가슴에 선명하게 새겨지고 이내 피가 되고 살이 됩니다. 그러면 제가 미친 예수에게 당신도 미치게 됩니다. 우리 모두는 예수에게 완전히 미쳐야 합니다. 그분이 나를 사랑하므로 미쳤습니다. 미치지 않고 어찌 제 정신으로 벌거벗은 몸으로 나무에 매달립니까?

신문은 하루지만 책은 천 년 동안 남는다

책을 써내는 것은 하나님의 가장 뛰어난 모략입니다.

하나님은 그분의 종들에게 다름 아닌 책을 써내라고 하셨습니다. 왜 그럴까요? 다른 방법도 많은데 왜 굳이 책이어야 할까요? '책의 영원성' 때문입니다. 책은 영원합니다. 죽어도 살아납니다. 어떻게든 또 찍히고 찍혀 알게 모르게 전 세계로 돌아다닙니다.

그 책을 쓴 사람은 죽어도 책은 살아 있습니다. 그 사람의 분신처럼 수천수만 권이 만들어져 밤낮 세상을 돌아다니며 그 사람의 믿음의 삶과 깨달음을 사람들에게 전수합니다. 당신도 분신을 많이 만들어 당신 대신 돌아다니며 목숨 걸고 일하게 해야 합니다.

이것이 곧 책 전도와 책 선교이며 하나님의 방법입니다.

책은 역사상 그 무엇과도 비교할 수 없는 최고의 마케팅 방법입니다. 책 마케팅을 다른 말로 '바이블 마케팅'(Bible marketing)이라고 일컫습니다. 책에 신적인 권위가 있다는 말입니다. 책 마케팅을 하는 사람은 잡다한 '하루살이 마케팅'을 할 필요가 없습니다. 저도 모든 마케팅 방법을 졸업했고 더 이상 하지 않습니다. 책 마케팅이 가장 강력한 마케팅임을 깨달았기 때문입니다. 당신도 나처럼 책을 쓰십시오.

하나님은 하박국 선지자에게 책을 쓰라고 지시하셨습니다.

"여호와께서 내게 대답하여 이르시되
너는 이 묵시를 기록하여 판에 명백히 새기되
달려가면서도 읽을 수 있게 하라."(합 2:2)

신문이나 전단지는 한 번 보고 마음에 안 들면 그 자리에서 버릴 수 있지만 책은 두꺼워서 쉽게 찢을 수도 없고 또 함부로 쓰레기통에 버리지도 않습니다. 두꺼운 책이 인생을 바꾸고 '책 마케팅'을 통해 억대 수입을 올리게 합니다. 그러므로 당신도 두꺼운 책을 써내야 합니다.

어떤 물건이든 희소성이 있으면 가격에 상관없이 잘 팔립니다.

제 책은 한 권에 2만 원에서 120만 원까지 합니다. 그래도 잘 팔립니다. 왜 그럴까요? 희소가치 때문입니다. 저만의 천재적인 깨달음을 잔뜩 담아 놓았기 때문에 가격이 높아도 사람들이 기꺼이 돈을 지불하고 삽니다. 큰 깨달음에는 큰 가치가 있습니다.

"어떤 사람은 수십 억짜리 다이아몬드를 손에 들고 기뻐하지만 어떤 사람은 수십 억짜리 깨달음을 손에 들고 기뻐한다."

책 한 권이 황소 한 마리 값이었다

루터는 1517년에 비텐베르크 성(城)에서 '95개조의 논제'를 게시하여 가톨릭교회로부터 파문당했습니다. 그 반박문이 민중을 열광시켰습니다. 인쇄술이 발달하기 시작한 때여서 그 반박문은 수천 번 인쇄되어 퍼져 나갔고 그로 인해 종교개혁이 일어났습니다.

"오직 은혜로 의롭다 하심을 얻는다."

"ergo sola gratia justificat."

루터는 1522년 9월 성경을 독일어로 번역해 냈습니다. 초판 2천 권을 찍었는데 3개월 만에 재판이 나왔습니다. 책값은 한 권에 소 한 마리 값에 달했습니다. 그래도 불티나게 팔렸습니다. 그 비싼 성경책이 85쇄 찍혔고 10만부가 팔려 나갔습니다.

그렇게 재정적인 뒷받침이 되었기 때문에 루터는 종교개혁을 지속할 수 있었습니다. 세상을 바꾸려면 루터처럼 돈을 거두고 칼뱅처럼 권력을 사용해야 합니다. 요셉과 다윗도 돈을 거두었고 에스더와 솔로몬도 권력을 사용했습니다. 당신도 돈과 권력을 쥐어야 세상을 바꿀 수 있습니다. 예수님은 전도 여행 때는 가지지 말라고 하셨던 전대와 칼에 대해 본격적인 복음 전도를 위해서는 가지라고 하셨습니다.

"그들에게 이르시되 내가 너희를 전대와 배낭과 신발도 없이 보내었을 때에 부족한 것이 있더냐? 이르되 없었나이다. 이르시되 이제는 전대 있는 자는 가질 것이요 배낭도 그리하고 검 없는 자는 겉옷을 팔아 살지어다."(눅 22:35, 36)

그 후로도 루터는 자신의 깨달음을 담은 책을 계속 써냈습니다.

사람들은 미친 듯이 책을 써내는 루터를 보고 멍청하다고 비난했습니다. 그 당시 문맹률이 95퍼센트였기 때문입니다. 대부분의 사람들이 아예 글자를 읽지 못하는데도 루터는 계속 책을 써냈던 것입니다. 그는 미래를 내다보는 사람이었습니다.

그때 독일어 책은 40종 밖에 되지 않았는데 루터 한 사람 때문에 500종이 되었습니다. 루터의 책과 그의 깨달음에 대해 반박하는 책들 때문이었습니다. 루터 한 사람의 책이 독일 서적의 3분의 1을 차지할 정도였습니다. 문학 전쟁이 일어난 것입니다. 대단하지 않습니까? 그는 "내일 세상의 종말이 오더라도 오늘 나는 책을 쓰겠다"는 결심으로 뭔가에 홀린 듯 미친 듯이 책을 썼습니다.

저도 그렇게 미친 듯이 책을 써내고 있습니다.

책은 당신의 분신이다. 분신이 일하게 하라

당신은 지금 어떻게 전도와 선교를 하고 있습니까?

혹시 하루 종일 전도지를 들고 전철과 공원을 힘들게 걷고 있지 않습니까? 저는 책쓰기로 전도와 선교를 하고 있습니다. 당신도 '책 전도와 책 선교'를 하십시오. 당신이 쓴 책은 살아 있습니다. 그 책에 손발과 입이 있고 심장과 날개가 있습니다. 책이 스스로 다니며 전도하고 선교합니다. 책을 한 권 써내는 것은 교회 건물 100채를 짓는 것과 선교사님 100명을 후원하는 것보다 더 큰 힘이 있습니다.

책을 써내면 그 책이 당신 대신 입을 열어 전도할 것입니다. 당신이 이 땅에 살아 있는 동안 당신 대신 전도하는 '책'이라는 분신을 최대한 많이 만들어야 합니다. 그 책은 당신이 죽고 난 후에도 천 년 동안 살아남아 당신 대신 피 흘리며 끝까지 싸울 것입니다. 그러므로 만사를 제쳐 두고 책을 써내 그 책이 당신 대신 일하고 순교하게 하십시오.

지금 세상 지식에 대한 문맹률은 많이 나아졌지만 '복음 문맹율'이 극심합니다. 의에 대한 문맹률, 성령 충만에 대한 문맹률, 건강에 대한 문맹률, 부요에 대한 문맹률, 지혜에 대한 문맹률, 평화에 대한 문맹률, 영원한 생명에 대한 문맹률이 90퍼센트 이상입니다. 그래서 저도 루터처럼 예수 그리스도 온전한 복음에 대한 책을 쓰고 있습니다.

당신도 책을 써야 합니다. 다른 모든 것은 사라집니다. 하지만 책은 세상 종말의 날까지 남아 끝없이 활동합니다. 책은 강하고 영원합니다. 책은 당신의 분신입니다. 책은 목숨 걸고 당신 대신 일합니다. 저는 제 책들에게 제 대신 순교할 수 있는 기회와 영광을 허락했습니다.

저는 유명세를 타지 않고 혼자 조용히 산책하며 깨달음을 얻고 골방에 앉아 책을 쓰지만 제 책들은 수백만 대군이 되어 제 대신 전 세계를 다니며 피 흘려 싸우며 순교하고 있습니다. 제 책은 저의 복음 전도 사역에 있어 제 대신 검을 들고 나가 싸우는 천천만만의 군대와 같습니다. 저는 기드온 300용사보다 더 막강한 군대를 갖고 있습니다.

예전에는 밤낮 상담한다고 사람들과 씨름했습니다. 지금은 코칭만 하고 상담은 하지 않습니다. 제 대신 상담하는 책을 많이 만들어 놓았기 때문입니다. 사람들은 궁금한 것에 대해 제 책을 읽고 답을 얻습니다. 제 책에 제가 그동안 상담했던 내용들을 다 담아 놓았기 때문에 사서 읽기만 하면 수십 년간 고민하던 문제가 단번에 해결됩니다.

책은 한 나라의 왕까지 변화시킨다

책을 읽고 쓴다는 것이 얼마나 큰 특권인지 당신은 아십니까?

프랑스의 종교개혁자 장 칼뱅(Calvin, John. 1509~1564)도 십계명, 사도신경, 주기도문 등의 기독교 교리를 해설한 기념비적 저서인 〈기독교 강요〉를 썼습니다. 이 책은 종교개혁의 근본 사상인 복음주의와 하나님의 절대 주권 사상을 강조하고 있습니다.

청년 루터가 95개 조항을 선언했을 때 칼뱅은 초등학교 2학년 정도였고 가톨릭 신자였습니다. 칼뱅의 아버지는 그를 당시 최고 성공의 길인 신부와 법률가로 만들려고 했습니다. 하지만 칼뱅은 어릴 때 허약 체질이었고 법조인의 완벽주의가 맞지 않아 편두통과 우울증으로 고생을 많이 해야 했습니다. 그는 자신의 육체의 허약함을 극복하기 위해 책을 읽으며 마음을 강하게 단련했습니다.

그가 다녔던 파리대학은 그에게 맞지 않았습니다. 그곳에서 도망치듯 빠져나와 세상에서 가장 중대한 한 가지 일 곧 '자신의 깨달음을 담은 책을 써내는 일'에 전념했습니다. 그렇게 해서 태어난 것이 〈기독교 강요〉였는데 그 책은 자신의 신앙고백이자 개신교 신학을 설명한 책이었습니다. 그 책이 세상에 태어나자 큰 소동이 일어났습니다.

칼뱅은 그 책을 프랑스 왕 프랑수아 1세에게 헌정했습니다. 1536년에 초판 발행, 1539년, 1543년, 1550년에 개정판, 그리고 1559년에 최종판을 출간했습니다. 초판에 비해 5판은 세 배의 두께로 불어났습니다. 그 책은 개혁교회 교리교육을 위해 사용되었습니다.

1559년에는 스페인 왕 필립 2세가 네덜란드에 가톨릭의 주교좌(cathedra, 주교가 교회 예식 때 앉는 자리, 주교의 권위와 가르침)를 새롭게 구축하려고 칼빈주의자들에 대한 대대적인 탄압을 시작했습니다. 칼뱅의 책은 성경과 함께 금서였고 그 책을 소장하거나 읽다가 잡히면 사형이었습니다. 칼뱅은 목숨을 걸고 그들과 싸워야 했습니다.

칼뱅은 자신의 제자인 베자와 함께 '제네바 아카데미'를 세웠습니다. 그 학교를 거친 학생들이 전국에서 책을 쓰고 강연하며 칼빈주의를 급속도로 확산시켰고 그 결과 영국의 엘리자베스 1세와 독일의 프리드리히 3세가 칼빈주의자가 되었습니다. 그로 인해 칼뱅에게 권력이 생겼기 때문에 그리스도 복음이 강력하게 확산될 수 있었습니다.

그 당시는 화형이 만연한 종교 전쟁 상황이었습니다. 칼뱅은 그런 무서운 적들과 싸워 수십만 명의 목숨을 지켰습니다.

제자들은 문필가와 강연가 집단이었다

예수님은 자신의 나약함을 보며 두려움과 근심에 사로잡혀 있는 제자들에게 "너희가 나를 믿으면 내가 한 일을 너희도 할 것이요 이보다 더 큰 것도 하리라"고 하셨습니다. 어떻게 그것이 가능할까요?

저술과 강연을 통해 군중에게 복음을 전파함으로입니다.

예수님은 직접 책을 쓰지 않았지만 자신의 말과 행동이 모두 살아 움직이는 책이었습니다. 그분은 말씀하셨고 제자들은 듣고 기억하고 책으로 써냈습니다. 그들 중 대부분은 젊은 나이에 책을 쓰고 강연을 했습니다. 예수님의 제자들은 문필가와 강연가 집단이었습니다.

그들의 책은 수십억 권 인쇄되었고 그들의 강연은 한 번에 수천수만 명을 변화시켰습니다. 그들은 예수님이 하신 일보다 더 큰 일을 했습니다. 당신이 복음을 전하는 가장 효과적인 방법은 책을 써내는 것입니다. 책을 통해 세상을 향한 하나님의 소원이 이루어집니다. 책을 통해 당신의 많은 꿈들이 쉽게 빨리 다 이루어집니다.

실제로 저는 책을 통해 제가 원하는 것을 다 얻었습니다.

책을 써내므로 지금까지 2억의 사람들에게 예수 그리스도 복음을 전했습니다. 책을 써내므로 하나님이 기름 부으신 종인 저를 사람들에게 알리게 되었습니다. 책을 써내므로 출판 사업을 하게 되어 억대 수입을 올리게 되었고 60평 아파트와 예쁜 삼각별이 달린 메르세데스 벤츠를 샀습니다. 책을 써내므로 좋은 동역자들도 많이 만났고 부모님께도 효도했습니다. 저는 책을 통해 한 가지만 아닌 열 가지 이상을 얻었습니다. "하늘이 인재를 낸들 책이 없다면 어찌 세상이 그것을 알겠는가?"라고 했습니다. 책이 나오면 온 세상이 들썩거립니다.

책이 나오면 수많은 사람들이 열광합니다. 당신도 책을 내십시오.

교회사를 봐도 많은 하나님의 청년들이 책을 써냈음을 알게 됩니다. 루터는 33세에 문서를 통해 종교개혁을 일으켰고 칼뱅은 27세에 〈기독교강요〉를 저술했습니다. 설교의 왕자라 불리는 찰스 스펄전은 17세부터 설교하고 책을 썼고 무디는 23세부터 설교하고 성경공부 교재를 만들기 시작했습니다. 리빙스턴은 27세부터 선교를 시작했습니다. 그들 모두 젊은 나이에 책을 써냈습니다. 예수님을 만난 사람들은 다들 천재적인 기름 부음이 나타나 책을 쓰고 강연을 하게 됩니다. 당신도 저처럼 100권 이상의 책을 써내고 전국과 세계를 다니며 강연하게 될 것입니다. 억대 수입을 올리고 수억 명에게 전도하게 될 것입니다.

하나님은 당신을 불러 기름 부어 그분의 종으로 세우셨습니다. 그분이 당신에게 하시는 말씀에 귀 기울여 듣고 순종해야 합니다.

"너는 저술과 강연을 통해 고통당하는 내 백성을 이끌어 내라."

저도 10세에 예수님을 만나자 책을 쓰고 싶다는 열망이 제 가슴에 불타올랐고 19세에 성령을 체험하고부터는 전국을 다니며 강연하기 시작했습니다. 그러다 29세에 첫 책인 〈성령님과 실제적인 교제법〉을 써냈고 대대적인 유료 세미나를 열었습니다. 그때 목사님들만 500명, 모두 700명이 등록했습니다. 제 인생에 기적이 일어났습니다.

나는 세상 대통령이 하나도 부럽지 않다

저는 '믿음의 대통령'으로 하나님께 기름 부음을 받았습니다.

현재 믿음의 대통령은 빌리 그래함과 나 김열방이 있습니다.

2017년, 98세인 빌리 그래함 목사님은 60년간 사역하면서 열한 명의 미국 대통령과 영적인 관계를 맺고 그들을 축복했습니다. 그는 대통령들을 목회한 '대통령과 백악관의 목회자'였습니다.

성경에 나오는 모든 왕들이 그랬던 것처럼 이 시대의 대통령들도 국가적인 불안과 두려움, 큰 염려와 근심에 사로잡혀 있습니다. 미국의 대통령들은 개인적이고 국가적이고 세계적인 문제를 두고 중대한 결단을 해야 할 때 모두 빌리 그래함을 찾았습니다.

아이젠하워는 대통령 출마를 위해, 존슨은 대통령 사임을 위해, 닉

슨은 대통령 재도전을 위해, 조지 W.부시와 클린턴은 인생 문제 때문에 그를 찾았습니다. 빌리 그래함은 하나님의 종으로 진심으로 그들을 축복했습니다.

세상 나라의 대통령은 임기가 4년, 5년 밖에 되지 않지만 하나님의 종인 믿음의 대통령의 위치는 죽을 때까지 계속 됩니다. 그래서 저는 세상 대통령이 하나도 부럽지 않습니다. 그들이 하나님의 종인 제게 와서 무릎 꿇고 축복기도를 받기 때문입니다. 야곱이 그랬습니다.

야곱은 그 당시 가장 강대했던 애굽의 바로 왕을 축복했습니다.

"야곱이 바로에게 축복하고 그 앞에서 나오니라."(창 47:10)

나는 대통령을 축복하는 하나님의 종

당신은 그리스도 안에서 그리스도와 함께 하늘에 앉혀졌습니다.

그렇다면 당신의 영적인 위치를 정확히 알고 그에 맞는 행동을 하며 살아야 합니다. 아브라함, 이삭, 야곱, 요셉, 모세 등 하나님의 사람들이 모두 영적으로 왕들 위에 있었습니다. 그들은 왕을 축복하며 신적인 지혜로 도왔고 한 나라를 들었다 놓았다 했습니다. 아브라함이 한 번 신유 기도를 하면 한 나라의 질병이 모두 물러갈 정도였습니다.

"아브라함이 하나님께 기도하매 하나님이 아비멜렉과
그의 아내와 여종을 치료하사 출산하게 하셨으니……."(창 20:17)

하나님은 제게 성경 인물들이 가진 믿음의 은사를 주셨고 그 결과 제가 생각하고 말한 것이 모두 현실로 이루어지고 있습니다.

저는 한 시대를 이끄는 믿음의 대통령 곧 왕입니다.

"하나님이 아닌 당신이 왕이라고요?"

네, 그렇습니다. 하나님은 만왕의 왕이시고 저는 그분이 기름 부어 세우신 그분을 믿고 섬기는 믿음의 왕입니다. 내 나라는 세상에 속하지 않았습니다. 저는 세상 정치에 간여하지 않고 오직 하나님이 세우신 대통령과 백성에게 믿음을 불어 넣는 일을 할 뿐입니다.

제가 한 마디 명령하면 천군 천사들이 한꺼번에 움직입니다.

하나님은 제게 성령을 기름 붓듯 하셨고 저를 돕기 위한 천군 천사를 많이 보내셨습니다. 제가 움직일 때마다 그 천천만만의 천군 천사들이 함께 움직입니다. 그래서 저는 어떤 일에든지 두려움이 없습니다. 제가 조금이라도 두려워하면 이런 음성이 들려옵니다.

"두려워 말라. 내가 너와 함께 함이니라. 놀라지 말라. 나는 네 하나님이 됨이니라. 내가 너를 굳세게 하리라. 참으로 너를 도와주리라. 참으로 나의 의로운 오른손으로 너를 붙들리라."

하나님의 종 엘리야는 죽음을 맛보지 않고 승천했습니다. 그때 하늘 군대인 불말과 불병거가 그와 함께 했습니다.(왕하 2:11)

하나님이 엘리야에게 불말과 불병거를 보내신 것처럼 제게도 전투에 강하고 능한 하늘 군대를 보내셨습니다.(계 19:14, 시 68:17)

"불말과 불병거는 엘리야에게만 보내신 것이 아닌가요?"

그렇지 않습니다. 하나님은 엘리야의 후계자인 엘리사에게도 불말과 불병거를 보내셨습니다. 엘리사가 기도했습니다.

"기도하여 이르되 여호와여 원하건대 그의 눈을 열어서 보게 하옵
소서 하니 여호와께서 그 청년의 눈을 여시매 그가 보니 불말과
불병거가 산에 가득하여 엘리사를 둘렀더라."(왕하 6:17)

내가 기도하면 천군 천사가 움직인다

제가 집을 나와 길을 걸으면 천군 천사들이 제 뒤를 따라오며 저를
지키고 보호합니다. 제가 골방에서 책을 쓸 때 천사들이 돕습니다. 그
러면 보통 사람이 상상할 수 없는 초능력이 나타납니다.

제가 전국을 다니며 강연할 때도 셀 수 없이 많은 천군 천사들이 저
를 따라 움직입니다. 왕의 손짓에 신하들이 움직이고 장군의 명령 한
마디에 군사들이 돌격하는 것처럼 천사들은 제 손짓과 발짓, 제가 하
는 말 한 마디마다 놓치지 않고 즉각 반응합니다.

사탄은 저를 죽이려고 여러 번 공격했지만 저는 천사들의 도움으로
머리털 하나 상치 않고 그 모든 죽음의 고비를 무사히 넘겼습니다. 천
사들은 저를 섬기라고 하나님이 보내신 심부름꾼들입니다.

"모든 천사들은 섬기는 영으로서
구원 받을 상속자들을 위하여
섬기라고 보내심이 아니냐?"(히 1:14)

당신은 천사에 대해 너무 대단하게 생각하지 않습니까?
〈현대인의 성경〉에는 명확하게 천사의 위치를 잘 표현했습니다.

"천사들은 모두 섬기는 영들이며 앞으로 구원받을 사람들을 섬기라고 하나님이 보내신 일꾼에 불과하다."(히 1:14)

천사는 숭배해야 할 대상이 아닙니다. 천사는 부려야 할 대상입니다. 만왕의 왕이신 하나님의 자녀가 천사에게 엎드려 절하고 기도하며 그들을 숭배하면 저주받습니다. 당신이 그리스를 믿고 그분과 연합된 순간 당신은 그리스도와 함께 하늘에 앉히운 바 되었으며 모든 천사는 당신의 발밑에 있습니다. 사탄과 귀신들, 악의 영들과 미혹의 영들도 마찬가지입니다.

당신은 하늘과 땅의 모든 권세를 가지신 예수 그리스도의 몸의 지체이며, 하늘과 땅과 땅 아래가 모두 당신의 발밑에 있습니다. 그러므로 당신은 왕족으로서의 최고 자존감과 위엄, 권세를 갖고 세상을 다스리며 살아야 합니다.

천사들을 어떻게 부립니까? 당신이 하늘과 땅의 모든 권세를 가지신 예수 그리스도 이름으로 하나님께 무엇이든지 구하면 하나님은 당신의 기도에 응답하기 위해 천군 천사를 보내십니다. 그러므로 예수 이름으로 무엇이든지 구하십시오. 그러면 천사가 옵니다.

예수 그리스도의 이름으로 당신이 원하는 것을 향해 명령하면 그것을 이루기 위해 천군 천사가 움직입니다. 하나님은 당신이 예수 이름으로 명령한 것에 대해 책임을 져 주십니다. 예수님은 제자들에게 "너희가 내 이름으로 무엇을 구하든지 내가 시행하리니"라고 하셨습니다. 어떻게 시행하십니까? 천군 천사들을 보내십니다.

하나님은 모든 천사들을 바람처럼 불꽃처럼 사용하십니다.

"또 천사들에 관하여는 그는 그의 천사들을 바람으로

그의 사역자들을 불꽃으로 삼으시느리라 하셨으되……."(히 1:7)

공간에 영역을 정하고 거리를 두라

당신은 하나님의 장군입니다. 누구나 헤프게 대할 수 있는 사람이 아닙니다. 좋은 사람으로 보이기 위해 모든 사람을 따뜻하게 대할 필요가 없습니다. 사람들은 좀 편하다 싶으면 함부로 대합니다.

공간에 영역을 정하고 사람들과 적당한 거리를 두어야 합니다. 꼭 필요한 만남만 가지며 사람들을 냉정하게 대해야 몸값이 높아지고 존경받게 됩니다. 이것이 '공간과 거리의 법칙'입니다.

저를 만나고 싶어 하는 사람들이 많습니다. 하지만 저는 그들을 다 만날 수 없습니다. 오늘도 지방에서 한 사람이 저를 만나러 오겠다는데 거절했습니다. 저를 만날 수 없는 수많은 사람들은 제 책을 사서 읽으면 됩니다. 돈을 내고 제 책을 사서 읽으면 그게 곧 저를 만나는 것입니다. 저는 꼭 필요한 만남이 아니면 거절합니다.

"저는 시간이 많습니다. 언제든지 저를 만날 수 있습니다."

그렇게 선택의 여지가 많으면 당신은 헐값에 팔리게 됩니다. 군중이 쉽게 얻을 수 없게 해야 가치가 높아집니다. 그래서 저는 책도 저가의 베스트셀러가 아닌 조금 비싼 럭셔리셀러를 만듭니다. 아무나 그 책을 접하지 못하게 하고 함부로 읽을 수 없게 하기 위함입니다.

인간의 피와 땀과 눈물 냄새는 역겹다

당신은 자신에 대해 얼마나 존중하고 있습니까?

당신은 왕 같은 제사장입니다. 그렇다면 그에 걸맞은 위치에 있고 그에 걸맞게 행동해야 합니다. 그렇지 않으면 사람들에게 짓밟히게 됩니다. 소금도 등불도 제 위치에 있어야 힘을 발휘할 수 있습니다.

"그러나 너희는 택하신 족속이요 왕 같은 제사장들이요 거룩한 나라요 그의 소유가 된 백성이니 이는 너희를 어두운 데서 불러 내어 그의 기이한 빛에 들어가게 하신 이의 아름다운 덕을 선포하게 하려 하심이라."(벧전 2:9)

당신이 왕이라면 왕답게 거리를 두고 행동해야 존중받습니다.

혈통의 뜻과 육정의 뜻과 사람의 뜻 곧 인간 냄새를 폭폭 풍기며 다가오는 잡류들을 만나거나 상대하지 마십시오. 저는 그런 '혈육사의 피 냄새, 땀 냄새, 눈물 냄새'가 정말 싫습니다. 그래서 그들이 저에게 감히 접근하지 못하도록 까칠한 분위기와 카리스마를 풍깁니다.

사람들은 자신이 흘린 피와 땀과 눈물을 내밀며 저와 무엇이든 함께하자고 애원합니다. 하지만 저는 그런 것이 싫습니다. 저는 예수의 땀과 피와 눈물 냄새는 좋아하지만 인간의 땀과 피와 눈물 냄새는 역겹습니다. 그것 때문에 너무 많은 고생을 했기 때문입니다.

당신은 인간관계에 있어 구걸하고 있지 않습니까?

"내게 오는 사람은 한 사람이라도 더 붙들어야 돼. 어떻게든 그 사람이 내 곁에 있게 만들어야 돼. 안 그러면 나는 상처받고 가난하고 힘들어질 거야. 나도 저 사람 곁을 떠나면 안 돼. 내가 새로운 모임에 가입하는 것은 괜찮지만 지금까지의 모임에서 하나라도 빠지면 안 돼.

그러면 그들이 나를 안 좋게 생각할 거야.”

그렇지 않습니다. 10년 20년 만났으면 됐습니다. 그들이 더 이상 발전하지 않고 제자리에 머물러 있다면 그들과의 관계를 과감히 졸업하십시오. 그러면 더 좋고 멋진 사람들을 만나게 됩니다.

아무나 범접하기 힘든 기운을 풍겨라

당신의 가치를 높게 정하고 범인들과 거리를 두십시오.

“나는 너희들과 달라. 너희들을 상대하지 않을 거야”라는 태도를 보이십시오. 그래도 됩니다. 그래야 합니다. 당신의 시간을 헐값에 넘기지 마십시오. 잡다한 인간관계를 정리하는 방법은 쉽습니다.

“천재란 진정한 자기 가치를 알고 어떻게든 그만큼의 가치를 부여해서 거래하는 사람이다. 자신의 가치는 남이 아닌 자신이 매겨야 한다. 은행은 돈을 찍어내고 예술가는 돈을 창조해 낸다. 당신만의 돈을 만들기 위해 당신의 깨달음과 물건에 높은 값을 정하고 거래하라.”

당신이 왕답게 행동할 때 더러운 사탄과 귀신은 떠나고 천군 천사들이 당신을 따릅니다. 사람들은 제게서 감히 범접(犯接)할 수 없는 기운을 느낀다고 합니다. 함부로 가까이 다가서기 어려운 신비한 힘과 빛을 느끼는 것입니다. 왜 그럴까요? 제 안에 가득한 성령의 기름 부음과 저를 둘러싼 천군 천사들의 실존 때문입니다.

보통 구원 받은 사람들에게는 두 명의 천사가 따라 다닙니다. 하지만 제게는 그들보다 더 많은 천사들이 따라 다닙니다. 저는 천군 천사를 몰고 다닙니다. 수천수만의 천사들이 저를 돕습니다.

다메섹 도상에서 빛 되신 예수님을 만나고 사도로 부름 받은 바울처럼 저도 길을 걷는 도중에 빛 되신 예수님을 만나는 체험을 했는데 그때 갑자기 하나님의 영광의 구름이 저를 덮었습니다. 그때부터 베드로와 바울이 그랬던 것처럼 제게도 신비한 능력이 나타나기 시작했습니다. 제가 손대는 사람마다 성령을 체험하고 방언을 받게 되었던 것입니다. 제가 예수 이름으로 명령하자 귀신이 소리를 지르며 쫓겨 나가고 사람들의 몸에서 병이 떠나갔습니다.

저는 저를 찾아오는 사람들에게 예언을 해주고 제가 깨달은 것을 아낌없이 가르쳤습니다. 그러자 놀랍게도 저를 만난 사람들이 다들 저처럼 책을 써내고 강연하게 되었고 전국과 세계로 흩어져 복음을 전하게 되었습니다. 그들 모두 천재적인 기름 부음이 흐르게 되었습니다.

방언만 하지 말고 책쓰기와 강연도 하라

당신은 어떤 은사를 받아 사용하고 있습니까?

성령의 은사는 한두 가지만 아닌 21가지나 됩니다. 21가지 은사에 대해 자세히 알고 싶으면 제가 쓴 책 〈6000년 명문가의 믿음의 비결〉을 구입해서 읽으면 됩니다. 성령을 받은 사람은 대체로 방언과 예언을 하게 됩니다. 방언과 예언만 하지 말고 저술과 강연, 코칭과 사업도 해야 합니다. 아파트와 땅과 빌딩을 사고 파는 자산가도 되어야 합니다. 저처럼 천재작가 대부호의 길을 가십시오.

인천의 한 목사님은 이 책을 읽고 성령님의 음성을 따라 7만 평의 땅을 반값에 샀다고 간증했고 저는 그곳에 가서 강연을 했습니다.

또 서울의 한 목사님은 교회를 개척한 후에 하나님께 부흥시켜 달라고 기도하자 '너는 일어나 땅을 사라'는 성령님의 음성이 들려왔다고 했습니다. 그때부터 계속 땅을 사들였고 3300평 땅에 교회를 아름답게 건축했습니다. 그곳에서도 부흥회를 두 번이나 인도했습니다.

저도 처음엔 지하에서 월세로 살며 오랫동안 고생했습니다.

그러나 성령님과 인격적인 교제를 나누며 그분의 음성을 듣고 순종한 결과 지금은 60평 아파트를 사서 여섯 식구가 쾌적한 환경에서 살고 있습니다. 기적이 일어난 것입니다. 저는 출판 사업과 임대 사업으로 원하는 수입을 올리며 더 큰 꿈을 향해 달려가고 있습니다.

우리 교회 한 집사님도 성령님의 인도하심을 따라 56평 고급 아파트를 샀고 또 얼마 전에 원룸 빌딩을 두 채 샀습니다. 우리 교회 성도들은 대부분 성령님의 인도하심을 따라 60평, 56평, 45평 아파트를 샀습니다. 제 친구도 70평 아파트를 샀습니다. 초등학생과 10대와 20대도 저처럼 천재적인 지혜를 받아 책을 쓰고 강연하고 있습니다.

당신도 천재적인 지혜를 받고 재물 얻을 능력을 나타내기 바랍니다. 성경에 나오는 인물은 다들 재벌 대부호였습니다.

"아브람에게 육축과 은금이 풍부하였더라."(창 13:2)

책을 써내는 것이 최대의 기적이다

사람들은 베드로의 강연을 듣고 큰 충격을 받았습니다.

"저희가 베드로와 요한이 기탄없이 말함을 보고
그 본래 학문 없는 범인으로 알았다가 이상히 여기며
또 그 전에 예수와 함께 있던 줄도 알고……."(행 4:13)

그들은 나면서부터 앉은뱅이가 일어난 것보다 더 큰 기적을 목격했는데 바로 학문 없는 범인인 베드로가 입에서 불을 토하며 강연하는 장면이었습니다. 예수와 함께 있는 사람은 책을 쓰고 강연하게 됩니다. 범인이 입을 열어 강연하고 손을 들어 책을 쓴다는 것, 이보다 더 큰 기적이 어디 있겠습니까? 저술과 강연은 인생 최대의 기적입니다.

성령이 임한 사람은 책을 쓰고 강연하는 초자연적인 의사 전달의 힘을 얻게 됩니다. 죽은 자를 살리고 앉은뱅이를 일으키고 문둥병자를 낫게 하고 귀신을 쫓아내는 것보다 더 큰 기적, 가장 큰 기적이 바로 책을 써내는 것입니다. 당신도 책을 써내십시오.

예수님은 제자들에게 "성령이 임하면 권능을 받고 예루살렘과 온 유대와 사마리아와 땅끝까지 이르러 예수의 증인이 된다"고 하셨습니다. 직접 배나 비행기를 타고 가서 복음을 전하기도 하지만 그보다 백 배나 더 큰 전도의 위력은 책을 펴내는 데 있습니다.

당신이 갓난아기를 키우고 남편과 산책하고 카페에 혼자 앉아 커피를 마시며 생각할 때도 당신의 책은 수천수만의 분신이 되어 당신 대신 전국과 세계를 날아다닙니다. 전도자가 가지 못하는 낙도 오지와 지하 교회, 아프리카, 지구촌 구석구석까지 다 찾아갑니다. 당신의 책에는 손과 발이 있고 날개가 달려 있습니다.

책은 시간과 공간을 이동하며 사람들을 만납니다. 저는 지금 골방에 앉아 책을 쓰고 있지만 제가 펴낸 수십만 권의 책은 지금도 배를 타고 바다를 건너고 있고 비행기를 타고 하늘을 가로지르고 있습니다.

당신도 저처럼 성령님과 함께 책 전도와 책 선교를 해야 합니다.

세관이었던 마태는 마태복음, 의사였던 누가는 누가복음과 사도행전을 썼고 바나바의 조카 마가는 마가복음을 썼습니다. 어부였던 베드로와 요한은 베드로전후서와 요한복음과 요한 1,2,3서를 기록했습니다. 바울은 바울서신을 기록했습니다. 그들 모두 문필가였습니다.

성령님과 함께라면 당신도 얼마든지 문필가가 될 수 있습니다.

구약 시대에 피, 개구리, 이, 파리, 악질, 온역, 우박, 메뚜기, 흑암, 장자 죽음 등 열 가지 기적이 일어나고 홍해가 갈라지고 반석에서 물이 터져 나오고 만나와 메추라기가 매일 떨어지는 기적이 있었습니다. 하지만 그보다 더 큰 기적은 모세가 책을 써낸 것입니다.

책을 써내는 것이 인생 최대의 기적입니다.

모세는 시내산에서 하나님의 영광의 구름이 덮인 가운데 창세기, 출애굽기, 레위기, 민수기, 신명기 등 모세오경이라는 책을 써냈습니다. 모세의 모든 기적은 일회성이었지만 책은 영구히 남아 수천 년 동안 수백억의 영혼들을 변화시켰습니다. 당신도 책을 써내야 합니다. 제가 쓴 〈실천하는 용기〉란 책을 읽고 용기를 내어 실천하십시오. 인생은 에스컬레이터와 같아 한 걸음만 내디디면 저절로 올라갑니다.

성경 기록은 66권으로 끝났지만 우리는 성경을 깨닫고 그대로 산 삶의 내용을 책으로 써내야 합니다. 제 책을 읽은 전국과 세계의 수많은 사람들이 변화되고 있습니다. 당신도 책을 써내고 강연하십시오.

유태인들은 그들이 쓴 책을 분신으로 여겼습니다.

"우리는 전 세계를 떠돌아다니면서 멸시와 천대를 받았다. 하지만 우리가 쓴 책은 가는 곳마다 존중과 대접을 받았다. 우리가 쓴 책은 우리가 가지 못하는 곳에 거침없이 들어갔다. 사람들은 우리를 거절했지만 우리가 쓴 책은 환영했다. 우리가 쓴 책은 사람들의 거실과 도서관에 자리를 잡았고 그들의 책상과 식탁 위에 놓였고 그들의 가방과 가슴속에 파고 들어가 보물처럼 여겨졌다. 우리가 쓴 책들은 우리의 분신이 되어 우리 대신 사람들을 만나고 가르쳤다. 그들은 우리의 책에 열광했다. 우리는 제한된 곳에서 제한되게 일했지만 우리의 책은 아무 제한 없이 사람들을 만나 변화시켰다. 그들이 우리 책을 읽자 우리에 대한 인식이 바뀌었다. 이것이 책의 힘이다."

당신의 삶과 깨달음을 책에 담아 당신의 분신을 만드십시오.
구약 성경에 나오는 사람들은 수백 년씩 살다 죽었고 말이 없습니다. 하지만 그들이 쓴 책은 수천 년간 살아 그들의 삶과 깨달음을 계속 전하고 있습니다. 사람은 죽어도 책은 죽지 않습니다. 죽은 책도 다시 살아납니다. 당신이 죽어도 당신이 쓴 책은 천 년 동안 남습니다. 당신이 쓴 책은 수천수만 당신의 분신이 되어 자손 천대까지 살아서 영향을 미칩니다. 그러므로 만사를 제쳐 두고 책부터 써내십시오.

성령님과 동업하며 천재사업가의 길을 가라

사람들은 제가 쓴 책을 거침없이 돈을 지불하고 삽니다.
왜 그럴까요? 그들은 종이 뭉치를 사는 것이 아니라 제 책에 담긴 깨달음을 사는 것입니다. 천재적인 깨달음은 1억, 10억을 주고 사도 아깝지 않습니다. 깨달음을 얻으면 천 년을 더 산 것처럼 느껴지기 때문입니다. 제 책은 수재나 영재들이 '천재에 대해 쓴 짜깁기 책'이 아닌 '천재인 내가 직접 쓴 책'입니다. 저는 천재입니다.

저는 내면의 기름 부음을 가장 큰 재산으로 여깁니다.

많은 사람들이 기술만 갖추면 성공할 수 있다고 생각하는데 그렇지 않습니다. 첫째, 내면이 먼저 변화되고 둘째, 자신이 그 가치를 높게 인정하며 셋째, 럭셔리셀러로 만들어 팔아야 크게 성공합니다. 그렇지 않고 겉모양만 흉내 내면 어느 순간 다 날아갑니다. 내면의 깨달음이 가장 큰 재산이요 진정한 힘인 것을 한순간도 잊지 말아야 합니다.

자신의 가치를 발견하고 그것을 브랜드화 하여 적극적으로 홍보하면 큰돈을 벌고 사람들에게 존중받습니다. 대체로 사람들이 자기 가치를 모르고 헐값에 팔아넘깁니다. 그로 인해 일은 열심히 하지만 원하는 만큼의 돈을 벌지 못하고 주위 사람들에게 존중받지도 못합니다. 겨우 먹고 살 정도로 작은 돈을 벌면 안 됩니다. 하고 싶은 일을 다 할 수 있을 정도의 큰돈을 벌어야 합니다. 천재사업가의 길을 가며 큰돈을 벌어야 합니다. 생각과 위치를 바꾸면 얼마든지 가능합니다.

하나님이 당신에게 재물 얻을 능을 주셨습니다.

"네 하나님 여호와를 기억하라.
그가 네게 재물 얻을 능을 주셨음이라."(신 8:18)

좋은 사람 콤플렉스를 졸업해야 성공한다

당신은 좋은 사람으로 보이려고 애쓰지 않습니까?

좋은 사람이란 다른 사람의 기준에 맞추어 사는 나약한 사람에 불과합니다. 그런 사람은 쉽게 다른 사람의 노예가 됩니다. "당신은 내게 좋은 사람으로 보여야 해"라고 말하는 사람은 끊고 차단하십시오. 부모 자녀 친척 친구 등 어느 누구에게도 좋은 사람으로 보이려고 애쓰지 마십시오. 좋은 사람이 아닌 고귀한 사람으로 보이십시오.

한 달에 수백만 원 돈을 벌어도 다른 사람들 뒤치다꺼리 한다고 다 끌어넣는 사람이 있습니다. 부모님이 저질러 놓은 일에다 형제자매가 울며 도와 달라고 하면 1년간 번 돈을 다 내줍니다. '그게 올바른 삶이야, 그렇게 착하게 살아야 하지 않겠어?'라고 생각합니다. 주위 사람들도 그렇게 말합니다. 그런 말을 들으면 착한 사람 콤플렉스에 걸려 아무것도 못하게 됩니다. 강하고 영민한 사람이 되어야 합니다.

"너는 착한 사람, 좋은 아들이야"라는 말을 경계하고 멀리하십시오. 착한 형, 착한 누나, 착한 아들, 착한 부모가 되어야 한다는 강박관념 곧 '착한 사람 콤플렉스'에 잡히면 끝장입니다. 무작정 착한 사람으로 인정받으려 하지 말고 하나님의 말씀대로 사는 강인하고 영민한 사람이 되십시오. 그러려면 사람들에게 원하는 것을 당당하게 요구하거나 필요 없는 것을 단방에 거절할 줄 알아야 합니다.

지금 이 순간부터 '혈육사고'를 완전히 졸업하십시오. 그게 뭐냐고요? '혈통과 육정과 사람의 뜻과 고향'입니다. 이 네 가지를 졸업해야 크게 성장합니다. 선지자는 다른 곳에서는 모두 존경받지만 고향에서 존경받지 못합니다. 고향 사람들에게서 인정받으려는 마음을 졸업하십시오. 다 쓸 데 없는 짓입니다.

"인생은 졸업을 통해 완성된다. 옛사람의 습관을 다 졸업하라."

주위 사람들을 기쁘게 하기 위해 착한 사람이 되라고 하는 것은 사탄의 속임수입니다. 하나님은 당신이 강해지기를 원하십니다. 당신이 맡은 일에 대해 전문가가 되어야 하며 국무총리 요셉처럼 재정 관리에도 탁월한 능력을 보여야 합니다.

하나님 앞에서 착하고 충성된 종이 되십시오. 하나님은 착하게 살라고만 하지 않고 "예수를 구주로 영접한 순간 성령으로 거듭나 하나님의 자녀가 되기 때문에 착한 심성을 갖게 된다"고 하십니다.

그러면 어떻게 살아야 할까요? 저는 사람들에게 말합니다.

"하나님 앞에서 오직 믿음으로 살아라. 강한 지도자가 되라."

내 삶과 깨달음을 담은 책을 써나라

책을 쓰십시오. 책쓰기는 영원히 남는 영광스러운 일입니다.

이것이 '책쓰기의 영존성'이며 럭셔리한 특성을 갖고 있습니다.

다른 어떤 것도 영원히 남아 있지 않습니다. 빌딩을 지어도 땅과 집을 사도 영원히 남아 있지 않습니다. 100년이 지나면 주인이 다 바뀝니다. 그 땅에 다른 건물이 들어서고 주인 명의도 바뀝니다.

당신이 살던 집도 누군가에게 물려주어야 합니다. 하지만 당신의 이름과 스토리, 당신의 깨달음이 담긴 당신의 책은 영원히 남습니다. 천재의 책은 무엇을 담고 있습니까? 위인들의 예화나 명언을 짜깁기한 것이 아닌 자신의 삶과 깨달음을 가득 담고 있습니다.

"그러므로 모든 육체는 풀과 같고

그 모든 영광은 풀의 꽃과 같으니

풀은 마르고 꽃은 떨어지되

오직 주의 말씀은 세세토록 있도다 하였으니

너희에게 전한 복음이 곧 이 말씀이니라."(벧전 1:24, 25)

모든 육체와 그 영광이 사라져도 복음을 행한 삶, 하나님의 말씀대로 살았던 사람들의 삶의 내용은 책으로 영원히 남겨야 합니다.

하나님의 말씀은 당연히 영원히 있습니다. 하나님은 말씀으로 천지를 창조하셨습니다. 하나님은 영원하신 분이고 그분의 말씀도 영원합니다. 하나님은 "천지는 사라지지만 내 말은 영원하다"고 하셨습니다. 말은 곧 자신입니다. 하나님 자신이 말씀입니다.

말씀이 육신이 되어 우리 가운데 거하시는 분이 예수 그리스도입니다. 그런데 성경은 하나님이 말씀이고 하나님이 영원하다고만 말하지 않고 하나님의 형상을 따라 지음 받은 사람도 영혼을 가졌기 때문에 영원히 산다고 하셨습니다. 하나님이 말씀하십니다.

"영원한 영적 존재인 너희들도 뭔가 영원한 것을 남겨라."

그것이 무엇일까요? 업적이 아닌 삶입니다. 어떤 삶입니까?

육체의 삶, 육체의 영광은 사라집니다. 모든 육체는 풀과 같고 그 영광 곧 육체의 영광은 풀의 꽃과 같습니다. 돈, 명예, 권세, 학벌, 숫자, 건물 등은 모두 일시적인 것이고 언젠가는 사라집니다.

세상에서 가장 아름답게 지어졌다고 건축계에서 칭송했던 로버트 슐러 목사님의 수정교회도 타인에게 넘어갔습니다. 매달 엄청난 운영비가 들어갔는데 감당이 안 되었습니다. 처음 지었을 때는 최고의 건물이라고 건축가들이 감탄했습니다. 그곳에서 예배하는 장면이 전 세계에 텔레비전 방송으로 수천만 명에게 중계되었지만 지금은 다 사라 졌습니다. 그러나 로버트 슐러 목사님이 쓴 책은 남아 있습니다. 그의 삶과 깨달음이 영원히 남아 있다는 것입니다.

그는 자신이 평생토록 목회한 것을 자녀에게 물려주려고 했고 그 아들이 맡았지만 이내 힘들어졌습니다. 그 딸이 맡아 경영했지만 곳간 관리를 제대로 하지 못했습니다. 곳간을 잘 관리해야 하는데 그렇지 않고 기부 받아서 쓰기만 했기 때문에 결국 부도나고 말았습니다.

조엘 오스틴 목사님의 경우는 다릅니다. 아버지가 곳간을 철저히 관리했습니다. 처음 교회를 개척하고 성장하면서 항상 곳간에 돈을 가 득 채워 놓고 그 위에 넘치는 것만 걷어 썼습니다. 지혜롭게 곳간을 경영한 교회였기 때문에 아버지가 교회를 든든히 세우고 현재는 그 아 들이 이어받아 목회해도 아버지보다 더 크게 성장하고 있는 것입니다.

천재적인 의사 전달의 막강한 힘

당신도 천재작가와 천재강연가, 천재사업가와 천재목회자로 최고의 삶을 살아야 합니다. 그러려면 의사 전달에 능통해야 합니다. 의사 전 달을 통해 사람들을 당신이 원하는 곳으로 이끌 수 있기 때문입니다. 천재적인 의사 전달의 막강한 힘을 아십니까?

빌리 그래함은 1936년 18세에 미국에서 가정주부들을 대상으로 주 방용품을 판매한 세일즈맨이었습니다. 그는 처음부터 스토리로 영업 했습니다. 자신의 제품을 몇몇 사람들에게 사용하게 한 후 그 경험담 을 발표하게 했는데 그 당시로는 아주 획기적인 판매 전략이었습니다.

그는 나중에 자신의 대형 전도 집회에서도 동일한 방법을 썼습니다. 자신의 메시지를 듣고 회심한 사람들의 '간증'을 먼저 하게 한 다음 자신의 깨달음을 설교했던 것입니다. 그는 스토리와 깨달음으로 대중과 능숙하게 소통하고 이끌었던 의사 전달의 천재였습니다.

당신은 스토리와 깨달음에 대한 강한 확신이 있습니까?

수재들이 잡다한 논문과 참고 도서를 짜깁기하여 허접한 책을 쓰고 딱딱한 강의를 하는데 비해 천재들은 자신의 스토리와 깨달음으로 의사를 표현하고 전달합니다. 수재들은 천재들을 이해할 수 없습니다.

철학 박사, 신학 박사 같은 수재들은 설교 한 편을 위해 수백 권의 책을 펼쳐 놓고 몇날 며칠 밤을 새워 가며 짜깁기하고 그것을 완벽하게 원고로 작성한 후 강단에서 한 글자도 틀리지 않고 읽습니다. 강의도 수십 년간 똑같은 교재를 한 글자 한 글자씩 읽어 나갑니다.

밥줄이 끊기지 않기 위해, 그러한 밥줄을 얻기 위해 많은 교수들과 학생들이 소중한 시간과 돈을 허비하고 있습니다. 그에 비해 천재들은 완전히 다른 차원에서 놉니다. 천재들은 군중 앞에서 자신의 스토리와 깨달음을 카리스마적으로 표현합니다. 천재멘토인 저도 강연할 때 스토리 곧 제 자신이 경험한 이야기를 하면서 성경과 성령님께로부터 온 깨달음을 논리 정연하게 전달하고 있습니다. 여기에 힘이 있습니다.

껍데기로 책과 사람에 대해 말하지 마라

조엘 오스틴은 자신의 이야기는 조금 하고 다른 사람의 이야기를 많이 하는 편입니다. 어떤 사람들은 "조엘 오스틴의 〈긍정의 힘〉 같은 책을 보면 십자가가 없다"고 비난하지만 그렇지 않습니다. 그분은 복음을 깨닫고 복음적인 마인드로 사람들을 가르치고 있습니다.

중요한 것은 그 사람의 삶 전체에 배어 있는 사상입니다. 십자가를 노골적으로 들먹이면서도 율법주의에 빠진 사람이 있는가 하면 십자가를 드러내지 않는데도 복음을 잘 전하는 사람이 있습니다. "십자가, 십자가를 붙들어야 한다"고 외치지만 어떻게 십자가를 붙들어야 하는지 전혀 모르는 사람이 많습니다. 십자가를 벽에 걸어 두고 기도해야 합니까? 십자가를 가슴에 긋고 기도해야 합니까?

옛날에 엄마들은 밥을 퍼기 전에 주걱으로 솥의 밥에 십자가를 그었습니다. 그게 십자가를 붙드는 것입니까? 아닙니다. 그렇게 늘 십자가를 외치면서도 복음이 무엇인지 전혀 모르고 율법주의에 푹 빠져 있을 수도 있습니다. 겉으로 십자가를 떠들지 않지만 예수 그리스도 십자가 대속의 은혜를 정확하게 깨닫고 삶에 실천하며 천국 복음을 누리며 전하는 사람들이 많습니다. 하나님은 그들을 인정하십니다.

바울 서신 전체를 다 살펴도 '십자가'라는 단어가 수백 번 나오지 않습니다. 십자가 대속의 은혜를 믿음으로 의로워진다는 하나님의 복음이 나옵니다. 은혜의 복음이 핵심입니다. '나무 십자가'가 아닌 '그가 십자가에 못 박히신 것'이 은혜입니다. 그리고 그분이 부활하시고 지금 내 안에 실제로 살아 계신다는 것이 복음입니다.

> "내가 너희 중에서 예수 그리스도와
> 그가 십자가에 못 박히신 것 외에는
> 아무 것도 알지 아니하기로 작정하였음이라."(고전 2:2)

당신은 단순히 십자가에 미쳐 있지 않습니까?

"십자가, 십자가, 오직 십자가를 붙들고 십자가를 외치라."

그러나 십자가가 아닌 십자가에 못 박히신 예수 그리스도를 붙드십시오. 상징물이나 그림자, 예표가 아닌 실상을 붙들어야 합니다. 나를 위해 죽으시고 부활하신 예수 그리스도, 지금 내 안에 실제로 살아 계신 예수 그리스도가 복음입니다. 이를 '그리스도 복음'이라고 합니다.

모든 성도들은 오직 그리스도 복음을 붙들어야 합니다.

사람들은 껍데기만 보고 모든 것을 판단하려고 합니다. 껍데기에서 "십자가"라고 외치면 "와, 이 책은 십자가에 대한 책이야"라고 합니다. 그러나 내용을 읽어보면 전부 율법적인 내용으로 일관하는 경우가 종종 있습니다. 껍데기로 책과 사람, 사역을 판단하지 마십시오.

제가 쓴 책 한 권의 껍데기에는 〈내 인생을 바꾼 억만장자 마인드〉라고 되어 있지만 내용을 읽으면 예수 그리스도와 그의 십자가에 못 박히신 내용이 정확하고 풍부하게 담겨 있습니다. 꼭 구입해서 읽어보십시오. 당신의 인생도 바뀔 것입니다.

제 책들의 껍데기는 세상 사람들이 읽기 편한 그림과 제목으로 되어 있지만 내용은 원색적인 복음을 담았습니다. 저는 전도용으로 그렇게 책을 만듭니다. 서점에서 불신자들이 편안하게 집을 수 있도록 하기 위해서입니다. 그 책을 집으면 읽게 되고 읽으면 변화됩니다.

한국의 교회만큼 십자가를 많이 외치는 교회가 없습니다. 밤하늘 비행기를 타고 한국 위를 날면 온 도시가 빨간 십자가로 화려하게 빛을 발하지만 사실 많은 교회가 율법주의에 절어 있습니다.

눈에 보이는 예배당도 영원하지 않습니다. 때가 되면 지도자가 바뀌게 되고 건물은 다른 곳으로 옮겨집니다. 전쟁이 나면 그 멋진 건물

들이 한순간에 폐허가 되기도 합니다. 과연 어떻게 해야 할까요? 모든
그리스도인이 일어나 책을 쓰고 강연을 해야 합니다.

다이아몬드보다 더 귀한 것이 책이다

한 사업가가 다이아몬드에 대해 말했습니다.

"고급 보석인 다이아몬드를 깎아 디자인하는 것은 정말 대단한 일
이다. 고급 외투나 자동차보다 다이아몬드는 더 독특하고 오래 간다.
고객은 세상에서 단 하나밖에 없는 자신만의 다이아몬드를 원한다."

저는 다이아몬드보다 더 값진 것이 책이라고 믿습니다.

책은 인생 스토리와 깨달음을 깎아 만든 세상에서 유일한 가장 럭
셔리한 존재이기 때문입니다. 그 두꺼운 책에 자신의 이름과 얼굴을
화려하게 박아 넣습니다. 다이아몬드가 천 년 동안 남는다면 책은 자
손 천대까지 남습니다. 최고의 유산은 다이아몬드가 아닌 당신의 책입
니다. 책을 쓰십시오.

사람들은 더 높은 삶의 품격을 추구하기 위해 가장 매혹적이라고
여기는 다이아몬드를 꿈꾸지만 진정한 삶의 품격은 책에 있습니다. 영
원한 가치는 다이아몬드가 아닌 책에 있습니다. 책은 해 아래 단 하나
의 새로운 것인 당신의 삶과 내면의 깨달음을 담고 있기 때문입니다.

사람들은 자신의 가치를 높이기 위해 모든 것을 동원합니다. 구두,
외투, 보석, 시계, 요트, 와인, 가방, 스포츠카 등을 통해 자신을 남과
구별하려고 합니다. 하지만 그런 명품도 돈도 명예도 권세도 건물도
다 사라집니다. 남는 것은 그 사람이 살았던 삶의 내용과 깨달음뿐입

니다. 그것을 책으로 써낼 때 영원히 남습니다.

책을 써내려면 믿음이 있어야 한다

그렇게 자신의 삶을 담은 책을 써내려면 믿음이 있어야 합니다.
당신도 방언만 아닌 '믿음의 은사'를 함께 사모하십시오.

  "각 사람에게 성령을 나타내심은 유익하게 하려 하심이라.
  어떤 사람에게는 성령으로 말미암아 지혜의 말씀을
  어떤 사람에게는 같은 성령을 따라 지식의 말씀을
  다른 사람에게는 같은 성령으로 믿음을……."(고전 12:7~9)

당신은 믿음의 은사에 대해 들어보았습니까?
저는 지금까지 믿음의 은사를 가지고 큰일을 진행해 왔습니다.
어릴 때 저는 세계적인 큰일을 하는 사람들을 지켜보면서 그들의
공통점을 발견해 냈습니다. 그것은 바로 그들에게 하나님이 주신 '믿
음의 은사'가 있다는 것입니다. 그래서 저도 믿음의 은사를 사모하고
하나님께 구했고 그 은사를 받았습니다.
　처음에는 제 주위 사람들과 제 책과 강연을 접한 많은 사람들이 크
게 생각하는 저를 제대로 이해하지 못했습니다. 그들은 제가 자신들이
감당하기 어려운 이야기만 한다며 부담스러워 했습니다. 그러나 마음
을 열고 받아들인 사람들은 모두 저처럼 믿음의 은사가 나타났습니다.
　저는 믿음의 은사로 모든 일을 하고 있습니다. 믿음의 은사만 있으

면 빈손으로도 빌딩을 100채 살 수 있고 대저택으로 이사할 수도 있습니다. 믿음의 은사만 있으면 생각하고 말하는 것마다 모두 이루어집니다. 저는 수많은 은사들 중에 믿음의 은사를 가장 소중하게 여깁니다. 당신도 믿음의 은사를 사모하고 구하십시오.

로버트 슐러 목사님에 대해 사람들은 '적극적 사고방식의 대가'로 표현하지만 제가 그분의 책을 읽어본 결론은 달랐습니다. 그분은 단순히 세상의 적극적인 사고방식으로 일하는 사람이 아니라 하나님이 주신 믿음의 은사를 가진 귀한 사람이었습니다.

저는 고등학교 때부터 그분의 교회 개척과 교회 성장에 대한 책들을 읽었습니다. 그 결과 그분에 대해 남은 단어는 하나 '적극적 사고방식'이나 '긍정적 사고방식'이 아닌 '믿음의 은사'였습니다.

"이분은 믿음의 은사를 가진 분이구나."

그것을 어떻게 표현했을까요? 그분은 지혜롭게 불신자들과의 접촉점을 찾았습니다. 복음이 사람들과 접촉하지 않으면 아무리 좋아도 그들과 상관없습니다. 그것을 빌리 그래함처럼 노골적으로 전도 집회를 하며 강연하고 〈하나님과의 평화〉라는 책을 쓰는 분도 있지만 또 로버트 슐러나 노만 빈센트 필처럼 믿음의 은사를 가지고 사람들의 생활에 상담 형식으로 접근해 들어가 책을 통해 예수님을 영접하도록 이끄는 경우도 있습니다. 두 가지 모두 꼭 필요하고 소중합니다.

로버트 슐러 목사님의 〈적극적 사고방식〉이라는 책의 맨 뒤를 보면 "온 우주에서 역사상 가장 위대한 적극적 사고방식을 가진 분은 예수님이다. 그 예수님을 믿어야 한다"고 복음을 전합니다. 그 책을 읽고 예수님을 믿게 된 사람들이 많습니다.

뉴욕에 있는 마블교회(Marble Collegiate)에서 52년 동안 시무하고

1993년에 별세한 노만 빈센트 필 박사님은 아주 탁월한 작가입니다.

그분은 자신과 다른 사람들의 스토리를 책에 잘 담아냈습니다. 종교 지도자들은 그분을 잘 이해하지 못했습니다. 특히 한국적인 정서는 율법주의 마인드가 강하기 때문에 자기 기준으로 자꾸 판단하는데 제발 그렇게 하지 말아야 합니다. 하나님은 훨씬 더 크신 분입니다.

당신도 믿음의 은사를 가지고 크게 생각하고 말하고 행동하십시오. 당신의 인생에 위대한 일이 일어날 것입니다. 그 위대한 생각과 삶과 일을 책으로 써내십시오. 그것만이 영원히 남습니다.

인간은 영원히 존재하는 탁월한 피조물이다

하나님의 말씀과 하나님의 삶도 성경을 통해 영원히 남아 있습니다. 하나님은 영원하신 분입니다. 그분은 자신의 형상을 따라 지음 받은 인간에게 생기를 "훅" 하고 불어넣으셨습니다. 그 결과 영혼이 살게 되었습니다. 그분이 아담을 보고 말씀하셨습니다.

"너희는 영원히 존재하는 탁월한 피조물 곧 생령이 되었다."

모든 피조물은 단순히 흙으로 만들어졌기 때문에 때가 되면 다 죽고 먼지가 되어 바람에 날려 갑니다. 모든 동물이 한 순간에 시체가 되어 썩고 흙먼지로 사라지지만 인간은 다릅니다. 인간은 육체가 죽어도 그 영혼은 영원히 삽니다. 그렇다면 과연 이 땅에서 어떻게 살아야 할까요? 하나님과 동행하며 말씀을 실천하며 살아야 합니다. 그리고 그 이야기를 책에 담아내고 전국과 세계를 다니며 강연해야 합니다.

하나님의 말씀대로 살려면 먼저 그 말씀을 완전히 믿어야 합니다.

그러면 삶이 변화됩니다. 하나님의 말씀을 믿었던 모든 사람에게 기적이 일어났습니다. 죽은 자가 살아나고 물위를 걸었습니다. 귀신이 쫓겨 나갔습니다. 여리고 성이 무너지고 홍해가 갈라졌습니다. 소경이 눈을 뜨고 앉은뱅이가 일어났습니다. 예수를 구주로 믿은 사람들은 다 죄를 사함 받고 변화되었습니다. 그 다음에 무엇이 중요할까요?

깨달음입니다. 깨달음을 통해 인생이 변화됩니다.

믿음은 '외부의 기적'을 가져다줍니다. 바람과 파도가 멈춘다든지, 오병이어의 기적을 일으킵니다. 하지만 깨달음은 그보다 더 큰 '내면의 변화'를 가져다줍니다. 당신의 내면에 일어난 것도 실제적인 변화입니다. 내면에서 풍랑이 일고 바람이 불고 의심과 두려움, 불안과 공포가 요동칩니다. 그 모든 것이 깨달음을 통해 잠잠해집니다. 예수님께서는 사람들에게 두 가지를 요구하셨습니다.

첫째, 믿으라는 것입니다.
둘째, 깨달으라는 것입니다.

예수님은 그분을 따르는 제자들에게 "깨달음이 있느냐? 깨달아지느냐? 이해가 되느냐?"라고 끊임없이 물으셨습니다. 깨달아져야 인생이 바뀝니다. 저는 깨달음을 돈보다 더 가치 있게 여깁니다.

많은 그리스도인들이 신앙생활을 크게 오해하고 있습니다. 그들은 끝도 없이 많이 울면 언젠가는 복 받을 거라며 밤낮 교회와 기도원에 엎드려 울고만 있습니다. 교회는 공동묘지나 장례식장이 아닙니다.

"눈물을 많이 흘렸느냐?"

"감동을 받았느냐?"

“기분이 좋아졌느냐?”

“화가 많이 났느냐?”

예수님은 그런 것을 묻지 않고 “깨달았느냐?”고 물으셨습니다.

“우는 아이에게 떡 하나 더 준다고 하잖아요?”

떡 하나 더 얻어먹기 위해 울 필요가 없습니다. 그냥 생글생글 웃으면서 떡을 달라고 하면 하나가 아닌 많이 줍니다. 밤새도록 부르짖고 새벽부터 울기 시작하는 성도들이 너무 많습니다. 제발 그만 울고 오직 믿음으로 구해야 합니다. 감사하는 마음으로 구해야 합니다. 신앙생활은 우는 것이 아닌 깨달음을 통해 풍성해집니다.

당신은 하루에 얼마나 많은 깨달음을 얻고 있습니까? 저는 매일 수백 가지의 깨달음을 얻습니다. 깨달음이 있는 하루는 천 년을 산 것과 같이 행복합니다. 깨달음이 없는 하루는 그냥 고깃덩이로 산 하루에 불과합니다. 깨달음이 인생을 성장, 성숙, 발전시킵니다. 그러므로 깨달음을 돈보다 더 귀하게 여기고 간절히 사모하십시오.

“이 모든 것을 깨달았느냐 하시니
대답하되 그러하오이다.”(마 13:51)

크게 성장하기 위한 몇 가지 중대한 과정

사람이 크게 성장하려면 몇 가지 중대한 과정을 거쳐야 합니다.

첫째, 지식이 있어야 합니다.

둘째, 지식이 있으면 믿음이 생깁니다.

셋째, 믿음이 생기면 그것을 선택하게 됩니다.

넷째, 선택한 것을 얻게 됩니다.

저는 이러한 과정을 통해 계속 성장 발전해 왔습니다.

어떤 것이 있다는 것을 모르는데 그것에 대한 믿음이 생길 수 있겠습니까? 그것에 대한 믿음이 생기지 않았는데 그것을 선택할 수 있겠습니까? 선택하지 않은 것을 얻는 법은 없습니다. 지식, 믿음, 선택, 결과, 이 네 가지가 계속 반복됩니다. 저는 이런 과정을 통해 제가 원하는 것을 다 얻었습니다. 책을 쓰는 것도 마찬가지입니다.

당신이 책을 쓸 때는 하나님을 믿고 행한 삶에 대한 이야기, 그리고 성경을 깨달은 내용에 대해 책으로 써야 합니다. 그러면 무한대로 책을 쓸 수 있습니다. 평생 100권 이상을 쓸 수 있습니다.

당신은 매일 책을 읽고 쓰고 있습니까? 저는 그렇게 하고 있습니다. 남이 써 놓은 수천 권의 책을 읽는 것보다 당신이 직접 한 권의 책을 쓰는 것이 낫습니다. 수재들은 머릿속에 집어넣는 것만 평생 했기 때문에 끄집어내는데 한계 또는 불가능을 느낍니다. 그래서 더 많이 공부하고 완벽해질 때까지 기다립니다.

그들은 당신이 책을 쓰겠다면 이렇게 말할 것입니다.

"네가 무슨 책을 써? 말도 안 돼. 책을 쓰려면 수천수만 권을 사서 읽고 자료를 산더미처럼 쌓고 수십 년간 연구해야 돼. 책을 쓰는 작가가 되려면 공책이 수백 권 쌓일 정도로 습작해야 돼."

다 거짓말입니다. 그렇게 죽도록 해도 안 됩니다. 습작은 습작으로 끝납니다. 처음부터 끄집어내는 일 곧 책을 써야 합니다. 머릿속에 집어넣기만 하는 사람은 죽을 때까지 집어넣기만 하다 끝납니다. 끄집어내지 못하기 때문에 온갖 남의 자료를 끌어 모아 짜깁기를 하는 것입니다. 그것이 짜깁기 논문에 불과합니다.

책을 읽는 것은 바다가 강물을 담듯 끝도 없습니다.

3천 권, 5천 권, 수만 권 무작정 책을 많이 읽으려고 하지 말고 천재가 쓴 책 30권을 몰입해서 읽고 깨달음을 얻어야 합니다. 천재가 쓴 책 한 권에는 수백 가지의 깨달음이 담겨 있습니다. 그래서 저는 '천재멘토 김열방이 쓴 대표 저서 30권 읽기 플랜'을 진행하고 있습니다. 천재멘토인 제가 쓴 책 30권을 읽으면 당신의 의식 수준이 완전히 다른 차원으로 뛰어오르게 됩니다. 저절로 책을 쓰고 강연하게 됩니다.

지금 당장 02.416.7869로 전화하여 '30권 플랜'을 신청하십시오.

천재멘토 김열방이 쓴 책 30권을 묶음으로 구입하여 3개월 동안 푹 빠져 읽으십시오. 당신의 마음이 한없이 행복해지고 당신의 삶에 대혁명이 일어날 것입니다. 전혀 다른 차원의 큰 깨달음을 얻고 천재적인 기름 부음이 당신의 인생에 나타나게 될 것입니다.

만사를 제쳐 두고 책부터 먼저 써내라

당신도 지금 만사를 제쳐 두고 책부터 써내십시오.

책을 쓰는 것은 그 자체가 곧 성공입니다. 한 장 한 장이 커다란 결과물이기 때문입니다. 책은 성공의 끝입니다. 크게 성공하려면 끝에서부터 시작해야 합니다. 그러면 다른 모든 것이 저절로 따라옵니다. 당신도 만사를 제쳐 두고 책부터 먼저 써내십시오.

혼자 책을 쓰기 힘들다면 천재멘토인 제게 와서 코치를 받으십시오. '김열방의 책쓰기와 강연학교, 공동저자 과정'을 등록하십시오.

그러면 당신도 한 달 만에 천재적인 책을 쓰게 될 것입니다. 천재작가의 길을 가십시오. 나이나 학벌에 상관없이 매일 한 줄이라도 글을 쓰고 있다면 그는 작가입니다. 게다가 자신의 스토리와 깨달음을 담은 책을 쓰고 있다면 천재작가에 해당됩니다. 이것이 가장 영광스러운 길입니다. 지난주에 김추수 작가님이 제게 와서 한 주 동안 열심히 책을 썼다고 했습니다. 5일 만에 50쪽을 썼습니다. 그가 말했습니다.

"김열방 목사님이 책을 쓰라고 해서 쓰기 시작했습니다. 처음에는 공동저자로 책을 써냈기 때문에 어떤 내용으로 써야 할지 좀 머뭇거리며 갈팡질팡했지만 책을 쓰면서 작가의 재능을 발견했습니다. 지금은 김열방의 책쓰기 학교를 통해 천재적인 책쓰기의 일곱 가지 원리를 배워 크게 달라졌습니다. 책을 쓰는 것이 정말 쉽고 재미있습니다."

제가 김추수 작가님에게 말했습니다.

"그동안 있었던 사건과 업적을 중심으로 책을 쓰면 50쪽 정도밖에 못 씁니다. 대학교 4년을 다니고 우수한 성적으로 졸업해도 한 줄 스펙만 남습니다. 많은 사람들이 그것 가지고 자꾸 우려먹으면서 자신이 대단한 사람이라는 착각에 빠져 있습니다. 하지만 세상 사람들은 서울대, 연세대, 고려대학교를 졸업했다면 거기에 대한 실력을 보여 달라고 합니다. 이처럼 업적은 한 줄, 한 페이지면 끝납니다. 우리가 두꺼운 책을 가득 채울 수 있는 내용은 그런 한 줄 업적이나 몇 줄 스펙이 아닌 천재적인 깨달음입니다. 김추수 작가님의 천재적인 깨달음을 책에 담으십시오. 그러면 끝도 없이 원고가 줄줄 나올 것이며 평생 수백 권의 책을 쓸 수 있습니다."

김추수 작가님이 놀란 표정으로 제게 물었습니다.

"어떻게 책을 쓰면 최고의 책이 나올까요?"

"다시 말하지만 자신의 깨달음을 쓰세요. 지나온 삶을 보면 누구나 다 상처 받았고 힘든 일을 겪었고 돈이 없어 난처할 때가 있었고 여러 가지 문제 때문에 곤경에 빠진 적이 있었습니다. 그런 것을 다 써도 그렇게 많은 양이 되지 않습니다. 30쪽, 50쪽 밖에 되지 않습니다."

"두껍고 럭셔리한 책을 쓰고 싶은데요."

"그렇다면 김추수 작가님의 깨달음을 거침없이 쓰세요."

사람들이 제 책을 사서 읽으면서 "큰돈을 냈지만 전혀 후회 안 되는 귀한 책이다"라고 말하는 이유는 제가 쓴 책을 읽는 동안 다이아몬드보다 더 귀한 수많은 깨달음을 얻기 때문입니다.

천재멘토 김열방의 대표 저서 30권을 꼭 읽으라

사람들은 뭔가 깨닫기 위해 막막한 사막 길을 걷습니다.

깨달음을 얻기 위해 캄캄한 동굴에 들어가 수십 년간 고행하기도 합니다. 한 가지를 깨닫기 위해 도서관에서 수만 권의 책을 들춥니다. 깨달음을 얻고자 지구 반대편에 있는 스승을 찾아갑니다. 깨달음이 그만큼 중요한 것입니다. 금방도 두 사람이 제가 깨달은 것을 담은 〈김열방의 두뇌개발비법〉 〈김열방의 기도응답비결〉 〈김열방의 꿈성취비결〉이란 책 세 권을 전화로 주문했습니다. 그 책을 읽은 사람마다 자신의 인생이 바뀌었다고 다시 연락 옵니다. 당신도 꼭 읽어보십시오.

"김열방 목사님이란 분이 쓴 책을 한 권 읽었는데 놀랍네. 이분은 깨달음이 엄청 많잖아? 이분이 쓴 책을 다 사서 읽어야겠다.”

이것이 깨달음의 위력입니다. 책에는 깨달음을 최대한 많이 담아야 합니다. 책을 사서 읽을 때도 한 권에서 수천 가지 깨달음을 주는 천재의 책을 사서 읽어야 합니다. 천재의 책을 읽고 깨달음을 얻으면 백 년, 천 년을 더 산 것과 같은 행복감이 파도처럼 밀려옵니다.

저는 책쓰기학교와 강연학교, 부흥회와 세미나, 주일예배 시간에 설교할 때 특별한 원고가 없습니다. 제가 성경을 묵상하며 깨달은 것을 실천하고 그대로 전할 뿐입니다. 또한 그것을 책으로 거침없이 담아냅니다. 지난주에도 한 명이 제게 와서 말했습니다.

“김열방 목사님, 제가 목사님의 책을 읽고 큰 감동을 받았습니다. 〈성령님과 실제적인 교제법〉을 읽고 또 읽고 또 읽습니다. 하루에 3쪽, 5쪽, 계속 반복해서 읽고 있습니다. 그 다음에 제가 어떤 책을 사서 읽으면 좋겠습니까? 제 인생을 바꿀 좋은 책을 추천해 주세요.”

제가 뭐라고 대답했을까요? 이렇게 말했습니다.

“그런 고민할 필요 없습니다. 김열방의 대표 저서 30권을 묶음으로 사서 읽으시면 됩니다. 한번밖에 없는 자신의 소중한 인생을 위해 그 정도는 투자해야 합니다. 그 정도의 돈은 쉽게 만들 수 있습니다.”

당신도 내일로 미루지 말고 오늘 대표 저서 30권을 주문하십시오.

바보, 범재, 수재, 영재가 쓴 책을 3천 권 읽어도 변화가 없습니다.

한 권에 만 원씩 주고 3천 권을 사면 3천만 원이 됩니다. 싸다고요? 아닙니다. 그 책들은 생명과 같은 비싼 시간을 잡아먹는 '시간 먹는 하마'입니다. 돈보다 더 귀한 것은 생명 곧 시간입니다. 다른 무엇보다 시간을 붙들어야 합니다. 자신에게 한번밖에 주어지지 않은 인생 곧 시간을 가장 큰 재산으로 여겨야 합니다. 한번 지나간 시간은 다시 돌아오지 않습니다. "다이아몬드는 영원하다"고 하지만 사실 그보다 더 귀한 것은 시간이므로 억만금을 주고라도 깨달음을 얻어야 합니다.

제 손목에는 70년 전에 디자인한 열 개의 다이아몬드가 박힌 예쁜 롤렉스시계가 있습니다. 하나에 1500만 원짜리인데 그 시계보다 제 시간은 수천 배나 더 높은 가치가 있습니다. 그래서 사람들을 만나 상담할 때 미리 "상담은 10분만 가능합니다"라고 말하고 10분이 되면 정확하게 마무리하고 끝냅니다. 그래도 그들의 잔이 넘칩니다.

제가 롤렉스시계를 손목에 차고 다니는 것은 하나님이 주신 한번뿐인 소중한 인생을 허비하지 않기 위해서입니다. 저는 절대로 아무나 만나지 않고 아무 데나 가지 않고 아무 일이나 하지 않습니다. 오직 저의 주인이신 성령님이 지시하신 사람만 만나고 성령님이 지시하신 곳에만 가고 성령님이 지시하신 일만 합니다. 그래서 행복합니다.

인생은 소중합니다. 잡다한 책을 읽는다고 시간을 허비하지 말아야 합니다. 수천수만 권 무작정 많은 읽겠다고 덤비는 사람이 있는데 아주 미련한 생각입니다. 일주일에 한 권씩 읽는다고 해도 2천 권을 읽으려면 3천 주 곧 57년이 걸립니다. '바범수영'이 쓴 책을 57년간 붙들고 씨름해도 얻는 것은 별로 없습니다.

천재가 쓴 책 30권을 읽으면 인생이 완전히 바뀝니다. 천재가 쓴 책의 내용은 당신의 영혼을 흔들고 뼈와 혈관 속으로 타고 들어갑니다. 당신의 유전자와 체질까지 완전히 바꾸어 놓습니다.

당신은 책을 읽고 저자에게 문자를 보낸 적이 있습니까?

저는 몇몇 천재들의 책과 강연을 접한 후에 그들을 찾아가 만났습니다. 당신도 천재인 저를 만나려면 먼저 문자나 메일, 전화로 만나고 싶다고 요청해야 합니다. 그러면 예약이 가능합니다. 지금도 독자들에게서 많은 문자와 메일이 옵니다. 제가 한 마디라도 답장하면 그들은 큰 감동을 받습니다.

"와, 내가 존경하는 김열방 목사님에게서 진짜 답장이 왔어. 이럴 수가, 뭔가 신비한 기운이 내 몸을 감싸기 시작했어."

독자가 감사의 메일을 보내오면 저는 한 줄 답장을 합니다.

"잘하고 있습니다. 그렇게 하면 됩니다. 최고의 선택을 하세요."

그들이 제게 메일을 보낼 때는 굉장히 길게 많은 내용을 담아 보냅니다. 제 책을 다 읽고 구구절절 감사의 사연을 적기 때문입니다. 저는 그것을 읽고 난 다음 몇 시간 또는 며칠 후에 답장합니다. 바로 답장하면 한 줄씩 설명하듯 답장해야 되기 때문에, 다 읽고 난 후에 일단 덮어두고 깊이 생각하며 성령님께 묻습니다.

"성령님, 어떻게 답장하면 좋을까요?"

사람들은 메일을 받으면 빨리 답장해야 한다는 부담을 갖습니다. 저는 그렇지 않습니다. 즉시 답장하지 않고 좀 기다립니다. 즉시 답장하는데 길들여지면 계속 그렇게 해야 하고 그렇지 못할 경우에 답장받는 사람들이 불평합니다. 그래서 저는 메일을 받고 생각하고 기도한 후에 천천히 답장해 줍니다. 때로는 한 마디 예언도 해줍니다. 많은 말이 아닌 한 마디 예언이 인생을 바꿉니다.

천재멘토 김열방을 만나 코치를 받으라

미국의 경제학자 베블린(Thorstein Bunde Veblen)은 다음과 같은 이론을 제기했는데 '베블린 효과'(veblen effect)라고 일컫습니다.

"일반적으로 사람들은 비싼 물건일수록 좋다고 생각한다. 그들은 심리적 만족을 위해 더 비싼 고급 제품을 구매한다. 이것이 어떤 물건의 가격이 더 높아졌음에도 불구하고 더 잘 팔리는 이유이다. 모양이나 가죽의 질이 별 차이가 없는 구두가 일반 가게에서는 몇 만 원인데 비해 백화점에서는 몇 십만 원이 넘는 경우가 흔하다. 그런데도 사람들은 주로 백화점에서 구두를 산다. 또한 100만 원짜리 안경테나 600만 원짜리 시계, 심지어 1억을 호가하는 텔레비전과 피아노 등 천문학적이라 할 수 있는 고가의 상품이 날개 돋친 듯 팔린다."

저는 그렇게만 생각하지 않습니다. 제가 백화점 물건을 구입해서 사용해 본 결과 그 물건들은 가격만 비싼 것이 아니라 실제로 물건이 월등히 좋았습니다. 의류나 신발, 노트북 같은 것도 백화점용과 마트용, 동네 대리점용이 따로 제작되어 보급된다고 합니다. 제가 마트나 대리점에서 산 경우는 후회한 적이 있지만 백화점에서 산 경우는 후회한 적이 거의 없습니다. 물건이 그만큼 좋았기 때문입니다.

백화점에서는 자신의 이름을 걸고 그에 걸맞은 제품들을 들여 놓고 끝까지 책임을 집니다. 저도 그렇습니다. 제가 제 책에 단순히 표지만 아름답고 고급스럽게 만들고 높은 가격표를 붙이는 것이 아닙니다. 제 책은 다른 책들과 완전히 구별된 천재적인 깨달음을 담고 있습니다.

명품이 있으면 짝퉁이 생깁니다. 짝퉁이 있기 때문에 명품이 더욱 빛납니다. 책에도 바보 범재 수재 영재가 쓴 짜깁기 짝퉁 같은 책이 있고 천재가 쓴 럭셔리한 책이 있습니다. 제가 쓴 책은 제 삶과 깨달음을 담은 럭셔리한 책입니다. 그래서 높은 값을 받습니다.

당신의 책에는 당신의 삶과 깨달음을 듬뿍 담아야 합니다. 그래야 당신의 책을 '럭셔리셀러'로 구별하여 비싼 값에 팔수 있습니다.

당신의 스토리에 높은 값을 매기십시오. 저는 제 책에 '남의 스토리'를 많이 담지 않고 '나의 스토리'를 많이 담습니다. 하지만 스토리만 가지고 명품 책을 만들 순 없습니다. 소설 쓰듯이 계속 쓰고 미주알고주알 생활에서 일어난 일을 모두 적을 순 없습니다.

성경은 그렇게 하지 않았습니다. 예수님이 행하신 기적과 삶의 내용을 책으로 다 기록하려면 감당할 수 없을 정도로 많았습니다.

"이 일들을 증언하고 이 일들을 기록한 제자가 이 사람이라. 우리는 그의 증언이 참된 줄 아노라. 예수께서 행하신 일이 이 외에도 많으니 만일 낱낱이 기록된다면 이 세상이라도 이 기록된 책을 두기에 부족할 줄 아노라."(요 21:24, 25)

성경은 예수님의 삶 전부를 기록한 것이 아니라 사건 중심으로 기록하고 그 사건마다의 깨달음을 담았습니다. 깨달음이 있기 때문에 성경이 오늘 우리에게까지 전달된 것입니다. "나는 하나님이다. 나를 믿으라"고 한다면 믿음으로 끝납니다. 거기에 깨달음을 보태야 합니다. 사람들은 "믿긴 하지만 제 삶에 변화가 없어요. 그 다음엔 뭘 해야 하지요?"라고 묻습니다.

신앙생활은 믿음으로 믿음에 이르는 것입니다. 믿음으로 시작해서 믿음으로 살고 믿음으로 끝나는 것입니다. 믿으면 변화가 옵니다. 믿음으로 의로워집니다. 믿음으로 성령 충만해집니다. 하지만 거기에서 멈추면 안 됩니다. 하나님 나라에 대한 깨달음을 통해 당신 자신과 삶의 가치를 백배로 증가시켜야 합니다. 얼마나 많은 것을 깨달았느냐에 따라 권위와 힘, 가치와 삶의 분량이 달라집니다.

책은 글자를 읽는 것이 아니라 내용을 보는 것입니다. 내용을 보면 그것이 영상처럼 머리에 날아들고 뇌세포에 각인됩니다. 그러면 그것을 믿게 되고 믿게 되면 미치게 됩니다. 미치게 되면 천재의 길을 걷게 됩니다. 육체를 대표하는 것은 눈입니다. 눈이 밝아야 합니다. 눈의 귀중함에 대해 이런 속담이 있습니다.

"우리 몸이 백 냥이라면 눈이 아흔아홉 냥이다."

그만큼 눈은 중요합니다. 눈이 모든 것을 보고 정보와 지식을 습득하기 때문입니다. 당신의 눈이 본 것에 대해 깨달음이 있어야 합니다. 그 깨달음이 귀중합니다. 보고도 깨달음이 없다면 이득이 없습니다. 100명이 있으면 100명 다 보는 것이 다르고 느끼는 것도 다르지만 최종적으로 얻는 것은 각자 깨달음의 분량입니다.

"네가 보고 느꼈다면 깨달음이 있느냐?"

어떤 이는 "기독교는 깨달음이 필요 없다. 단순히 하나님을 믿기만 하면 된다"고 하지만 잘못된 깨달음을 갖고 있으면 잘못된 믿음을 가지게 되고 잘못된 삶을 살게 됩니다. 그래서 예수님은 계속 올바른 믿음을 가지도록 천국 복음을 가르치셨던 것입니다. 예수님이 가장 많이 하신 질문이 무엇이었습니까?

"너희가 깨달았느냐?"입니다.

오늘날 많은 성도들이 깨달음을 중요하게 생각하지 않고 예배 시간에 눈물을 뚝뚝 흘리거나 배꼽을 잡고 깔깔 웃으면 은혜 받은 줄로 착각합니다. 그렇지 않습니다. 진리를 분명하게 깨달아야 합니다. 제가 섬기는 서울목자교회 성도들은 깨달음이 많습니다.

깨달으니까 제가 설교 끝나고 나면 성도들이 할 말이 많습니다.

"오늘 들은 말씀 중에 깨달은 것을 한마디 하세요"라고 하면 다들 끝도 없이 말합니다. 깨달음이 많았기 때문입니다. 마이크를 쥐어 주면 한 시간씩 말할 것입니다. 깨달음이 인생을 바꿉니다. 저도 깨달음이 많기 때문에 1천 쪽이 넘는 두꺼운 책도 쓸 수 있었습니다. 저는 그런 책을 한 달에 한 권씩 써낼 정도입니다.

성경에는 "믿으라"는 말도 있지만 "생각하라"는 말도 있습니다.

히브리서 3장 1절에는 예수를 깊이 생각하라고 했습니다.

"그러므로 함께 하늘의 부르심을 받은 거룩한 형제들아, 우리가 믿는 도리의 사도이시며 대제사장이신 예수를 깊이 생각하라."

생각하라, 깨달으라는 것입니다. 깨닫고 변화된 것을 책으로 남겨야 합니다. 그럴 때 그것을 읽고 후손들이 도움을 얻게 됩니다.

"네가 쓴 책을 보면 네 후손들이 너와 똑같은 고통을 겪지 않게 된다. 네가 문제를 해결하기 위해 고민하며 깨달은 것을 책으로 남겨라. 책을 통해 그들이 너처럼 풍성한 삶을 살게 도와주어라."

깨달음이 많으면 당연히 책을 쓰고 강연할 내용도 많아집니다.

제가 그동안 700권이란 많은 책을 쓰고 한 번 강연에 90분~120분까지 미친 듯이 가르치는 것은 깨달음이 많기 때문입니다. 저의 일주일은 다른 사람의 7년, 70년과 맞먹을 정도로 깨달음이 많습니다. 그래서 제 인생이 그들보다 백배 이상 풍요로운 것입니다.

당신의 깨달음이 돈뭉치라면 어떻게 하겠는가?

당신은 자신의 깨달음을 얼마나 귀하게 여기고 있습니까?

만약 깨달음이 돈뭉치라면 어떻게 하겠습니까? 과연 그 깨달음을 바람에 날리는 휴지조각처럼 마구 날려 보낼 수 있겠습니까? 하나의 깨달음을 100만 원짜리 수표처럼 귀하게 여기십시오. 당신의 깨달음을 담은 책을 돈 뭉치와 수표책이라고 여기십시오.

사람들은 하나의 깨달음을 얻을 때 뭔가 뻥 뚫린 것 같은 느낌을 받습니다. 돈을 지불하고 책을 사서 읽고 강연장에 갔는데 깨달음이 없으면 짜증이 납니다. 하지만 깨달음이 있으면 돈이 아깝지 않습니다. 당신의 깨달음에 높은 가치와 가격을 매기십시오.

인생은 깨달음이 있어야 앞으로 나아갈 수 있습니다. 깨달음이 없으면 죽도록 고생하며 제자리를 맴돌게 됩니다. 고속도로를 달리다가 엉뚱한 길로 한 번 빠지면 시간 낭비, 돈 낭비, 체력 낭비, 그 외에도 많은 손실을 입게 됩니다. 돌지 말고 표지와 지도를 보고 정확하게 길을 찾아가야 합니다. 인생에는 깨달음이 길입니다.

깨달음을 얻으면 소경이 눈을 뜬 것과 같고 오늘 죽을 사람이 하루가 아닌 천 년을 더 산 것 같습니다. 깨달음에 감격과 감탄, 감사가 터져 나옵니다. 당신은 눈을 뜬 기쁨과 감격, 환희와 행복을 아십니까? 저는 과거에 보지 못하는 자였는데 지금은 눈을 뜨고 봅니다. 그래서 말할 수 없이 행복합니다. 날마다 천국같이 행복합니다. 당신도 제가 쓴 책을 읽고 제가 깨달은 것을 깨달으면 저처럼 행복해집니다.

한 장애인이 30권 플랜을 신청하여 제가 쓴 책을 한 권씩 읽기 시작했습니다. 그는 40년 노예의 삶에 종지부를 찍고 새로운 인생을 출발했습니다. 어중이떠중이를 통해 배운 죄의 교리, 목마름의 교리, 병의 교리, 가난의 교리, 어리석음의 교리, 징계의 교리, 죽음의 교리에 절어 있었던 그분이 세계 최고의 신학자인 제가 쓴 책을 30권 읽고 의의 교리, 성령 충만의 교리, 건강의 교리, 부요의 교리, 지혜의 교리, 평화의 교리, 생명의 교리를 깨닫자 대혁명이 일어난 것입니다. 그분이 저를 찾아와 밝게 웃으면 말했습니다.

"김열방 목사님의 책을 세 권 읽으니 그때부터 제 가슴이 뻥 뚫렸습니다. 그동안 속았다는 생각과 함께 행복의 샘물이 터져 나왔습니다. 이제는 인생을 어떻게 살아야 할지 알겠습니다. 대표 저서 30권을 주문해서 나머지 27권도 읽고 있는데 읽을 때마다 큰 깨달음이 제 가슴을 방망이질합니다. 이제 밑바닥의 삶이 아닌 최고의 삶을 살겠습니다. 목사님, 귀한 책을 써 주셔서 정말 감사합니다. 존경합니다."

사람은 존귀하나 깨닫지 못하면 멸망하는 짐승과 같습니다. 깨달음을 얻으면 인생이 존귀해지고 쉽게 억대 수입을 얻게 됩니다. 제게 코치 받은 천재작가들이 억대 수입을 올리고 있습니다.

김열방의 억대 수입을 올리는 비결

당신은 억대 수입을 얻는 방법을 알고 있습니까?

억대 수입을 올리는 것은 쉽습니다. 억대의 돈을 버는 위치에 있으면 됩니다. 그 위치가 어디일까요? 은행에 커피 한 잔 값을 저축하는 것, 펀드와 주식에 투자하는 것, 네트워크 사업을 통해 돈을 들어오게 하는 것, 로또 복권에 당첨되는 것, 일류대학교를 4년 만에 졸업하는 것, 대기업에 취직하는 것 등이 아닙니다. 백만 원대를 못 넘습니다.

그러면 어떻게 해야 할까요? 설립자의 위치에 있어야 합니다.

첫째, 억대 수입을 올리려면 은행과 연금, 보험에 매달 돈을 넣으며 수익을 기대하지 말고 당신이 은행과 연금, 보험회사를 차려 거액의 돈을 모으고 대출해 주는 위치에 있어야 합니다.

둘째, 억대 수입을 올리려면 펀드와 주식에 투자하여 돈을 묻어 두고 수십 년간 가격이 오르기를 기다리는 것이 아니라 당신이 직접 펀드와 주식회사를 차려 거액을 투자받아야 합니다.

셋째, 억대 수입을 올리려면 복권을 사서 당첨되기를 바라지 말고 자신만의 회사를 차려야 합니다. 그러면 매주나 매일 복권 당첨과 같은 거액의 돈을 벌게 됩니다. 사업에 성공하면 '일확천금'이 아닌 '매일천금'의 인생이 펼쳐집니다.

넷째, 억대 수입을 올리려면 일류대학교에 4년간 등록금 내고 다니며 교과서편찬위원회에서 만든 수십 권의 교과서를 달달 외우고 시험 치는 것이 아니라 당신이 직접 학교를 차려 학생을 모집해야 합니다. 모든 사람이 하는 '지식산업'이 아닌 고액의 등록비를 받고 당신만의 천재적인 지혜를 전수하는 '지혜산업'을 해야 합니다.

다섯째, 억대 수입을 올리려면 당신 자신이 브랜드가 되어 자신을 홍보하고 팔아야 합니다. 그러면 날이 갈수록 당신이란 브랜드 가치가 더 높아지게 됩니다. '천재멘토 김열방'의 브랜드 가치는 지금도 계속 높아지고 있습니다. 제가 가진 모든 자금을 다른 사람이나 다른 물건이 아닌 '김열방'이라는 브랜드에만 투자하기 때문입니다.

여섯째, 억대 수입을 올리려면 당신이 직접 비싼 값을 받고 팔 만한 럭셔리셀러를 만들어야 합니다. 당신만의 럭셔리 교육과정과 럭셔리 물건을 만들고 유통과 가격, 홍보 등의 마케팅에 대한 모든 통제권을 당신이 다 잡고 있어야 합니다. 저는 제 이름과 제 얼굴이 박힌 럭셔리 제품을 제가 직접 만듭니다. 제가 직접 가격을 매기고 가격을 올리고 홍보하고 유통합니다. 그래서 억대 수입을 올리는 것입니다.

일곱째, 그렇게 하려면 믿음이 있어야 합니다. 하나님이 기름 부으신 자신의 존재 가치에 대한 믿음, 자신의 삶과 깨달음의 가치에 대한 믿음, 자신의 천재적인 작품의 가치에 대한 믿음이 확고해야 합니다.

힘들다고 찾아온 사람에게 돈 대신 깨달음을 주라

저는 주위의 힘든 사람들을 아주 냉정하게 대합니다.

그들은 제게 손을 내밀며 한 푼이라도 도움을 달라고 하지만 저는 그들에게 돈을 주지 않고 코칭과 강연, 책을 통해 깨달음을 전해 줍니다. 당신이 후손에게 물려줄 수 있는 가장 큰 재산은 '깨달음'입니다.

당신이 여러 가지 황당한 사건과 고통스런 사고를 만났을 때 그런 내용만 책에 담아낸다면 후손들이 읽을 때 두려움에 잡힙니다.

"나도 그런 힘든 삶을 살게 되면 어떻게 하지?"

그러나 깨달음을 준다면 달라집니다. "나는 몰라서 그렇게 힘든 삶을 살았지만 너는 그렇게 살지 마라. 네가 지혜롭게 사는 방법이 있다" 며 당신의 깨달음을 이야기한다면 그것을 듣는 후손들이 크게 달라질 것입니다. 그들은 무릎을 치며 기뻐할 것입니다.

"맞아, 깨달았어. 나는 부모님처럼 그런 고통스런 삶을 반복하지 않을 거야. 나는 부모님의 삶을 통해 큰 지혜를 얻었어. 그분들보다 더 풍성하고 행복한 삶을 살 거야. 최고의 멋진 삶을 살 거야."

자녀들은 문제에 부딪혔을 때 고민하게 됩니다. 하지만 당신이 쓴 책을 읽으면 해답을 얻고 더 이상 방황하지 않게 됩니다.

"어떻게 해야 하지? 할아버지가 쓴 책을 좀 읽어볼까? 어, 여기에 문제를 해결하는 지혜에 대해 '첫째 둘째 셋째' 하며 적어 놓았네. 이렇게 하면 되겠구나. 이렇게 쉬운 것을 몰랐다니?"

그 책을 통해 깨달음을 얻고 문제 해결의 지혜를 터득하게 됩니다. 그 깨달음 때문에 사람들이 당신을 존경하게 됩니다.

저는 책을 많이 썼습니다. 그것 때문에 사람들이 저를 존경합니다. 하지만 세상에는 저보다 책을 더 많이 쓴 사람도 있습니다. 그런데 왜 독자들이 유독 저를 더 존경하고 저를 만나기 위해 몸부림칠까요?

"꼭 만나고 싶은 천재멘토 1순위 김열방."

왜 그럴까요? 제가 교회를 개척하여 든든히 세워 가고 있기 때문일까요? 아닙니다. 저보다 더 멋진 교회를 세우고 더 많은 성도를 모으는 목회자가 있습니다. 그런데 신기한 것은 80세, 90세 은퇴하신 대학교수, 총회장, 대기업 회장, 대형교회 목회자들이 와서 고개를 숙이며 저를 자신들의 멘토로 여긴다는 것입니다.

"김열방 목사님은 저의 롤모델이자 멘토입니다. 진심으로 김열방 목사님을 존경합니다. 정말 대단하십니다."

한두 명이 아닙니다. 제 책을 읽은 분들이 대부분 그렇게 말합니다. 제 책을 한 권 읽은 사람들은 가격과 상관없이 제 책을 묶음으로 다 사갑니다. 강연 테이프도 10개, 50개, 100개씩 묶음으로 사갑니다. 그 분들이 저를 존경한다고 솔직하게 말합니다. 왜 그럴까요? 업적이 아닌 깨달음 때문입니다. 깨달음이 있는 사람이 스승이 되고 권위 있는 지도자가 됩니다. 깨달음이 있기 때문에 제가 '천재멘토'인 것입니다.

당신의 귀중한 깨달음을 메모하십시오. 그 깨달음을 담은 책과 강연 테이프를 제작하여 높은 값에 판매하십시오. 많이 팔릴 것입니다.

학벌이 없어도 당신의 삶과 깨달음을 담아 책을 써내고 강연하면 그 책이 다른 사람의 인생을 바꾸고 당신은 크게 존경받습니다.

목사가 아닌 목수여도 괜찮다. 책을 써내라

목사가 아닌 목수여도 괜찮습니다. 책을 쓰고 강연하십시오.

저는 목사가 아니어도 제가 원하는 일을 다 합니다. 실제로 목사가 되기 전에도 그랬습니다. 마음껏 책을 써내고 강연하며 전국과 세계를 다녔습니다. 목사는 목회하기 위해 필요한 직분입니다. 저는 네 명의 자녀들에게도 목사가 되라고 말하지 않습니다. 그냥 하나님의 자녀로서 하고 싶은 것 다 하며 행복하게 살라고만 합니다.

당신의 자녀가 목사가 되고 안 되고는 하나님이 하실 일입니다.

예수님은 목사가 아닌 목수의 아들이었습니다. 예수님이 정식으로 공부했습니까? 정식 랍비로 인가를 받았습니까? 아닙니다. 하지만 사람들은 모두 예수님을 목자로 따랐고 랍비라고 불렀습니다.

똑똑한 제사장들과 율법사들, 서기관과 바리새인들이 많이 있었지만 예수님은 그들보다 더 큰 지혜와 권세를 가지고 계셨습니다.

"와, 이런 지혜가 어디서 왔는가? 이분의 말에는 권세가 있다."

왜 그랬을까요? 그분의 믿음과 그분의 깨달음 때문이었습니다.

믿음으로 귀신을 꾸짖으니까 귀신이 쫓겨 나갔습니다. 그분이 가르친 내용에 깨달음이 많이 담겨 있었습니다.

예수님은 "나는 이렇게 살고 있다"고 단순히 간증만 하신 것이 아니라 각종 비유를 들어 하나님 나라에 대해 자세히 가르치셨고 깨달음을 많이 전수하셨습니다. 성경에서 "예수님이 이렇게 살았다"고 30년 동안의 삶에 대해 쓴 것은 몇 줄 안 됩니다.

어떤 사람은 자신에 대해 이렇게 말합니다.

"내가 아직 열두 살 밖에 되지 않았는데 무슨 책 쓸 내용이 있겠어? 책을 쓰려면 아직 멀었어. 은퇴하고 휠체어 탈 때쯤이면……."

그렇지 않습니다. 십대에 책부터 써내야 합니다.

예수님은 30년 사생활을 살았지만 그 중에 있었던 일은 몇 가지 곧 동방박사가 예물을 드렸던 것, 헤롯왕이 죽기까지 애굽으로 피신 가 있었던 것, 열두 살 때 성전에서 사람들과 대화를 나누다가 부모를 잃었던 것 밖에 없습니다. 몇 가지만 책에 담겼습니다.

예수님은 3년의 공생애를 사셨습니다. 서른 살 때 공생애를 시작하면서 요단강에서 세례를 받고 올라오실 때 성령이 비둘기처럼 내려오셨습니다. 그때부터 본격적으로 하루하루의 역동적인 사역과 혁명적인 가르침을 하셨고 그것을 모두 성경에 담았습니다.

자신만의 카리스마적인 실화를 담아라

책을 쓸 때 자신만의 카리스마적인 신화(神話)를 담아야 합니다.

당신이 책을 쓴다고 할 때 〈자서전〉이 아닌 다음에는 삶의 내용을 다 담으려고 하지 말아야 합니다. 40세, 50세에 자서전을 쓰려고 하는데 그때도 좀 빠릅니다. 자서전을 써 놓고 금방 죽을 수도 있습니다. 자서전을 쓰겠다는 마음을 내려놓으십시오.

젊은 사람들이 자서전을 쓰는 경우는 남다른 목적이 있습니다.

"내가 대통령이나 국회의원에 출마해야 되겠어"라며 정치적인 목적으로 자신이 누군지를 알리기 위해 써내는 경우가 있습니다. 또는 기업가나 예술가가 자신을 신화적인 인물로 알리기 위해서입니다. 나이가 40, 50밖에 안 되었는데 자서전을 출간하려면 그 속에 자신의 출생사건을 담아야 하는데 대부분 그것을 신화적으로 표현합니다.

자서전에는 저자가 어렸을 때 자랐던 과정을 최대한 고생 많이 하고 힘들었던 것으로 표현합니다. 그것이 서민들에게 공감대를 형성하기 때문입니다. 어린 시절의 남다른 고생을 적으면 카리스마가 풍겨나고 군중이 따릅니다. 어떤 지도자나 기업, 국가는 '창조 신화'가 매우 중요하기 때문에 일부러 그런 스토리를 만들어 책에 담습니다.

하지만 우리 그리스도인은 신화가 아닌 실화(實話)를 써야 합니다. 저는 신화를 쓰지 않습니다. 제 책에는 신화가 없습니다. 단지 실화를 신화적인 느낌이 들도록 어떻게 잘 표현할지 연구하고 고민합니다. 과장은 하지 않되 최대한 극적으로 표현합니다. 당신도 자신의 인생에서 카리스마가 넘치는 스토리를 찾아내 책에 생생하게 담으십시오.

어떻게 하면 실화를 신화적으로 표현할 수 있을까요? 어릴 때 가난하고 병들고 고생했던 실화를 적으면 됩니다. 지나온 역경의 세월, 가장 밑바닥의 경험을 책에 담으면 됩니다. 그것을 의도적으로 찾아내 책에 기록하고 거기에 깨달음을 추가하면 됩니다.

대기업 회장의 자녀로 엄청난 부를 누리고 외국 유학 다녀오고 최고의 호텔에서 지냈다 할지라도 자서전을 쓸 때는 그와 반대로 고생했던 것 몇 가지를 찾아내 신화적으로 담아야 합니다. 없는 것을 지어내면 안 됩니다. 있는 것을 찾아내 잘 다듬어 자기만의 신화로 담아 사람들에게 알려야 합니다. 그것으로 국회의원에 출마하고 대통령 선거에 나가 당선되는 것입니다.

저는 정치가나 기업가나 예술가가 아닌 복음 전도자입니다. 그래서 신화적인 표현을 잘 쓰지 않습니다. 하나님과 동행한 내 삶의 실화를 중심으로 책을 쓴 후 거기에 깨달음을 더합니다. 그러면 책이 풍성해 집니다. 이것보다 더 좋은 책이 어디 있겠습니까?

억만장자가 되려면 가치를 부가하라

당신은 억대수입의 비결을 아십니까?

저는 "어떻게 하면 억대수입을 올릴 수 있느냐? 하루에 1억, 10억을 벌 수 있느냐?"는 사람들의 질문에 이렇게 대답합니다.

"뭔가를 만들어 부가가치를 일으키면 백만장자가 되고
자신의 제품에 높은 가치를 부가하면 억만장자가 된다."

부가가치와 가치부가의 의미를 깨달으면 하루아침에 백만장자에서 억만장자로 뛰어오르게 됩니다. 이해되십니까?

책을 써내므로 생기는 부가가치는 상상할 수 없을 만큼 큽니다.

저는 29세 때 책을 써냈습니다. 그 결과 목숨 걸고 저의 사역을 돕겠다는 동역자를 많이 만났고 복음 전도를 위한 자금을 기부 받았습니다. 지금까지 제 인생에 걸어 들어온 사람들은 대부분 제 책을 읽은 사람들입니다. 제 책을 통해 그들의 삶이 완전히 바뀌었기 때문에 그들은 저를 전적으로 믿고 따랐습니다. 당신도 책을 쓰십시오. 무엇을 책으로 써내야 할까요? 하나님과 동행하는 믿음의 삶과 성경에 대한 깨달음을 써내면 됩니다.

당신은 무엇을 믿고 있습니까?

당신에게 흔들리지 않는 생각이 있습니까? 그것을 신념으로 여기십시오. 보통 사람들은 "신념은 세속적인 말이고 믿음은 신앙적인 말이다"라고 하는데 저는 그렇게 생각하지 않습니다. 하나님께 대해서는 믿음이 필요합니다. 저는 하나님께 대한 믿음을 꾸준히 지속하고 있는데 그것을 신념이라고 말합니다.

"하나님께 대한 믿음이 흔들리지 않고 비가 오나 눈이 오나 변함없이 굳게 지켜 나가는 것은 나의 하나님께 대한 신념이다."

이것은 매우 중요합니다. 책에 하나님께 대한 믿음 곧 당신의 신념을 적고 깨달음을 적어야 하기 때문입니다. 그러면 책 쓸 분량이 많아지고 독자들이 그 책을 읽으면서 큰 감동을 받습니다.

저는 동기부여 강사로도 사람들에게 도움을 주고 있습니다. 당신도 억대 수입을 올리는 세계적인 동기부여 강사가 되십시오. 어떻게 해야 할까요? 남다른 믿음과 천재적인 지혜가 있어야 합니다.

"닉 부이치치가 어릴 때 팔다리 없이 태어났다. 자살하려고 마음먹었지만 하나님을 만나므로 변화되었다."

그런 간증도 한 페이지로 끝납니다. 그는 자서전을 두껍게 써냈지만 사실 그것을 요약하면 한 페이지 밖에 안 됩니다. 하지만 그가 깨달은 것을 말할 때 저술과 강연의 내용이 길어졌습니다.

"나는 팔다리가 없이 자랐다. 하지만 성경을 읽다가 큰 깨달음을 얻었는데 여호와는 나의 목자시므로 내가 부족함이 없다는 사실이다. 나는 시편 23편 말씀을 읽다가 인생을 어떻게 살아가야 할지 깨달았다.

하나님의 선하심과 인자하심이 평생 나를 따르고 있다.”

그런 내용은 정말 대단합니다. 그렇게 책을 써내야 합니다. 이해되십니까? 그러니 사람들이 그 깨달음을 읽고 그를 강사로 초청했습니다. 그는 현재 전국과 세계를 다니며 강연하고 있습니다. 팔다리 없는 사람을 왜 강사로 초청하겠습니까? 그가 가진 깨달음과 믿음의 은사 때문입니다. 그를 통해 동기부여 받기 위해서 입니다.

“팔다리가 없는 사람도 여호와는 나의 목자시니 내가 부족함이 없다고 말했다. 그렇다면 우리는 어떻게 살 것인가?”

얼마 전에도 한국에서 그를 강사로 초청했습니다. 1만 명이 모인 가운데 열정적인 강연을 했습니다. 강단에 스스로 올라갈 수 없어서 누군가 들어 올려놓아야 했습니다. 손이 없으니 마이크도 못 잡습니다. 그런데 그는 생글생글 웃으면서 “왜 내게는 팔다리가 없나요?”라고 하나님께 물었다고 말했습니다. 하나님은 그에게 직접 말씀하지 않았지만 성경을 통해 깨달음을 주셨다고 강연했습니다.

“한 소경이 예수님께 나와 고침 받게 되었을 때 사람들이 물었다. 이 사람이 소경으로 난 것이 누구의 죄 때문입니까? 예수님은 하나님의 영광을 위해서라고 하셨다.”

사실 눈이 안 보이는 것 자체가 하나님의 영광은 아닙니다. 그가 눈을 뜨게 되므로 하나님의 영광이 드러나게 된 것입니다.

“그 글을 읽으면서 나는 큰 깨달음을 얻었다. 나는 팔 다리가 없지만 마음 곧 정신의 팔을 뻗고 정신의 다리를 일으켰다. 그래서 다른 사람들이 잡지 못한 것을 잡았고 다른 사람들이 걷지 못한 길을 걷고 있다. 생각의 다리로 꿈 위를 걷고 있고 생각의 팔을 뻗어 깨달음을 잡고 있다. 나는 남들보다 더 멀리 가 보았고 더 많은 것을 붙잡았다.

그런 풍성한 삶을 당신들에게 하나씩 알려 주겠다.”

그런 깨달음을 이야기하니까 전 세계에서 그를 강사로 초청했습니다. 그는 평생 주위 사람에게 짐이 되고 국가로부터 생활 보조금을 받아야 하는 팔 다리가 없는 최악의 장애를 가지고 있었지만 책을 쓰므로 자신의 가치를 백 배 아니 수억 배로 증가시켰습니다. 그는 억대 수입을 올리는 동기부여 강사와 세계적인 복음 전도자가 되었고 아름다운 여인과 결혼하여 건강한 자녀를 낳아 행복하게 살고 있습니다.

당신 안에 천재적인 기름 부음이 가득하다

당신 안에 천재적인 기름 부음이 가득합니다.

장애인도 책을 써내 부가가치를 일으키면 백만장자가 되고 또 그 책과 강연에 높은 가치를 부가하여 억만장자가 됩니다. 그러므로 당신이 장애인이라면 만사를 제쳐 두고 책부터 써내십시오.

당신은 어떤 장애를 가지고 있습니까? 혹시 “나는 장애가 있다. 나는 불쌍한 사람이다. 나를 위로하고 동정해 달라”고 말하지 않습니까? “나는 근근이 생명을 유지하며 살아가고 있다. 이 장애를 극복하기 위해 얼마나 많은 고통을 겪고 있는지 아는가?”라는 식으로 말한다고 해서 사람들에게 감동을 주는 것이 아닙니다. 오히려 짐만 안겨 줍니다.

많은 사람이 당신이 육체적인 장애에 대해 이야기할 때 무시하고 깔봅니다. “너는 이미 열등한 사람이다. 우리와 경쟁이 안 된다”라고 합니다. 하지만 깨달음은 다릅니다. 깨달음은 똑같은 선에서 똑같은 조건으로 경쟁합니다. 뇌에 손상이 오지 않았다면 누구나 똑같은 위치에서 출발합니다. 이것이 책쓰기와 강연의 힘입니다.

팔과 다리 하나 없는 사람이 팔과 다리 두 개 가진 사람과 어떻게 경쟁하겠습니까? 더 많이 일하거나 더 빨리 못 달립니다. 만약에 팔 하나 없는 사람이 수영해서 더 빨리 헤엄칠 수 있다면 팔 둘 가진 사람과 똑같은 위치에서 경쟁해야 하지 않겠습니까? 하지만 그렇게 하지 않고 장애인끼리 경쟁할 뿐입니다. 장애인끼리 농구하고 장애인끼리 탁구 치고 장애인끼리 각종 경기를 합니다. 왜 그럴까요? 장애인과 비장애인을 근본적으로 차별하는 것입니다.

그러나 머릿속에서 깨달은 것은 다릅니다. 똑같은 위치에서 책을 씁니다. 팔다리가 없어도 프로필 사진에는 얼굴만 찍어 내기 때문에 괜찮습니다. 어떤 작가는 프로필에 자기 얼굴도 안 내고 책을 냅니다. 얼굴만 낼 경우 팔이 있는지 없는지 모릅니다. 저자가 소아마비인지 뇌성마비 환자인지 어떻게 압니까? 말 안 하면 모릅니다. "나는 장애인이다"라는 말을 쓰지 않고 자신이 깨달은 것만 쭉 쓴다면 보통 사람들이 하는 일보다 열 배, 백 배 더 많은 일을 하지 않겠습니까? 그러나 책을 쓸 때 장애인들이 그렇게 쓰지 않습니다.

장애인들이 쓴 책을 보면 "나는 팔과 다리가 없는 장애인이다. 나는 눈이 안 보이는 장애인이다. 귀가 안 들리는 장애인이다. 뇌성마비 환자다. 불쌍한 사람이다"부터 시작합니다. 물론 그것으로 장애가 없는 사람들에게 동정을 구할 순 있겠지만 좋은 방법이 아닙니다. 제가 장애인이라면 그런 것을 쓰지 않고도 얼마든지 최고의 책을 써낼 것입니다. 장애를 말하지 않고 깨달음만 이야기 한다면 어떨까요?

장애를 빼놓고도 우리의 삶에는 수많은 사건들이 생깁니다. 그런 중에 정상인과 똑같이 부딪히는 감정과 느낌, 생각과 깨달음을 책에 담아낸다면 어떻게 될까요? 그 사람은 평생 책을 백 권 이상 써내는 세계적인 작가가 될 것입니다. 당신도 충분히 가능합니다.

육체가 아닌 내면의 깨달음을 책으로 써내십시오. 많은 장애인은 육체적인 장애보다 더 심한 정신적인 장애를 앓고 있습니다. 그것이 문제입니다. 그런 장애에서 완전히 빠져나와야 합니다. 비장애인과 똑같은 위치에서 책을 써내야 합니다. 이것이 책쓰기의 강점입니다.

천재적인 의사 전달의 비결을 배우라

책을 쓸 수 있는 재능이 없다고요? 재능은 끄집어내면 됩니다.

오르지 못할 나무는 쳐다보지도 말라고요? 사다리를 놓으면 됩니다. 송충이는 솔잎만 먹으라고요? 나비로 거듭나면 하늘을 날고 꿀을 먹을 수 있습니다. 세상에 하고자 하는 의욕만 있다면 불가능이 없고 어떻게든 길이 열립니다. 없는 길은 하나님이 만들어서라고 열어 주십니다. 그러므로 당신은 무엇이든 꿈꾸어도 됩니다.

중. 고등학교 정규 교육 과정을 거치지 않아도 얼마든지 책을 쓸 수 있습니다. 일류대학교 국문학과를 나오지 않아도 책을 쓸 수 있습니다. 각종 박사 학위를 가지지 않아도 책을 쓸 수 있습니다. 수천 권의 책을 읽거나 수백 권의 습작을 하지 않아도 책을 쓸 수 있습니다. '천재멘토 김열방의 책쓰기학교, 강연학교'에 등록하십시오.

천재적인 책쓰기의 일곱 가지 비법을 배우면 당신도 저처럼 한 달만에 두꺼운 책을 써낼 수 있습니다. 김열방과의 공동저자로 단기간에 책을 써내십시오. 퍼스널 브랜딩으로도 책을 내십시오.

장애인이나 일반인이나 인생은 똑같은 가치가 있습니다. 그들에게
도 똑같이 태양이 뜨고 집니다. 똑같이 봄 여름 가을 겨울 사계절을
맞이합니다. 똑같이 숨 쉬고 말하고 밥 먹습니다. 꿈을 가지십시오.
인생은 꿈대로 믿음대로 다 됩니다.

사람들은 돈을 다 쓰고 죽어야 한다고 말합니다. 저는 "꼭 책을 쓰
고 죽어라"고 말합니다. 당신의 시간은 당신의 생명입니다. 결코 세월
을 허비하지 마십시오. 반드시 천재적인 책쓰기의 일곱 가지 원리를
코치 받아 당신의 이름과 얼굴, 당신의 스토리와 깨달음이 담긴 책을
써내십시오. 그 책이 천 년 동안 남아 후손에게 영향을 끼칠 것입니다.
다른 것은 사라지지만 당신이 쓴 책은 영원합니다.

"내 이름과 내 얼굴이 박힌 책은 천 년 동안 남는다. 다른 모든 것
은 사라져도 내 스토리와 깨달음이 담긴 책은 영원히 남는다. 책은 가
장 큰 성공의 결과물이다. 나도 어떻게든 책을 쓰겠다."

당신 안에 성령님이 가득히 계시며 천재적인 기름 부음이 흐르고
있습니다. 성령님과 동행하는 삶과 깨달음을 책으로 써내고 전국과 세
계를 다니며 강연하십시오. 이것이 복음을 전하는 최고의 방법입니다.
지금 당장 "이제 가서 백성 앞에서 서판에 기록하며 책에 써서 후세에
영원히 있게 하라"(사 30:8)는 하나님의 말씀에 순종하십시오.
새로운 인생길이 열릴 것입니다.

"성령님, 사랑합니다."

성령님은 나의 사랑, 나의 전부이십니다.

저는 네 명의 자녀에게 성령님과 함께 살아가는 것을 가르쳤습니다. 그들은 아침에 일어나면 "성령님, 안녕하세요?" "오늘도 저를 도와주세요" "성령님과 함께 살고 싶어요"라고 따라 말했습니다.

함께 집을 나가면서 제가 큰 소리로 "성령님, 함께 가시지요"라고 말하면 이제 한창 말을 익히고 있는 이 아이가 "성령님, 함께 가시지요" 하고 따라 했습니다. 신기할 정도로 "성령님, 감사합니다. 사랑합니다" 하고 한마디씩 또박또박 따라 하며 영적인 언어를 배웠습니다.

놀라움을 금할 수 없습니다. 그들 모두 믿음의 거장이 되었습니다.

이 책을 마무리 하면서 저는 '참된 성공'이 무엇인가를 다시 생각하게 되었습니다. 눈에 보이는 것이 모든 것을 지배하는 것처럼 느껴지는 이 시대의 힘든 현실을 보면서 저는 생의 진정한 아름다움이 무엇인지를 말하므로 흔들리는 가치관을 든든히 세워 주고 싶었습니다.

참된 성공이 무엇입니까? 그것은 눈에 보이는 것으로만 모든 가치를 측정하는 사람들의 생각과는 달리 눈에 보이지 않는 믿음, 소망, 사랑에 있습니다. 나를 위해 피 흘리신 예수님을 믿고 나를 지으신 하나님께 소망을 두고 나와 함께 계신 성령님과 사랑을 나누며 살아가는 사람은 성공의 길을 걷고 있는 것입니다. 즉 진정한 성공은 많은 소유가 아니라 삶의 내용입니다. 위대한 업적을 남기는 것이 아니라 위대하신 하나님과 함께 사는 삶입니다. 에녹이 300년을 하나님과 동행했는데 하나님은 그가 너무 좋아 자기 집으로 데려가셨습니다.

뿌리 깊은 나무는 거센 바람이 불어도 넘어지지 않습니다.

저는 여러 번 인생의 고비에서 제 인생이 뿌리 채 뽑혀 버릴 위험에 처했지만 자비로우신 하나님께서는 "믿음으로 말미암아 그리스도께서 너희 마음에 계시게 하옵시고 너희가 사랑 가운데서 뿌리가 박히고 터가 굳어져서……"(엡 3:17)라는 성경 말씀대로 저를 그리스도와의 인격적인 교제와 사랑 가운데 삶의 뿌리를 깊이 내리게 하셨습니다.

처음 걸음마를 배우는 어린아이와 같이 시작하였지만 서서히 뿌리가 박히고 이제는 터가 굳어져 가고 있음을 인식하고 있습니다. 그러나 잠시도 방심할 수 없습니다. 가장 평범하고 연약한 저는 끊임없이 제 앞에 계신 성령님을 바라보며, 이분과 대화를 나누고, 존중히 모시고 다니며, 순간마다 도움을 구하고 있습니다.

성령님과 교제법은 저만의 전매특허가 아닙니다. 저는 이것을 저의 친절한 선생님이신 성령님께 배웠습니다. 저와 함께 계신 성령님께서는 보통 사람이었지만 위대하신 하나님과 친밀한 교제를 나누었던 우리 신앙의 선배인 아브라함, 모세, 요셉을 통해 조금씩 가르쳐 주셨습니다. 이제 당신이 깨닫고 실천할 차례입니다.

특히 다윗을 통해 이것을 정립하게 하셨고 제 생활 습관이 되게 하셨습니다. 다윗의 놀라운 고백은 저를 크게 감동시켰고 삶의 방식을 완전히 변화시키기에 조금도 부족함이 없었습니다.

"내가 여호와를 항상 내 앞에 모심이여, 그가 내 우편에 계시므로 내가 요동치 아니하리로다. 주께서 생명의 길로 내게 보이시리니 주의 앞에는 기쁨이 충만하고 주의 우편에는 영원한 즐거움이 있나이다." (시 16:8, 11)

이 사실을 베드로는 성령의 감동을 받아 "내가 항상 내 앞에 계신 주를 뵈었음이여, 나로 요동치 않게 하기 위하여 그가 내 우편에 계시도다"라고 다윗의 고백을 인용해 오순절에 예루살렘에서 외쳤습니다. (행 2:25) 이 감동적인 생애를 저는 가슴에 새긴 후 날마다 적용했고 이제는 생활 습관으로 완전히 자리 잡았습니다.

당신도 '얼대모도책의 삶' 곧 제가 말씀드린 이 쉽고 단순한 원리를 받아들여 성실하고 정직하게 실천한다면 영원히 주님과 함께 행복한 인생길을 걷게 될 것입니다. 이 새롭고 산 길은 하나님의 어린 양 예수님의 보혈이 가능케 했습니다. 예수의 피를 찬양합니다.

이 책을 쓰는 동안 함께 해주신 성령님께 감사드립니다. 성령님 때문에 저는 매일 행복합니다. 정말 행복합니다. 한없이 행복합니다. 모쪼록 저는 여러분이 이 책을 여러 번 읽고 실천하므로 저처럼 성령님과의 교통하심과 천재적인 기름 부음이 풍성하기를 소원합니다.

"주 예수 그리스도의 은혜와 하나님의 사랑과 성령의 교통하심이 너희 무리와 함께 있을찌어다."(고후 13:13)

성령님과 실제적인 교제법 (개정판)

초판 1쇄 발행 | 1997년 10월 25일
개정 1쇄 발행 | 2017년 9월 30일(합 51쇄)

지은이 | 김열방
발행인 | 김사라
발행처 | 날개미디어
등록일 | 2005년 6월 9일, 제2005-44호
주소 | 138-229 서울시 송파구 백제고분로9길 6, A동 3층
전화 | 02)416-7869, 010-2961-8865
메일 | wgec21@daum.net

저작권 | '날개미디어'에 있으며 무단 전제와 복제를 금합니다.
폰트 | 본문은 '윤소호 2012 통합본'을 사용하고
소제목은 '다음체'를 사용하였음을 밝힙니다.

ISBN : 978-89-91752-68-9 03230

책값 20,000원